Jacques Duret

Vichy et la Justice

PASSÉS/COMPOSÉS

Ouvrage publié avec le soutien du Centre national du livre (CNL).
Cartographie : Aurélie Boissière

ISBN : 979-1-0404-0725-6
Dépôt légal – 1re édition : 2025, février

170 bis, boulevard du Montparnasse, 75680 Paris Cedex 14

Vichy et la Justice

Sommaire

Introduction

Justice et politique : une relation particulière

Étudier la justice politique peut sembler absurde à l'heure où les termes « répression judiciaire » et « politique » apparaissent comme antinomiques. Cette contradiction, qui peut paraître choquante à nos contemporains, n'a cependant pas toujours existé[1]. Au Moyen Âge et au cours d'une grande partie de l'Ancien Régime, la justice est l'un des pouvoirs centraux de la royauté suivant le principe de concentration des pouvoirs.

Pour autant, même à l'époque contemporaine, cette séparation entre pouvoir politique et judiciaire est loin d'être évidente[2]. Les liens entre justice et politique demeurent complexes et dépendent pour beaucoup des rapports de force à une époque donnée. Ainsi, en France, la justice que l'on qualifie d'« ordinaire » a pu faire l'objet de pressions ou d'influences par le politique. On se souvient notamment des grands scandales sous la Troisième République[3]. Le pouvoir politique peut être tenté d'« étouffer » un dossier, de privilégier une juridiction, d'influencer voire de « corrompre » certains magistrats ou d'influer sur le cours de telle ou telle affaire.

De la même manière, lorsque le politique est en crise ou se trouve à tout le moins dans une situation moins dominante, des magistrats, usant au demeurant pleinement de leurs prérogatives d'interprétation de la loi, peuvent être tentés d'imposer leur vue et conduire ainsi à la constitution d'un droit nouveau. La justice est alors politisée et il peut apparaître un « gouvernement des juges », pour reprendre l'expression d'Édouard Lambert[4].

L'histoire de la justice en France est ainsi ponctuée d'alternances entre tentative d'autonomie de la justice par rapport au politique et reprise en main du politique sur la justice. Cela est particulièrement vrai en période de crise comme sous le régime de Vichy.

De la fonction principale du juge qui est bien entendu de dire le droit, notamment dans des affaires aux enjeux fondamentaux, découle son rôle de régulateur d'une société en fonctionnement[5]. Garant des libertés fondamentales des individus, le juge conserve pour autant sa fonction ancestrale dans sa finalité d'installer, de développer voire de préserver l'autorité du pouvoir en place[6]. Suivant les époques, la justice peut être un rempart pour la démocratie ou au contraire un outil au service du pouvoir établi. Elle est donc de ce fait l'exacte représentation d'une période, de ses institutions, de ses mœurs, de son idéologie.

Afin de mieux caractériser la justice politique, une définition par son champ d'activité est indispensable[7]. Elle peut désigner, d'une part, la justice spéciale chargée de juger les crimes ou délits du personnel politique. Elle peut, d'autre part, se définir comme l'ensemble des mesures réprimant les actes portant atteinte soit à la structure socio-économique, soit au régime politique, soit au personnel politique. Elle vise alors à lutter contre les opposants au pouvoir en place, à les disqualifier, à les écarter des rôles publics et, ce faisant, à assurer la protection de ce même pouvoir. Les procès dits « politiques », dont la définition demeure toutefois incertaine[8], sont l'archétype de cet aspect de la justice politique.

Le pouvoir politique peut assurer une répression de ses opposants en ayant recours à une justice ordinaire déjà en place, comme les tribunaux correctionnels, les juridictions militaires[9] ou la Haute Cour[10]. Il peut également choisir d'utiliser ou de créer des juridictions d'exception ayant un champ de compétence matérielle politique. Cela a le double avantage de consacrer le pouvoir en place par l'affirmation de son monopole de la violence légitime[11] et de disqualifier les comportements considérés comme illégitimes et/ou illégaux[12]. L'emploi de cette justice d'exception devient central dans le système pénal français dans des contextes sociaux ou politiques difficiles[13].

La Révolution crée ainsi le Tribunal révolutionnaire dont les accusés ne bénéficient d'aucune prérogative en vue d'assurer une défense effective. Sous le Consulat, des tribunaux militaires spéciaux sont institués visant à combattre le brigandage (assimilé à une opposition politique) fonctionnant sans jury et sans possibilité de pourvoi en cassation. Sous la Restauration, des cours prévôtales sont établies avec une procédure simplifiée visant à accélérer le prononcé de la sentence sans recours. À la suite du coup d'État de Louis-Napoléon Bonaparte, les résistances sont réprimées par des commissions mixtes, ne comportant aucun magistrat du siège, avec une procédure expéditive, secrète et écrite. La Troisième République fait exception en n'ayant pas recours à ce type de juridictions, qui vont ressurgir en nombre avec le régime de Vichy.

Dès son avènement, en juin 1940, la justice est au cœur de la Révolution nationale de l'État français, ce que le garde des Sceaux Joseph Barthélemy (27 janvier 1941-26 mars 1943), rallié à Vichy dès août 1940, n'aura de cesse de rappeler[14]. L'État français fera des magistrats un instrument complice, au moins passif, de la collaboration. Ce processus d'assujettissement débute par l'acte constitutionnel n° 9 du 14 août 1941, qui impose aux magistrats de prêter serment de fidélité au chef de l'État. Un seul magistrat de l'ordre judiciaire refusera ce serment d'allégeance à Pétain.

La justice sous l'État français évolue au gré des événements politiques et militaires. La première phase correspond à la mise en œuvre de la Révolution nationale et de son idéologie sous l'égide du nouveau garde des Sceaux, Raphaël Alibert (12 juillet 1940-27 janvier 1941). Cela passe notamment par la première épuration de la magistrature au moment du choix des hommes utiles à la mise en place des nouvelles institutions. Seuls 5 % des magistrats de France et d'Afrique du Nord sont révoqués[15]. La deuxième phase, au cours de l'été 1941, sous la responsabilité de Joseph Barthélemy, voit avec l'arrivée de l'amiral Darlan en qualité de chef de gouvernement de l'État français un très net durcissement à l'égard des opposants au régime. C'est une réaction directe à la dégradation de la conjoncture internationale, résultat de l'invasion de l'URSS par l'Allemagne. Le Parti communiste français entre dans la lutte armée contre l'occupant. Dans le même temps, l'État français précise son programme politique et la collaboration s'affirme davantage. Cette phase est marquée par une seconde vague d'épuration dans la magistrature et le développement des juridictions d'exception avec la création des sections spéciales et du tribunal d'État, dans une logique principalement de maintien de l'ordre[16]. La troisième phase coïncide avec le retour aux affaires de Pierre Laval. Elle est celle de la collaboration et du durcissement judiciaire à outrance menés par Joseph Barthélemy et surtout Maurice Gabolde, garde des Sceaux à partir du 26 mars 1943. Ces différentes phases sont toutes marquées par la volonté d'exclure et de persécuter « l'Anti-France » : les Juifs, les francs-maçons, les communistes, etc.[17].

Ces évolutions de la justice traduisent l'importance qu'elle revêt pour un nouvel État en constante recherche de légitimité. Dès son avènement, le régime de Vichy considère la justice comme un enjeu politique majeur pour s'affirmer aux yeux des citoyens et de la communauté internationale en usant du monopole de la violence légitime contre l'ancienne République. L'idée est de s'inscrire dans la tradition de l'État de droit. Le procès politique de Riom qui se tient du 19 février au 15 avril 1942 en est le révélateur : il fait appel à l'institution judiciaire pour « éliminer » les représentants de l'ancien régime alors que le nouvel État français aurait la possibilité d'un traitement plus sommaire[18]. Dans le même temps, « la justice consacre mais aussi disqualifie : elle contribue au partage entre le légal et l'illégal, la force légitime et la violence illégitime, entre ce qui représente l'action politique tolérée et ce qui relève de l'infraction de droit commun interdite[19] ». C'est la raison pour laquelle le régime de Vichy engage très tôt la justice dans un combat face à toutes les oppositions en les traitant comme des personnes ordinaires. Cela explique sans doute pourquoi le « premier Vichy » a majoritairement recours à des tribunaux ordinaires. Les tribunaux correctionnels traitent ainsi les affaires de propagande communiste jusqu'en août 1941, de propagande gaulliste et en même temps d'offense au chef de l'État. Ils sont également au cœur de la lutte contre les Juifs. Jusqu'en novembre 1942, les tribunaux militaires demeurent, quant à eux, compétents en zone libre pour juger des affaires communistes et gaullistes. Il est à noter dans cette même logique que le tribunal d'État, créé le 7 septembre 1941 et dont la compétence est très générale, connaît tout autant d'affaires politiques que de délinquance « ordinaire » : trafiquants liés au marché noir, avorteuses ou voleurs de colis de prisonniers. L'ordinaire rejoint ainsi l'exception, dont l'État français use et abuse, rendant cette justice de temps de crise difficilement compréhensible. Les enchevêtrements, les concurrences construisent en effet un dispositif judiciaire complexe, dont la cohérence n'est pas évidente et peu lisible. Outre les compétences des juridictions ordinaires évoquées ci-dessus qui demeurent, pas moins de dix juridictions d'exception sont créées, dont neuf ont une compétence à visée politique.

Si durant la période d'existence du régime de Vichy l'histoire politique et l'histoire judiciaire sont associées, l'historiographie récente tend à mettre en exergue une part d'héritage républicain[20]. Ainsi, si la rupture avec le régime parlementaire ne fait aucun doute, le nouveau régime conserve un certain nombre de pratiques qui en sont issues. S'agissant plus particulièrement de la justice, l'État français, même s'il impose aux magistrats de prêter un serment de fidélité au chef de l'État, entend s'appuyer sur un corps de magistrats en place sous le précédent régime. Ceux-ci lui restent d'ailleurs fidèles jusqu'à la fin même si l'évolution des circonstances conduit de plus en plus de juges à se désolidariser de la politique de Vichy. L'histoire de la répression de l'activité communiste en est un parfait exemple. L'État français s'appuie, pour créer certaines des juridictions d'exception, sur les lois mises en œuvre dès 1939, en particulier le décret-loi du 26 septembre 1939 portant dissolution des organisations communistes[21].

De par leur situation géographique et politique, les juridictions parisiennes occupent une place à part dans l'environnement judiciaire français. La cour d'appel de Paris est la plus importante en

France en termes de nombres de dossiers jugés ainsi que de magistrats qui la composent. Les affaires traitées, qui peuvent être dans certains cas plus emblématiques et symboliques, notamment en matière politique, ont par ailleurs une connotation particulière s'agissant tant des enjeux que de l'exemplarité vis-à-vis des juridictions provinciales.

Contrairement à une idée répandue, les tribunaux ordinaires ont eu une activité intense au cours de toute cette période. Les chambres correctionnelles du tribunal de la Seine ont ainsi connu une activité « normale » voire, à certaines périodes, supérieure à leur activité d'avant guerre. En matière de répression politique, le tribunal de la Seine statue principalement sur des propos défaitistes/antinationaux au cours du premier semestre 1940. Les communistes sont ensuite les principaux inculpés entre juin 1940 et août 1941 (date à partir de laquelle le parquet les oriente vers la section spéciale). En parallèle, à partir de septembre 1941, à la suite de la mise en œuvre d'un « nouveau statut juif »[22], et jusqu'à la fin de l'année 1942, le tribunal correctionnel de la Seine juge de nombreuses personnes qui n'ont pas respecté leurs obligations de recensement. Les années 1943 et 1944 sont, quant à elles, marquées par de multiples dossiers de désertion et d'évasion. La cour d'appel de Paris connaît une évolution similaire, à l'exception notable du fait que les cas d'appel sur les infractions liées au statut juif sont beaucoup plus rares.

En parallèle, les juridictions d'exception qui sont mises en place dans le ressort de la cour d'appel de Paris ont aussi une place particulière dans le système judiciaire instauré par l'État français, et ce d'autant plus qu'elles sont parmi les premières en action en zone occupée et en France. Elles sont donc étroitement surveillées tant par l'État français que par les autorités d'occupation. Parmi les trois qui ont siégé dans le ressort de la cour d'appel de Paris, seules deux ont un intérêt tout particulier, la section spéciale et le tribunal d'État. Le tribunal spécial des agressions nocturnes semble en effet avoir eu une influence limitée dans le ressort de la cour d'appel de Paris avec vingt-deux dossiers transmis à cette juridiction entre mai 1943 et juin 1944[23].

À l'issue d'une première audience le 27 août 1941 déterminante pour son avenir et en définitive jugée peu satisfaisante avec seulement trois condamnations à mort prononcées sur les six attendues, la section spéciale de la cour d'appel de Paris perd beaucoup de son intérêt répressif pour Vichy et pour l'occupant. Les dossiers qu'elle juge ensuite sont donc principalement limités à des cas de propagande, les affaires les plus importantes étant confiées à d'autres juridictions plus rigoureuses dans la répression et surtout moins « indépendantes ». Les juridictions militaires allemandes conservent la répression des attentats communistes, laissant aux sections spéciales les seules infractions « politiques »[24]. Le tribunal d'État, section de Paris, est une juridiction un peu à part dans le sens où son caractère de juridiction d'exception politique ne fait aucun doute. Pour autant, seules cinq affaires jugées sont à proprement parler politiques, les autres dossiers se rapportant tous à des délits de droit commun aggravés par les circonstances de la guerre.

Elles n'en demeurent pas moins très emblématiques. Étudier ces juridictions parisiennes qui n'ont quasiment pas fait l'objet de travaux de recherche[25], c'est également s'intéresser à leur positionnement au cœur de la justice en zone occupée avec un occupant omniprésent et omnipotent. C'est aussi définir le rôle de ces juridictions et leurs réels champs de compétences vis-à-vis notamment des autres juridictions d'exception, du tribunal militaire allemand ou même des tribunaux ordinaires, notamment le tribunal correctionnel de la Seine. C'est enfin appréhender au plus près les réalités de l'ordre judiciaire mis en place par l'État français.

Pour avancer dans cette voie, les sources sont nombreuses, multiples et d'accès relativement aisé. La période de l'État français (juillet 1940-août 1944) est extrêmement riche compte tenu de l'intense répression pénale, même si des disparités existent en fonction des juridictions. La documentation disponible ne permet pas un traitement identique entre les juridictions d'exception, dont les dossiers de procédure ont été conservés, et les juridictions de droit commun, dont la source principale demeure les jugements ou arrêts.

Une approche statistique permet de percevoir les évolutions sur toute la durée de l'existence de ces juridictions, dans la manière de qualifier juridiquement les faits visés par les différentes lois « politiques », de les juger et de les sanctionner. Cela permet ensuite de mesurer la perméabilité et l'adaptabilité de ces juridictions aux exigences posées tant par l'État français que par les autorités d'occupation, en particulier s'agissant des modifications législatives relatives au corpus juridique encadrant l'action répressive de ces différentes juridictions. Enfin, et au-delà de ces deux aspects purement judiciaires, cela permet d'approcher dans sa globalité la répression politique pendant l'Occupation, par exemple celle visant l'activité communiste dans le ressort de la cour d'appel de Paris[26], de la plus petite infraction (*L'Internationale* chantée en état d'ivresse par exemple) au démantèlement de véritables réseaux (comme celui présent en Seine-et-Oise, dans l'actuel département des Yvelines).

Par ailleurs, une analyse détaillée des dossiers de procédure les plus significatifs conduit à découvrir une mine d'informations tant sur le travail des forces de l'ordre et des juges d'instruction que sur l'activité communiste et plus généralement politique et résistante dans le ressort de la cour d'appel de Paris. Ils sont toutefois très inégaux en fonction des infractions, de la complexité des faits et de la période où ils ont été commis.

L'addition de ces deux méthodes complémentaires offre une connaissance précise de l'ensemble de l'activité judiciaire des juridictions parisiennes en matière de répression politique sous Vichy. Elle permet d'appréhender, au plus près de la vie des juridictions, les ressorts de la répression politique menée par l'État français en présence de l'occupant.

La finalité de cet ouvrage est d'étudier la manière dont les magistrats parisiens ont rendu leurs décisions, afin de mesurer leur influence sur la répression politique dans le ressort de la cour d'appel de Paris mais aussi à l'échelle de la politique répressive suivie par l'État français et l'occupant. Cette justice politique est le résultat d'un triple aboutissement : tout d'abord, celui du processus de radicalisation de l'État français, ensuite celui de l'instrumentalisation de la justice et enfin celui de la collaboration judiciaire. Au-delà du seul rôle joué par les différentes juridictions ordinaires ou d'exception et des magistrats, il s'inscrit dans une histoire beaucoup plus vaste et c'est en ce sens qu'il pourra être utile à la compréhension du régime de Vichy, de l'Occupation et de la justice en zone occupée.

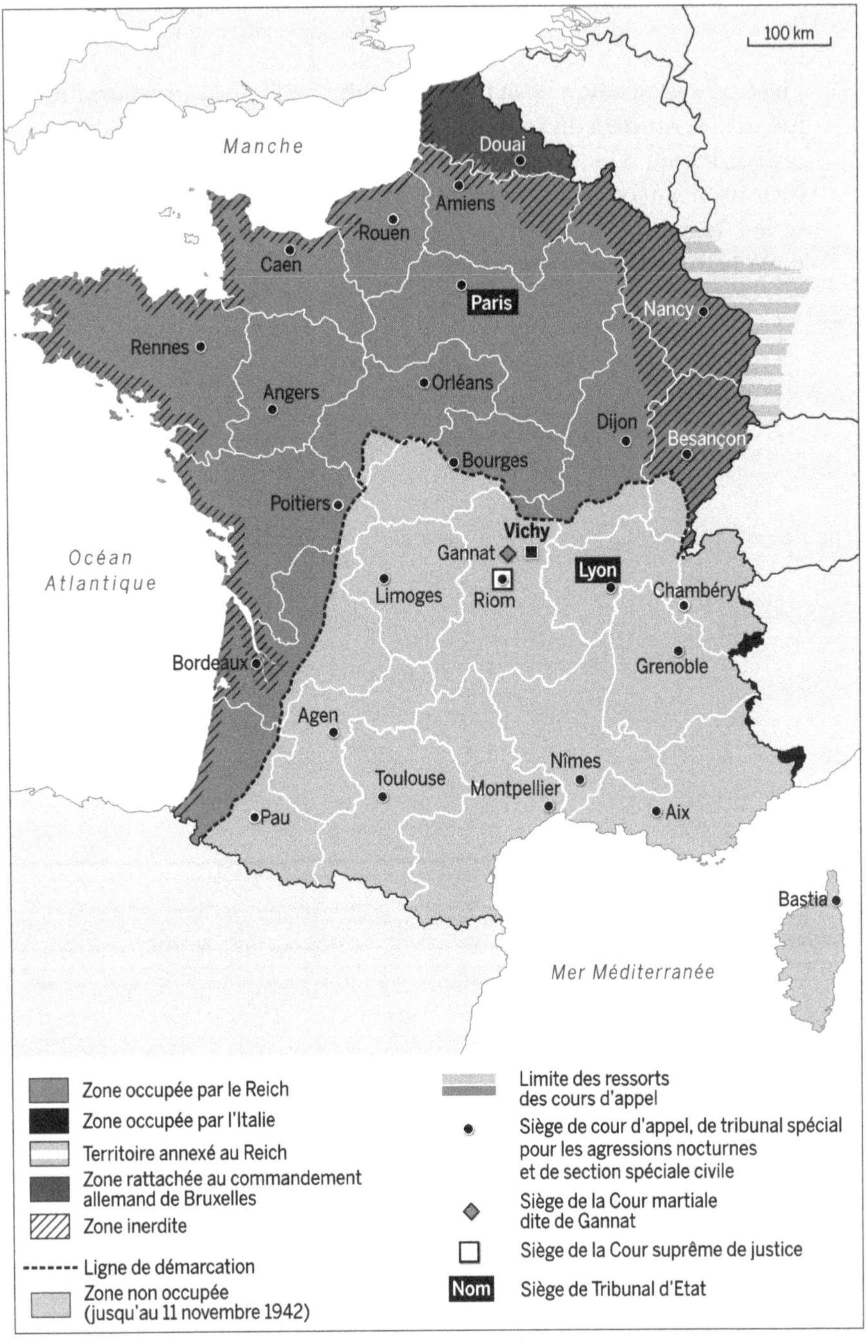

Carte administrative et judiciaire de la France, 1940-1944

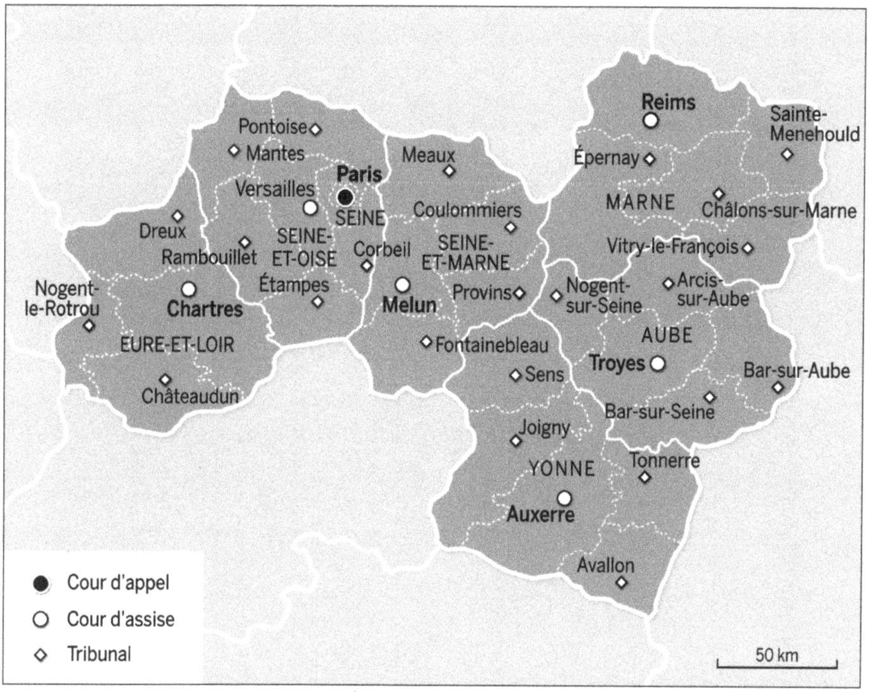

Zoom sur le ressort de la cour d'appel de Paris

Lexique

Action publique : action en justice devant une juridiction répressive afin que l'auteur d'une infraction soit poursuivi.

Compétence matérielle : faculté pour une juridiction de connaître un litige.

Connaître de : prendre en charge et juger une affaire.

Cour d'appel : juridiction de droit commun chargée de statuer sur les appels interjetés à l'encontre des décisions rendues par les tribunaux de première instance. Son ressort géographique correspond généralement à plusieurs départements.

Infirmer un jugement : annulation d'un jugement par la juridiction d'appel.

Interjeter appel : faire appel d'une décision de première instance.

Ministère public : ensemble des magistrats chargés devant certaines juridictions de veiller à la défense de l'intérêt général et de la loi.

Parquet : ensemble des magistrats composant le ministère public au sein d'un tribunal.

Parquet général : ensemble des magistrats composant le ministère public au sein d'une cour d'appel ou de la Cour de cassation.

Parquetier : membre du parquet.

Plainte avec constitution de partie civile : acte par lequel une victime d'un crime ou d'un délit met l'action publique en mouvement.

Procureur général : magistrat à la tête du ministère public au sein d'une cour d'appel.

Procureur de la République : magistrat à la tête du ministère public au sein d'un tribunal.

Réformation : modification partielle ou totale d'une décision de première instance par une cour d'appel.

Rôle d'audience : registre tenu par une juridiction relatant toutes les affaires jugées au cours d'une audience.

Service du ministère de la Justice à Paris : le ministère de la Justice est basé à Vichy mais dispose d'une antenne en zone occupée à Paris.

Siège : ensemble des magistrats assurant le rendu de la justice et le prononcé des décisions.

Substitut : magistrat assistant le procureur de la République ou le procureur général.

Tribunal correctionnel : juridiction de première instance en charge d'appliquer le droit pénal.

CHAPITRE 1

La répression politique en France entre permanence et rupture

Tout au long du XIXe siècle, le prétoire est un lieu et un terrain d'action pour les affrontements politiques, mais il n'existe pas de justice spécifiquement politique en dehors des procès politiques qui jonchent l'histoire de France[1]. La difficulté majeure pour le droit français, en particulier le droit pénal, est de déterminer le caractère politique de l'infraction et du prévenu. Cette situation conduit à de nombreuses interrogations pour savoir s'il s'agit d'une justice particulière avec ses propres codes, compétences, procédures et modalités de sanction.

Loin de s'affranchir d'une pratique judiciaire importante devenue relativement banale avec la montée en puissance des anarchistes et communistes à partir de la fin du XIXe siècle, le régime de Vichy ne peut pas se priver de la place importante occupée par la justice en matière de répression politique et de maintien de l'ordre. Pour autant, les termes « justice politique » ou « répression politique » ne sont jamais utilisés dans les textes législatifs ou administratifs entre 1940 et 1944. Il n'est donc pas forcément aisé de distinguer ce qu'est la justice politique sous Vichy et par là même qui sont les cibles de cette répression.

De la Révolution à la Restauration : l'instauration progressive d'une répression politique en droit français

Le droit organisant la répression politique est par essence mouvant et instable. Il n'est pas pour autant une législation purement passive, reflet de circonstances et phénomènes extérieurs. Il existe en réalité de multiples interactions entre les causes de la répression politique et ses effets. Deux facteurs paraissent néanmoins prédominants. Le premier est « [...] la perception du pouvoir en place de son opposition et du degré de légitimité qu'il lui concède[2] ». La qualification d'infraction politique donne en effet une légitimité à l'opposant et à ses idées. Dans le même temps, elle permet au pouvoir en place de l'instrumentaliser en évitant une possible radicalisation de son action dans l'hypothèse où cette qualification lui serait déniée. De son côté, cet adversaire y gagne : un statut plus protecteur, une situation carcérale améliorée et une tribune pour tenter de gagner l'adhésion de l'opinion publique.

Le second facteur est le comportement de l'opinion publique[3]. La perception par l'opinion publique de la répression politique est donc tout aussi déterminante que sujette à de fortes variations en fonction des périodes. Elle peut consister en une adhésion plus forte au pouvoir en place qui réprime des fauteurs de troubles attentant aux fondements du régime et de ce fait étant extrêmement dangereux. Au contraire, elle peut prendre fait et cause pour l'opposant en considérant comme totalement arbitraire la répression dont il est la victime.

Cette ambivalence de l'opinion publique se retrouve également chez les juristes étudiant ce concept. D'un côté, certains considèrent le délinquant politique comme particulièrement dangereux. Il doit donc être réprimé en conséquence avec une législation prévoyant des sanctions à la hauteur de la gravité des faits commis contre le pouvoir. De l'autre, l'opposant est perçu comme un être agissant pour ses idéaux, pour la société, pour la nation. Il doit dès lors recevoir un traitement des plus favorables. Généralement, la première perception apparaît plutôt en période de crise ou de régime autoritaire, la seconde au contraire au cours de phases plus pacifiées ou démocratiques. L'histoire récente de la répression politique suit donc les vicissitudes des changements de régimes politiques en France.

Sous la Révolution et le Premier Empire, « [...] toute infraction prend une coloration politique, toute justice tend à devenir politique[4] ». Le Code pénal, adopté le 26 septembre 1791 et promulgué le 6 octobre 1791, fait en effet apparaître le délit politique en droit français. Cette création est intimement liée aux préoccupations de l'Assemblée constituante de maintenir l'ordre public. Un titre entier du Code est ainsi consacré à prévenir toute atteinte contre l'État ou la nouvelle Constitution. Pour autant, aucune peine spécifique n'en vise les auteurs.

Une autre question n'est pas tranchée : quelle juridiction jugera ces délinquants ? L'Assemblée constituante adopte une position de compromis en donnant compétence le 14 octobre 1789 à une juridiction de droit commun, le Châtelet, pour juger les crimes de lèse-nation. Cette incrimination donne lieu à quarante-trois procédures d'octobre 1789 à octobre 1791. La nouvelle juridiction apparaît comme relativement clémente avec une seule condamnation à mort.

Cette position de compromis résiste jusqu'au 10 août 1792 et la prise des Tuileries qui conduit à renverser le roi. L'Assemblée législative décide alors, sans doute pour éviter de nouveaux heurts, la création du Tribunal du 17 août, première tentative d'organisation d'une justice politique d'exception, prémisse de la Terreur. Une soixantaine d'affaires lui seront soumises avant sa disparition en novembre 1792. À cette date, les procédures entamées sont renvoyées devant le tribunal criminel départemental, juridiction de droit commun qui intervient seule en matière d'infraction politique jusqu'en mars 1793.

À la suite du procès et de la mort du roi, la Convention poursuit son œuvre visant à remodeler le système judiciaire. Dans un contexte contre-révolutionnaire, de guerre aux frontières et de crise économique sévère, le patriotisme est exacerbé et la lutte contre les ennemis de l'extérieur mais aussi de l'intérieur devient une priorité. Par décret du 10 mars 1793, un tribunal criminel extraordinaire est institué, dépendant de la Convention qui concentre ainsi tous les pouvoirs. Cette juridiction est compétente pour « toute entreprise contre-révolutionnaire, de tous attentats contre la liberté, l'égalité, l'unité, l'indivisibilité de la République, la sûreté intérieure et extérieure de l'État, et de tous les complots tendant à rétablir la royauté, ou à établir toute autre autorité attentatoire à la liberté, à l'égalité et à la souveraineté du peuple, soit que les accusés soient fonctionnaires civils ou militaires, ou simples citoyens[5] ». Des peines spéciales sont prévues pour les délinquants politiques et leurs familles. De sa création à son changement de nom le 29 octobre 1793 en Tribunal révolutionnaire, environ 30 % des condamnations sont des peines capitales[6].

La loi du 10 juin 1794 constitue la bascule d'une justice politique ordinaire d'exception à une justice politique extraordinaire d'exception fondée sur la raison d'État[7]. Le Tribunal révolutionnaire est dorénavant compétent pour « [...] punir les ennemis du peuple ». Ces derniers sont « [...] ceux qui cherchent à anéantir la liberté publique, soit par la force, soit par la ruse[8] ». La procédure est également modifiée : élargissement du droit de traduire un prévenu devant cette juridiction, procédure de jugement accélérée, droits de la défense limités, etc. Le tribunal est restreint dans les peines pouvant être prononcées, une seule étant prévue : la peine de mort. Son influence demeure cependant limitée. Si la répression politique s'est accrue durant cette période avec un taux de condamnation à mort des tribunaux révolutionnaires porté à environ 60 % des prévenus, il n'existe pas de pic répressif à la suite de la mise en place de cette nouvelle loi[9].

Cette première étape dans la constitution d'un délit et d'une justice politique est marquée par une certaine séparation entre délinquant politique et de droit commun mais également par l'idée qu'il convient de le réprimer plus sévèrement compte tenu de sa nocivité pour le pouvoir en place. À l'issue de la Terreur, un revirement s'opère conduisant à une réorganisation du Tribunal révolutionnaire. La procédure ordinaire s'applique dorénavant ainsi que le respect des droits de la défense[10]. Son caractère de juridiction d'exception subsiste cependant.

Le Tribunal révolutionnaire est supprimé par décret du 12 prairial an III (31 mai 1795). À partir de cette date, ce sont les tribunaux criminels départementaux qui assurent la répression des délits politiques avec toutefois le maintien d'une procédure spéciale. Cela n'empêche pas la Convention thermidorienne de désavouer la Terreur en usant à son tour de l'institution judiciaire et de la justice d'exception[11].

La fin de la Convention et le Directoire sont marqués par de nouveaux troubles. Par une loi de police (proche de la loi martiale) du 1er germinal an III (21 mars 1795), une juridiction d'exception est rétablie, la Commission militaire. Proche de la cour martiale, elle est totalement soumise au pouvoir politique, mais son influence paraît néanmoins limitée. Même si elle disparaît très rapidement, elle est symbolique de la manière dont le pouvoir politique appréhende la répression des opposants en usant d'une force docile, l'armée. Cela se retrouve à plusieurs reprises dans l'histoire de la répression politique judiciaire, notamment sous le Consulat puis l'Empire à l'encontre du duc d'Enghien (1804) ou du général Malet (1812).

Durant la période napoléonienne, la répression des délits de caractère politique n'évolue pas. Il faut attendre le Code pénal de 1810 pour qu'elle fasse l'objet de modifications, sans aucune réelle distinction formelle entre crimes de droit commun et crimes politiques. La finalité de cette législation est une nouvelle fois d'assurer et de consolider l'ordre social et politique. Dans un climat politique marqué par des conspirations et des complots contre le pouvoir en place, le caractère dangereux du délinquant politique prédomine. Le Code pénal de 1810 est beaucoup plus rigoureux à l'égard de cette délinquance que ne l'était celui de 1791. Cette sévérité se mesure par l'omniprésence de la peine de mort comme sanction individuelle ou collective. Les autres peines sont le bannissement ou la déportation pour les cas les moins graves. La confiscation des biens des coupables revêt également un caractère automatique. Le crime de lèse-majesté réapparaît. Il est assimilé au parricide et puni comme tel, symbole d'une distinction entre infraction politique et de droit commun demeurant ténue.

Les Chartes de 1814 et 1830 instituent deux régimes politiques monarchiques aux pouvoirs limités face à des oppositions importantes en matière politique et sociale. La Restauration perpétue la vision de l'infraction et du délinquant politique établie sous le Premier Empire. La sévérité prime pendant toute cette période, tant par un renforcement de cette législation que par l'instauration à nouveau de juridictions d'exception. Ainsi, en réponse à chaque acte d'hostilité, une nouvelle loi répressive fait son apparition. De nombreux autres délits pour propos ou actes séditieux sont également créés.

Dans un contexte difficile pour la monarchie, le pouvoir politique crée une nouvelle juridiction d'exception : les cours prévôtales. Composées de militaires et de magistrats civils, elles ont compétence pour juger notamment des nombreuses infractions à caractère politique ou militaire et des crimes tendant à troubler l'ordre public. Leur influence en matière de répression politique doit être relativisée, ces affaires ne représentant qu'un peu plus de 10 % des dossiers jugés, avec toutefois de grandes diversités locales[12]. Dans ce domaine, elles sont en effet concurrencées par les conseils de guerre militaires (notamment sur les complots) et leur procédure encore plus secrète et expéditive.

La Restauration ouvre également de nouvelles perspectives en matière de répression politique avec l'instauration de la Chambre des pairs compétente pour « des crimes de haute trahison et des attentats à la sûreté de l'État[13] ». C'est sur ce fondement juridique que s'organise le procès politique du maréchal Ney en 1815, puis celui des ministres de Charles X en 1830.

L'affirmation d'une tradition juridique et judiciaire de la répression politique au XIXe siècle

La monarchie de Juillet, issue des Trois Glorieuses, opère une véritable rupture dans l'instauration du délit politique en droit français. Par une loi du 8 octobre 1830, le délit politique devient une notion juridique. Toutefois, le législateur ne prend pas le soin de le définir, se contentant d'en faire une énumération. Ce faisant, la détermination du caractère politique d'un délit se limite à la seule nature de l'acte accompli et en aucun cas au mobile de son auteur. Pour autant, il ne faut pas donner une portée trop importante à ce texte, qui n'est qu'une loi de compétence juridictionnelle confiant les délits politiques et de presse aux cours d'assises.

La finalité de cette loi est d'atténuer la répression de ce type d'infractions en la confiant à des jurys populaires qui seraient empreints d'une plus grande compassion que les magistrats professionnels. La spécificité du délinquant politique apparaît par la suite dans le régime de faveur et d'indulgence dont il bénéficie. La loi du 28 avril 1832 institue une échelle de peines différentes de celle de droit commun. La peine de mort qui demeure applicable est en réalité factuellement écartée (à l'exception des contumax) ou commuée en des peines moins graves. Elle est définitivement abolie par le décret du 28 février 1848 et remplacée le 8 juin 1850 par la déportation dans une enceinte fortifiée. Le pouvoir exécutif dispose en outre de prérogatives pour atténuer l'œuvre du pouvoir judiciaire, comme l'amnistie individuelle ou collective. Il conserve également le droit de grâce dont il fait usage à plusieurs reprises. En vue de donner une image plus libérale du régime et de satisfaire l'opinion publique, le régime de faveur du délinquant politique se matérialise aussi dans l'organisation des conditions de détention.

À partir du Second Empire mais surtout dans les premières années de la Troisième République, tant le législateur que la jurisprudence[14] vont progressivement supprimer la distinction entre délit politique et de droit commun. Par deux décrets des 31 décembre 1851 et 25 février 1852, le tribunal correctionnel redevient compétent pour juger les prévenus politiques aux dépens de la cour d'assises. Les magistrats professionnels récupèrent ainsi ce qui leur avait été enlevé au profit des simples citoyens. Un décret du 23 février 1852 abroge la loi du 8 octobre 1830. En parallèle, le chef d'État crée un nouveau régime juridique protecteur de sa personne en renforçant et en organisant la répression des offenses à son égard.

Le coup d'État de Louis-Napoléon Bonaparte le 2 décembre 1851 conduit par ailleurs à un retour de la justice d'exception. Les arrestations qui suivent cet événement impliquent la création de juridictions capables de prononcer de nombreuses peines en un minimum de temps. Des commissions mixtes sont ainsi instaurées dans chaque département par une circulaire du 3 février 1852 reprise par un décret du 5 mars 1852.

Ces commissions mixtes s'organisent autour de trois ministères (Intérieur, Justice et Armées) afin de juguler et d'éliminer l'opposition socialiste et républicaine. Aucun magistrat ne statue dans cette juridiction, ce qui nécessite de s'interroger sur la nature de cette institution. Sa compétence n'est pas définie, se limitant à « tous les individus compromis dans les mouvements insurrectionnels ou les tentatives de désordre qui ont eu lieu depuis le 2 décembre[15] ». Aucune règle ni aucun principe ou ligne de conduite n'est également fixé. La procédure est secrète, sans débat, sans défense. Il n'existe plus de recours contre les décisions. Les peines prononcées peuvent aller du renvoi devant les conseils de guerre (seulement pour les prévenus poursuivis pour meurtre ou tentative de meurtre) à la mise en liberté. Elles jugent en quelques semaines environ 25 000 personnes[16].

Les conseils de guerre perpétuent cette œuvre, les tribunaux de droit commun étant délaissés par le pouvoir exécutif compte tenu de la publicité très favorable qu'ils offrent aux prévenus. Ces tribunaux militaires sont particulièrement utilisés pour réprimer les mouvements ouvriers. Ainsi, après l'échec de la Commune, 22 conseils de guerre sont créés par une loi du 7 août 1871 et rendent plus de 50 000 décisions à l'encontre des communards assimilés à des criminels de droit commun : « 10 000 condamnations contradictoires sont prononcées dont 7 500 déportations et 270 condamnations à mort[17]. »

Cet épisode, associé aux attentats anarchistes qui se multiplient à la fin du XIXe siècle, marque la fin du régime de faveur des délinquants politiques. En effet, l'opinion publique n'adhère pas à cette violence, ce qui laisse la possibilité à la jeune Troisième République de mettre en œuvre une législation beaucoup plus répressive. Sous le prétexte de défendre l'ordre public et social, le pouvoir puise dans la tradition juridique de la répression politique pour lancer des lois d'exception[18] que l'opposition qualifie de « lois scélérates[19] ». L'objectif poursuivi par le pouvoir politique avec ce corpus législatif est tout à la fois d'assurer une répression plus sévère à l'encontre des anarchistes et de nier le caractère politique de leurs infractions en les ramenant à des délinquants de droit commun.

La loi du 28 juillet 1894 visant à réprimer les menées anarchistes[20] constitue sans doute la réponse du pouvoir politique à l'assassinat de Sadi Carnot le 24 juin 1894. Elle cherche à réprimer toute forme de propagande anarchiste, que ce soit par voie de presse ou par simple parole. Les peines prévues sont lourdes, avec un emprisonnement pouvant aller de trois mois à deux ans. Le tribunal correctionnel est logiquement compétent et peut, s'il le juge opportun, interdire la reproduction des débats, ce qui conduit à annihiler toute possibilité de se servir de l'audience comme d'une tribune politique. Poursuivant cette logique d'isolement, les condamnés doivent être emprisonnés dans des cellules individuelles. Aucune diminution de la peine prononcée ne peut intervenir.

Dans l'ensemble des juridictions, la tendance est « [...] d'appliquer rigoureusement les lois, faisant un usage extrêmement limité des circonstances atténuantes, et inclinant leur jurisprudence vers une notion objective du délit, plus adaptée à une répression sévère. Ce n'est pas l'individu qui est jugé, ni même ses actes, mais bien davantage le danger pour l'ordre établi qui est apprécié[21] ». Bien que limitées à certaines catégories de délinquants politiques, ces lois ont une incidence beaucoup plus importante, en ce sens où elles tendent à une assimilation du délinquant politique à celui de droit commun. Pourtant, ce processus ne paraît pas avoir été total, de nombreuses différences demeurent.

Ces lois vont influencer grandement le comportement des magistrats, leurs habitus et leur activité pendant toute la durée de la Troisième République. Il n'est d'ailleurs pas innocent pour le régime de Vichy d'ajouter le terme « anarchiste » dans le titre de la loi du 14 août 1941 portant création des sections spéciales. L'idée sous-jacente est sans nul doute d'assurer la filiation de cette loi nouvelle avec la répression politique menée par les juges depuis la fin du XIXe siècle.

Le durcissement de la répression politique au début de la Seconde Guerre mondiale

Les années 1930 sont marquées par de nombreuses crises, affaires et de nombreux accès de violence dont la répression incombe à l'institution judiciaire. La crise économique de 1929 et ses conséquences encouragent les luttes politiques. Touchant de nombreux Français, elle va permettre aux groupements politiques, en premier lieu les ligues, tant de droite que de gauche, d'atteindre des effectifs importants d'adhérents. Leur discipline et leur organisation beaucoup plus efficiente vont laisser craindre au pouvoir politique l'institution de « véritables organisations militaires de guerre civile[22] ».

La manifestation antiparlementaire du 6 février 1934 constitue un coup de force contre le gouvernement Daladier. Face à cette situation, l'État se dote de nouvelles dispositions afin d'assurer la protection, mobilisant à nouveau le concept de maintien de l'ordre, apparu lors de la crise des années 1893-1894, qui ressurgit pour justifier la répression politique. Dans les années 1930, la doctrine du pouvoir politique en la matière tourne autour de trois objectifs : contrôle des ligues et de leur action, contrôle de la vente et contrôle de la détention d'armes et de l'usage de la presse pour propager les idées et les mots d'ordre facteurs de troubles.

Ce corpus législatif de circonstances vise tout d'abord à incriminer le plus d'actes ou d'intentions possible, puis à durcir sa répression contre des personnes attentant aux fondements même de l'État et de son intégrité. Il s'agit ici de protéger et d'assurer la défense de la République. Ces textes n'atteindront pas ces objectifs, mais serviront de base légale à la répression du régime de Vichy. Entre leur adoption et leur utilisation par le nouveau régime, la répression des délinquants politiques va cependant être aménagée, compte tenu de l'évolution internationale et de l'entrée en guerre.

Le décret-loi du 29 juillet 1939 codifie les dispositions éparses de la répression des crimes et délits contre la sûreté de l'État[23]. L'apport principal de cette réforme est la volonté de mettre un terme aux débats juridiques sur la qualification de certaines infractions comme la trahison ou l'espionnage. La sanction prévue est la peine de mort, pourtant supprimée de l'échelle des condamnations politiques depuis 1848. Le traître ou l'espion constitue, selon cette nouvelle législation, un délinquant de droit commun sans que cela soit cependant indiqué clairement, ce qui conduit à de nombreux débats sur la qualification à retenir[24]. La répression est confiée dans une très large part aux tribunaux militaires et maritimes, peu importe que les infractions soient commises en temps de paix ou de guerre. Le tribunal correctionnel conserve quelques compétences résiduelles.

Dans une volonté de contrôler la circulation de l'information et de son contenu, le gouvernement Daladier va aussi attenter à plusieurs reprises au régime libéral de la presse issu de la loi du 29 juillet 1881. L'objectif poursuivi est d'assurer une certaine cohésion nationale dans les derniers mois précédant l'ouverture des hostilités. C'est dans ce cadre qu'est notamment adopté le décret du 21 avril 1939 condamnant la diffamation et l'injure à visée religieuse ou raciste par voie de presse[25]. Autrement connu sous le vocable de « décret Marchandeau », du nom du garde des Sceaux qui a œuvré à la création de ces nouveaux délits, ce texte intervient dans l'atmosphère des années 1930 où la parole se libère, en particulier dans la presse d'extrême droite, qui se livre chaque semaine à de véritables diatribes à l'égard des Juifs.

Ce même état d'esprit prédomine dans toute la législation pour encadrer la propagande, en particulier étrangère, et réprimer les propos démoralisateurs. Ainsi s'organise la répression contre les « excès de certaines propagandes qui s'exercent actuellement dans notre pays [et qui] n'ont pas manqué d'émouvoir l'opinion qui leur a prêté parfois des origines suspectes[26] ». Les personnes recevant des fonds d'agents étrangers en vue de se livrer à une propagande politique sont passibles d'une peine d'emprisonnement de six mois à cinq ans et d'une amende de 1 000 à 10 000 francs.

Dès le 6 mai 1939, ce décret est complété par un nouveau texte visant à assurer un contrôle plus efficace de la presse étrangère. Le ministre de l'Intérieur dispose dorénavant de la faculté d'interdire la circulation, la distribution ou la mise en vente en France des journaux ou écrits périodiques ou non rédigés en langue étrangère. Cette interdiction peut également être prononcée à l'encontre des écrits de propagande étrangère rédigés en langue française imprimés à l'étranger ou en France. Leurs auteurs sont passibles d'un emprisonnement de six jours à un an et d'une amende de 500 à 5 000 francs[27].

De nouvelles lacunes étant apparues dans le dispositif d'encadrement de la presse étrangère, un nouveau décret du 24 juin 1939 complète à nouveau le dispositif. Toute distribution, mise en vente, exposition ou détention à cette fin de matériel d'origine ou d'inspiration étrangère dans un but de propagande ayant pour finalité de nuire à l'intérêt national est ainsi proscrite. Une telle infraction est lourdement sanctionnée par une peine d'emprisonnement de six mois à cinq ans et d'une amende de 1 000 à 10 000 francs.

Devant l'imminence de l'entrée en guerre, le gouvernement octroie de manière préventive au préfet de police de Paris et aux préfets la possibilité de saisir administrativement tout journal ou périodique dont la publication est de nature à porter atteinte à la défense nationale et d'en ordonner la suspension[28]. Bien que ce décret ne soit pas encore publié au *Journal officiel*, le préfet de police de Paris en fait immédiatement usage le 25 août 1939 pour saisir et interdire *L'Humanité* à la suite de la signature du pacte germano-soviétique du 23 août 1939.

Le 1er septembre 1939, l'état de siège est déclaré[29]. Le même jour est promulgué un nouveau décret-loi visant à réprimer « la publication d'informations de nature à favoriser l'ennemi ou à exercer une influence fâcheuse sur l'esprit de l'armée et des populations[30] », complété par un décret-loi du 20 janvier 1940[31]. Les dispositions de ces deux décrets sont centrales dans le cadre de la répression des démoralisateurs et autres défaitistes pendant la « drôle de guerre ». Leur postérité sera grande tant le régime de Vichy en usera pour réprimer la propagande résistante.

Au printemps 1940, les peines prévues pour ces infractions apparaissent insuffisantes pour réprimer les auteurs d'actes visant à attenter au moral de la France belligérante. Le 9 avril 1940, un décret-loi présenté par le garde des Sceaux Albert Sérol assimile la propagande défaitiste, notamment communiste, à de la trahison passible de la peine de mort[32]. Par différents garde-fous, le gouvernement entend toutefois limiter tout risque de dérive susceptible de conduire à une interprétation extensive de ce texte qui se veut être d'une portée très limitée et très encadrée.

Par cet ensemble de textes visant tour à tour à sanctionner les effets de la propagande étrangère et le défaitisme, le gouvernement a voulu instaurer un véritable contrôle de l'information, dans une logique de rassemblement national, ce qui constitue « la première expérience notable dans l'histoire des institutions politiques françaises d'une information ou d'une propagande d'État[33] ». Si le caractère liberticide de ces décrets-lois ne fait guère débat, il faut cependant replacer ces derniers dans le contexte particulier des années 1930 et de l'entrée en guerre. Leur récupération et leur utilisation par le régime de Vichy ne doivent pas conduire à les appréhender différemment.

Il en est de même pour la législation anticommuniste qui s'inscrit dans une longue lutte à l'égard du PCF. Le décret-loi du 26 septembre 1939 est pris dans un contexte particulier d'anticommunisme intense. La signature du pacte de non-agression entre Hitler et Staline, le 23 août 1939, stupéfie le monde entier, notamment les dirigeants du PCF[34]. Tenant désormais les communistes pour alliés de l'ennemi hitlérien, le gouvernement décrète, le 26 septembre, la dissolution du PCF et de toutes les organisations liées à l'Internationale communiste et l'interdiction de toute activité communiste y compris de propagande. Les peines pouvant être prononcées sont un emprisonnement d'un an à cinq ans et une amende de 100 à 5 000 francs.

Dès le 29 septembre 1939, des perquisitions sont opérées au siège des organisations communistes à la demande du ministère de l'Intérieur. La Chancellerie rappelle aux préfets qu'il convient de livrer les auteurs d'infraction aux tribunaux et de transmettre les preuves obtenues aux parquets* compétents[35]. Le ministère de l'Intérieur en fait de même[36].

Par une circulaire du 21 novembre 1939, le garde des Sceaux explicite aux procureurs généraux* des cours d'appel le contenu des dispositions du décret-loi du 26 septembre 1939. Il insiste auprès de ces hauts magistrats « sur l'intérêt impérieux qui s'attache à la répression rigoureuse de ces infractions. Il est hors de doute,

* Tous les mots suivis d'un astérisque sont définis dans le lexique présent en début d'ouvrage.

en effet, que les activités interdites par le décret du 26 septembre dernier ne peuvent, dans les circonstances actuelles, que servir la propagande ennemie. Il importe, en conséquence, que l'application de ce décret [...] soit assurée de la manière la plus stricte[37] ».

Compte tenu de la proclamation de l'état de siège, « les tribunaux militaires peuvent être saisis de la connaissance des crimes et délits contre la sûreté de la République, contre la Constitution, contre l'ordre et la paix publique, quelle que soit la qualité des auteurs principaux et des complices[38] ». Une circulaire du ministre de la Justice destinée aux procureurs généraux en date du 28 novembre 1939 rappelle ainsi les conditions de compétence des tribunaux militaires sur certains prévenus[39].

Des difficultés de cohésion entre la justice militaire et la justice civile apparaissent. À tel point que le garde des Sceaux est obligé d'en référer au président du Conseil, Édouard Daladier. Il rappelle que les parquets poursuivent avec diligence les faits délictueux de nature à porter atteinte à la défense nationale, notamment les actes de propagande communiste et que « les décisions rendues en cette matière par les juridictions de droit commun sont empreintes, d'une manière générale, d'une suffisante fermeté[40] ». Toutefois, il note une recrudescence des faits de cette nature sur l'ensemble du territoire national qui paraissent révéler que l'activité communiste, loin de se ralentir, se poursuit. Dans de nombreux cas, la justice militaire a revendiqué la poursuite des infractions de cette nature pour en apprécier la gravité et les sanctionner rapidement. Une fois qu'elle s'est saisie de ces affaires, la justice civile demeure ignorante des développements de la procédure et de ses résultats. Le ministre de la Justice demande donc une meilleure coordination.

À la suite de cette demande, le président du Conseil appelle à une collaboration étroite, sur la lutte anticommuniste, entre la justice militaire et la justice civile. Cette dernière demeure, même sous le régime juridique de l'état de siège, la juridiction de droit commun compétente pour juger ces dossiers. En outre, le président du Conseil rappelle que l'intervention de la justice militaire doit être limitée, soit aux faits les plus graves, soit aux individus dont la personnalité appelle une répression sévère, et ce afin de ne pas nuire à la cohérence nécessaire à cette répression et pour éviter un encombrement du rôle des tribunaux militaires nuisible à la promptitude de leur action[41].

Le régime de Vichy et la répression politique : de la continuité à la rupture (1940-1941)

L'installation de l'État français durant l'été 1941 est « un temps de mise en place[42] » marqué comme de coutume dans l'histoire politique française par son lot d'exclusions et d'épurations. De manière quasi simultanée, le nouveau régime lance son programme de Révolution nationale à travers plusieurs milliers de textes.

Pour l'institution judiciaire et les magistrats la composant, la transition entre la Troisième République et l'État français se passe relativement en douceur. Il faut en effet attendre quelques mois pour que la répression politique s'abatte sur les individus troublant la bonne marche du régime. Cela permet à Vichy dans cet intervalle d'imposer d'emblée les préceptes de la Révolution nationale. L'importance et l'influence du garde des Sceaux, Raphaël Alibert, au sein du gouvernement n'y sont sans doute pas étrangères[43]. Proche de l'Action française, ce monarchiste catholique est un fidèle du maréchal Pétain, qui le désigne à cette fonction le 12 juillet 1940.

Dans ce tourbillon législatif, tous les ennemis du régime, qu'ils se soient désignés ou aient agi comme tels ou non, sont frappés. Les étrangers naturalisés, les Juifs, les francs-maçons, les dissidents gaullistes, les communistes sont ciblés et réprimés, définissant ainsi la feuille de route de l'État français pendant toute son existence. Cette volonté d'exclusion n'en demeure pas moins un des aspects marquants du « premier Vichy »[44]. L'administration et la magistrature en particulier ne sont pas épargnées avec une vague d'épuration à l'hiver 1940 sanctionnant environ 5 % de la magistrature[45].

En parallèle de cette partie « négative » de son programme, l'État français cherche, de manière « positive » cette fois, à rassembler les Français, à construire la communauté nationale. À cette fin, la répression politique peut servir, dans l'esprit du nouveau régime, d'outil efficace. Celle-ci est pourtant particulièrement absente de ces premiers mois. L'heure est encore à l'état des lieux.

Très tôt, l'État français fait donc le choix d'évoluer vers une justice d'exception. La Cour suprême de justice est ainsi créée le 30 juillet 1940[46] et commence à siéger le 8 août 1940 dans le palais de justice de Riom. Elle donne lieu à ce que la postérité retient comme le procès de Riom. Sa mission est quasi exclusivement de juger les responsables de la déclaration de guerre de septembre 1939 et de la défaite de juin 1940. Le procès s'ouvre le 19 février 1942 et est rapidement suspendu dès le 14 avril 1942, compte tenu de la pression allemande et de la forte résistance des accusés[47]. Le pouvoir politique a sans doute omis de se souvenir qu'un procès politique constitue également une magnifique tribune pour les accusés, qui se livrent à un plaidoyer pour de Gaulle et les Alliés, et à un réquisitoire éloquent contre le maréchal Pétain et sa responsabilité dans l'impréparation militaire qu'a connue la France en 1940. Le procès n'a jamais repris et cette session de la Cour suprême est déclarée close le 21 mai 1943[48]. Cet échec retentissant rend compte des difficultés pour l'État français à s'extraire du régime de la Troisième République, dont de nombreux cadres du nouveau régime sont issus.

Cela n'empêche pas l'État français de récidiver avec l'instauration d'une autre juridiction d'exception : la cour martiale de Gannat chargée de juger les « [...] crimes et manœuvres commis contre l'unité et la sauvegarde de la patrie[49] ». L'introduction de cette juridiction mixte (associant des juges civils et militaires) vise à réprimer les gaullistes à la suite de l'opération de débarquement lancée par le général de Gaulle à Dakar, dont la finalité est le ralliement de l'Afrique-Occidentale française (AOF) à la France Libre. La sentence pouvant aller jusqu'à une condamnation à mort est sans recours possible et doit être exécutée dans les vingt-quatre heures.

Bien que d'une existence courte (une année) et d'une importance limitée (moins d'une cinquantaine d'hommes jugés)[50], la cour martiale de Gannat pose les jalons de l'utilisation par l'État français de l'institution judiciaire dans le cadre de la répression politique. Ce recours à une juridiction visant une infraction ou un type de délinquance spécifique est propre à ce régime et à sa politique répressive inédite. Par certains aspects, le délinquant politique retrouve une place distincte dans la justice pénale nécessitant le recours à des procédures et à des peines particulières. Il ne s'agit pas pour autant de faire de cet opposant un martyr, c'est pourquoi, hormis à partir de l'été 1941, les peines les plus graves sont prononcées par défaut. Cela permet d'assurer l'exemplarité de la répression en évitant au prévenu de se défendre et de se poser en victime de l'arbitraire du pouvoir.

Cette position du régime de Vichy évolue toutefois avec le temps, notamment à partir de l'été 1941, avec la nécessité de maintenir l'ordre face aux périls intérieurs. La logique n'est plus alors au rassemblement-exclusion mais bien à la répression-persécution. Cela se traduit par un usage immodéré des juridictions d'exception dont la magistrature est peu à peu exclue, tout à la fois de son propre fait et du déferlement répressif de l'État français.

Le chef de l'État n'hésite d'ailleurs pas à faire irruption dans le processus judiciaire en s'octroyant des pouvoirs jusqu'à présent dévolus au pouvoir législatif ou judiciaire. Par décret du 29 septembre 1941 est institué un conseil de justice politique[51] chargé d'assister le chef de l'État[52] pour juger des secrétaires d'État, hauts dignitaires et hauts fonctionnaires de l'État actuels ou ayant exercé leur charge depuis moins de dix ans Cette institution se met immédiatement au travail. Le 16 octobre 1941, Léon Blum, Édouard Daladier, Georges Mandel, Paul Reynaud et Maurice Gamelin sont ainsi condamnés à des peines de détention dans une enceinte fortifiée, le fort du Portalet[53], et ce avant même l'issue du procès de Riom où ils figurent également sur le banc des accusés.

Dans le tour d'horizon des juridictions d'exception instaurées par le régime de Vichy, la cour criminelle spéciale créée en mai 1941 constitue une double exception. La première est qu'il s'agit de la seule juridiction d'exception créée par le régime de Vichy qui n'a pas à proprement parler de compétence politique, même si cela est discutable[54]. Il s'agit en grande partie de réprimer les personnes accusées de marché noir. La procédure est expéditive, la sentence peut aller jusqu'à une condamnation à mort sans recours possible et est exécutée dans les vingt-quatre heures. La seconde exception est qu'elle est supprimée en novembre 1941 sans n'avoir jamais fonctionné, étant reprise par une autre juridiction d'exception, le tribunal d'État[55].

Les tribunaux spéciaux pour juger les auteurs d'agressions nocturnes sont aussi le reflet d'une répression politique intégrant certaines infractions sociales attentatoires aux fondements de l'État[56]. Ils sont institués dans chaque ressort de cour d'appel. Leur décision n'est susceptible d'aucun recours. Comme souvent avec l'État français en matière de justice et de répression, la compétence matérielle* de cette juridiction ne cesse de fluctuer entre 1940 et 1944 pour se diversifier dans des affaires extrêmement hétéroclites : vols de bestiaux commis la nuit, vols de colis destinés aux prisonniers de guerre, détention clandestine d'émetteurs de TSF, connivences d'évasion de détenus, pillage en temps de guerre, etc.

Si certaines de ces infractions paraissent réprimer des motivations pouvant être politiques, le législateur ne les vise pas expressément. Celles-ci sont en effet de la compétence des seules sections spéciales. La frontière est toutefois très proche entre les attributions de ces deux juridictions. Les parquets chargés de l'orientation des affaires renvoyées devant telle ou telle juridiction ont ainsi à déterminer si l'intention de l'auteur est ou non politique pour renvoyer le dossier devant la juridiction idoine[57]. Cet exemple démontre l'enchevêtrement des compétences, voire la concurrence, des juridictions entre elles. Le tribunal spécial demeure en effet la dernière juridiction à avoir une compétence dûment établie et précise et à trouver une place claire au sein de l'ordonnancement judiciaire ; ce n'est plus le cas ensuite notamment avec l'installation des sections spéciales et encore plus avec celle du tribunal d'État. Afin de complexifier un peu plus les difficultés d'orientation que peut connaître le ministère public, la loi du 20 mars 1944 permet aux tribunaux spéciaux de connaître des* affaires politiques sauf si la section spéciale est compétente[58].

Une répression politique exacerbée au service d'un régime assailli de toutes parts (1941-1944)

Dès ses débuts, le nouveau régime, reprenant ce qui avait déjà été mis en place sous la Troisième République, fait procéder à l'égard des communistes à une surveillance active, ce dont attestent les rapports des préfets en zone occupée[59]. En octobre 1940, un rapport du magistrat chargé des services du ministère de la Justice à Paris* alerte le garde des Sceaux sur la recrudescence de la propagande communiste, en particulier en région parisienne, et des travaux des différentes juridictions pour y mettre un terme[60]. Le procureur général de la cour d'appel de Paris prescrit ainsi au parquet « un contrôle très vigilant sur l'activité communiste et d'assurer, par leurs réquisitions, la ferme répression des délits en cette matière[61] ». La répression judiciaire dépendant des seuls tribunaux correctionnels (et cours d'appel le cas échéant) est toutefois jugée trop clémente par le garde des Sceaux et certains préfets. Ainsi, celui de la Seine-et-Oise se plaint ouvertement à son ministre de rattachement de décisions rendues, en particulier un arrêt de la cour d'appel de Paris, condamnant trop « mollement » des militants communistes. Cela conduit le procureur général[62] à devoir s'en justifier auprès de Raphaël Alibert[63]. L'activité répressive apparaît pourtant, au vu des rapports adressés à la Chancellerie sur l'année 1940, importante et sévère[64].

Un processus de durcissement se met en œuvre dès le début de l'année 1941. Un courrier de l'amiral Darlan à Joseph Barthélemy en date du 27 février 1941 contient la réflexion du nouvel homme fort du régime à l'égard de ce que doit être la répression communiste par la justice française. Après avoir rappelé « la menace grandissante d'une propagande, qui a pour but de troubler l'ordre public et de porter atteinte à la sûreté de l'État », il estime nécessaire d'augmenter les peines édictées pour réprimer l'activité et la propagande communiste et de supprimer les circonstances atténuantes[65]. Si la création d'une juridiction spécialisée dans la lutte anticommuniste n'est pas évoquée, celle d'un régime d'exception l'est clairement. L'État français adopte ainsi une position répressive stricte à l'égard des communistes, soit bien en amont de l'évolution internationale et de l'entrée du PCF dans la lutte armée contre l'occupant. L'initiative apparaît donc bien française, même si l'occupant y a clairement son intérêt dans le cadre de sa politique de maintien de l'ordre[66].

Le 21 août 1941, l'attentat commis par Pierre Georges (Colonel Fabien), secondé par Gilbert Brustlein, contre l'aspirant Alfons Moser, sert d'élément déclencheur à la mise en place d'une juridiction d'exception chargée de juger les communistes[67]. Au-delà de plusieurs violations manifestes des principes généraux du droit pénal français, la loi du 14 août 1941 instaurant les sections spéciales auprès de chaque cour d'appel en zone occupée ou tribunal militaire en zone libre constitue tout autant une continuité qu'une rupture manifeste avec l'ordre judiciaire en place. La permanence s'opère dans le choix des termes justifiant de leurs compétences. En visant « les auteurs de toutes infractions pénales, quelles qu'elles soient, commises dans une intention d'activité communiste ou anarchiste[68] », le législateur renvoie à la terminologie qui a cours sous la Troisième République et dont les magistrats sont familiers. L'idée est de faire des inculpés non pas des opposants politiques mais des fauteurs de troubles menaçant l'unité de la société française. Le garde des Sceaux réveille ainsi un concept qui avait pourtant quasiment disparu des prétoires. La rupture est toutefois incontestable s'agissant de la procédure et des sanctions. L'état d'esprit qui prévaut est d'agir et de juger avec la plus grande célérité tout en étant le plus répressif possible.

La section spéciale de la cour d'appel de Paris constitue l'une des plus importantes par le nombre d'affaires qu'elle a jugées. Le comportement de cette instance, première en action dans un contexte particulier, est scruté par l'État français et les autorités d'occupation. Sa première audience est fondamentale pour comprendre l'origine du tribunal d'État. Si elle prononce bien trois des condamnations à mort sur les six exigées par les autorités allemandes et Vichy à la suite de l'attentat par le colonel Fabien, elle ne condamne les autres prévenus qu'à des peines moins lourdes.

À compter de ce moment précis, l'indépendance de la section spéciale et de certains des magistrats la composant semble actée par la Chancellerie et l'État français qui doit trouver une autre juridiction plus à même de satisfaire ses desiderata.

Dès le 3 septembre 1941, le *Militärbefehlshaber in Frankreich* (commandement militaire des troupes d'occupation) rappelle au délégué général du gouvernement français dans les territoires occupés qu'il est profondément déçu des décisions de la section spéciale de la cour d'appel de Paris[69]. Cela a pour conséquence la création d'une nouvelle juridiction d'exception à titre temporaire : le tribunal d'État, dont la composition est exclusivement à la main de l'exécutif. Le Conseil des ministres décide également des personnes à déférer qui ont commis « des actes, menées ou activités qui, quels que soient la qualification, l'intention ou l'objet, ont été de nature à troubler l'ordre, la paix intérieure, la tranquillité publique, les relations internationales ou, d'une manière générale, à nuire au peuple français[70] ». Les 20 et 21 septembre 1941, ce tribunal, section de Paris, condamne à mort trois inculpés, Jacques Woog, Adolphe Guyot et Jean Catelas, guillotinés le 24 septembre au matin. Ces nouvelles exécutions répondent clairement à la sommation allemande et au refus de la section spéciale de prononcer trois condamnations à mort supplémentaires. Il s'agit ici également pour l'État français d'envoyer un signe fort à l'occupant en mettant en place une juridiction dont la compétence et la procédure s'inspirent grandement des tribunaux spéciaux nazis[71].

Une nouvelle rupture aux conséquences déterminantes s'opère au début de l'année 1944. La justice perd le monopole institutionnalisé de la répression au profit d'une instance administrative : la cour martiale. Elle se trouve ainsi dépossédée d'une de ses compétences ordinaires majeures au profit du maintien de l'ordre. Il est vrai que le contexte est différent. D'une période de crise, la France bascule vers la guerre civile avec une résistance intérieure puissante qui, avec l'appui des Alliés, mène la guerre contre l'État français et l'occupant. Les magistrats, en particulier ceux statuant dans les juridictions d'exception comme les sections spéciales, sentent en outre le vent tourner et sont enclins à plus d'indulgence envers les prévenus, en prononçant des peines moins lourdes ou en tentant par différents moyens juridiques (renvoi, supplément d'informations, oubli de convocation de certains témoins...) de gagner du temps pour n'avoir pas à juger certaines affaires.

Sous la pression de la Milice et du secrétaire général au maintien de l'ordre Joseph Darnand, qui vient d'être nommé le 1er janvier 1944 et qui se voit dix jours plus tard confier les pleins pouvoirs dans la répression contre la Résistance, l'État français autorise par la loi du 20 janvier 1944 ce dernier à constituer « une ou plusieurs cours martiales ». Y sont déférés « les individus, agissant isolément ou en groupes, arrêtés en flagrant délit d'assassinat ou de meurtre, de tentative d'assassinat ou de meurtre, commis au moyen d'armes ou d'explosifs, pour favoriser une activité terroriste[72] ». Avec cette formulation, l'idée sous-jacente est de se substituer aux sections spéciales jugées trop clémentes. Une ligne de partage s'institue donc entre d'une part les juridictions judiciaires (ordinaires ou d'exception) qui conservent une compétence répressive générale à l'exception des assassinats et homicides à finalité politique et d'autre part les cours martiales réprimant les actes politiques les plus violents de la Résistance, en particulier ceux opérés à l'encontre des collaborateurs, des miliciens, etc.

La procédure comme le fonctionnement de cette juridiction sont expéditifs. L'acquittement ne peut être prononcé, ce qui reviendrait dans le cas contraire pour la cour martiale à se déjuger et à déclarer un inculpé coupable innocent. Pour faciliter les condamnations, les inculpés ne disposent d'aucun droit relativement à leur défense, pas plus que d'un avocat.

Pourtant, très vite, les cours martiales ne semblent pas en mesure d'endiguer les actions de la Résistance et ce en dépit d'une répression féroce, avec près de « deux cents exécutions en l'espace de six mois ». Le maintien de l'ordre dans un pays qui bascule toujours un peu plus dans un état de guerre civile nécessite de nouvelles mesures avec la création de deux nouvelles juridictions.

Les cours criminelles extraordinaires sont une émanation des cours martiales chargées de juger « [t]ous individus qui, hors le cas de flagrant délit prévu par la loi n° 38 du 20 janvier 1944, sont prévenus d'avoir comme auteurs, coauteurs ou complices, commis au moyen d'armes ou d'explosifs, pour favoriser une activité terroriste, un meurtre, un assassinat ou la tentative d'un de ces crimes [...][73] ». En créant cette nouvelle juridiction d'exception, l'État français vient renforcer la compétence des cours martiales qui peuvent ainsi statuer hors des cas de flagrant délit qui sont les seuls visés par la loi du 20 janvier 1944.

Le dispositif législatif des cours martiales/cours criminelles extraordinaires est enfin complété par un dernier texte en date du 10 juin 1944. Ce dispositif répressif qui est au départ conçu comme provisoire est prolongé jusqu'à la fin de l'année 1944, sans doute en réaction au débarquement allié intervenu en Normandie quelques jours plus tôt[74].

Dans l'emballement répressif des derniers jours de l'État français et devant la multiplication des défaillances des fonctionnaires après le débarquement, une dernière juridiction d'exception est créée : les tribunaux du maintien de l'ordre. Institués par Joseph Darnand, ils sont chargés « d'instruire et de juger les abandons de poste et les autres crimes ou délits contre le devoir et la discipline militaire prévus au chapitre II du livre II du Code de justice militaire pour l'armée de terre, commis par des membres des forces, corps et services relevant de son autorité[75] ».

Cette juridiction est de ce fait assez proche des cours martiales. Les individus arrêtés en flagrant délit sont traduits immédiatement devant la juridiction. Les jugements rendus sont exécutoires dans l'immédiat et ne sont susceptibles d'aucun recours. Le législateur a toutefois fixé plusieurs garde-fous pour rendre cette juridiction un peu moins arbitraire que les cours martiales. L'inculpé bénéficie d'un défenseur, certes désigné par le président de la juridiction. Les peines prononcées sont modulables[76], allant de l'emprisonnement à la peine de mort.

Ce tour d'horizon des juridictions d'exception et dans le même temps de l'évolution de la politique répressive mise en place par l'État français ne doit pas occulter l'importance des juridictions ordinaires, qui sont également des outils importants au pouvoir politique pour contrôler la société. Celles-ci vont être mises à rude contribution par l'État français. Entre 1933 et 1938, les tribunaux correctionnels jugent en moyenne 251 521 prévenus par an. En 1939-1940, du fait de la campagne de France, ils ne sont que 224 170 prévenus à avoir été renvoyés devant cette juridiction. De 1941 à 1943, ils sont 424 805 par an, soit une hausse de près de 70 %, avant de se stabiliser autour de 306 305 en 1944 et 1945[77]. Le contentieux correctionnel au sein des tribunaux de la cour d'appel de Paris suit cette grande tendance.

La hausse importante des délits de droit commun explique cette inflation. À titre d'exemple, les vols représentent durant la période d'existence de l'État français plus de 30 % des condamnations prononcées par le tribunal correctionnel. Avant guerre, cette infraction ne représente qu'environ 15 % des peines prononcées. Le doublement s'opère en 1940, pour demeurer stable par la suite. Les infractions économiques, en particulier celles liées au ravitaillement, expliquent également l'activité importante de cette juridiction surtout pour les années 1942 et 1943.

Durant les premiers mois de Vichy, le tribunal correctionnel* est la pièce centrale du contrôle de l'opinion, enjeu majeur de cette période pour le nouveau régime. Il est aussi l'outil de la lutte contre toutes les propagandes. Par la suite, l'évolution du contexte intérieur conduit le tribunal correctionnel à se voir privé d'une grande partie de la répression politique à proprement parler, confiée aux juridictions d'exception dès 1941 et dont les compétences ne cessent de s'étendre, notamment à partir de 1943.

Pour autant, l'État français ne considère pas cette juridiction comme inutile, bien au contraire. À compter de cette date et dans le cadre d'une répartition plus globale entre justice ordinaire et d'exception, le tribunal correctionnel dispose d'une compétence quasi exclusive sur les infractions sociales et sociétales durement réprimées par le nouveau régime[78]. Celles-ci peuvent être scindées en deux. Il y a d'une part celles à visée de prohibition, constituées le plus souvent de délits préexistants au régime mais qui vont connaître un développement important compte tenu du contexte. D'autre part, l'État français, dans sa logique de contrôler la société, crée de nouvelles obligations à l'égard de certaines catégories d'individus comme les Juifs ou les déserteurs, qui, en cas de manquement, sont également réprimées.

Même si toute infraction peut avoir une certaine connotation politique durant cette période de crise, il convient toutefois de nuancer son ampleur au sein des tribunaux correctionnels, en particulier celui de la Seine. Sur plus de 25 000 affaires en moyenne dont est saisi annuellement le tribunal correctionnel de la Seine entre 1940 et 1944, les désertions, évasions et infractions juives ne représentent qu'environ 850 dossiers sur la totalité de la période. Cela ne constitue donc qu'une infime partie de l'activité de cette juridiction, là où les vols et les infractions liées au ravitaillement en constituent peu ou prou 50 à 55 %.

CHAPITRE 2

L'été 1940 ou le retour à une justice « ordinaire »

> La confusion est à son comble, la République sombre dans la peur et les consentements moites de la médiocrité, les Français sont déboussolés, la nation est à la dérive. L'armature craque de partout et les organisations politiques, liquéfiées, abandonnent le terrain dans la débandade[1].

En juin 1940, la situation n'est pas différente au sein de l'institution judiciaire française. L'été 1940 est celui du redémarrage de l'activité judiciaire, qui a été fortement affectée depuis septembre 1939 et l'entrée en guerre de la France. En effet, la magistrature n'est pas épargnée au moment de la mobilisation. Elle paye aussi un lourd tribut, avec de nombreuses victimes ou prisonniers de guerre. Les juridictions sont en conséquence fortement engorgées. Avec la signature de l'armistice le 22 juin, elles doivent solder le « contentieux guerrier » et reprendre progressivement leur activité dans le cadre des principes édictés par le nouveau régime.

Un nouveau fonctionnement judiciaire à penser

Comme toute administration, la justice est mise à contribution lorsque la France entre en guerre le 3 septembre 1939. Malgré l'apparition des juridictions militaires, la justice ordinaire poursuit son œuvre, en mode dégradé. Les magistrats, à l'instar d'une grande part de la population masculine du pays, se trouvent mobilisés. Du fait d'une entrée plus tardive dans la carrière, la magistrature est toutefois légèrement plus épargnée que certaines autres administrations ou professions[2]. Cette mobilisation importante conduit logiquement à une diminution de l'activité judiciaire, qui plus est en matière pénale où le travail de constatation des infractions et d'enquête est également perturbé en amont.

Les juridictions doivent donc s'organiser pour assurer au mieux cette période difficile. L'expérience de la Première Guerre mondiale permet sans doute de l'aborder avec plus de sérénité. La cour d'appel de Paris bénéficie du transfert d'une partie de son activité répressive aux juridictions militaires, en particulier dans le domaine des infractions politiques. De nombreux mobilisés du corps judiciaire les rejoignent. Il y a tout à la fois un transfert ponctuel de compétence et de personnel, même si les tribunaux militaires vont au fil du temps se faire de plus en plus restrictifs dans les affaires qu'ils choisissent de traiter afin de ne pas être totalement engorgés. Ces deux ordres judiciaires, civil et militaire, se livrent à une véritable concurrence sur certains dossiers, ce qui n'est pas sans poser de questions sur l'efficacité de la répression. Cela est d'autant plus vrai que la communication n'est pas aisée entre magistrats des deux ordres, qui vivent dans un environnement et travaillent selon des procédures et des finalités totalement différentes.

À la fin des années 1930, la cour d'appel de Paris est la plus importante de France : elle a en effet compétence sur le département de la Seine[3], de la Seine-et-Oise[4], de la Seine-et-Marne ainsi que sur ceux d'Eure-et-Loir, de l'Aube, de la Marne et de l'Yonne. Elle dispose du plus grand nombre de magistrats du siège* et du parquet* pour faire face à une très forte activité. Les tribunaux* de première instance dans ce ressort sont au nombre de vingt-sept[5]. Logiquement, le tribunal de la Seine* est le plus important tant en termes d'effectifs que d'activité. Des statistiques détaillées établies en 1936[6] permettent de mesurer l'activité et la composition de ces différentes juridictions.

Cet équilibre entre les juridictions du ressort de la cour d'appel de Paris est bouleversé par la guerre. L'état de situation des magistrats établi par le président du tribunal de la Seine Abel Maillefaud le 8 décembre 1939 est particulièrement intéressant pour percevoir les perturbations[7]. Ainsi, sur les 20 vice-présidents affectés habituellement au sein du tribunal de la Seine, seuls 12 sont encore présents. S'agissant des présidents de section, sur 20, seuls 9 sont alors en poste. Concernant les 46 juges[8], 21 demeurent au tribunal. Sur les 28 juges adjoints, il n'en reste que 8. Dans son ensemble, le tribunal de la Seine conserve un peu plus de 44 % de son personnel. Ce chiffre est relativement faible pour maintenir une activité judiciaire même réduite, avec qui plus est des disparités importantes entre les postes.

Pour pallier cette situation délicate, le ministère de la Justice va tenter à de multiples reprises dans les premières années du conflit de réorganiser les juridictions, en mettant à disposition des magistrats ou en rappelant plusieurs retraités. S'il est difficile d'établir un chiffrage précis du nombre de magistrats ainsi détachés, il peut s'estimer au sein de la cour d'appel de Paris et du tribunal de la Seine entre dix et vingt, qui viennent renforcer les maigres effectifs des deux juridictions. Cela permet au président de ce tribunal d'adjoindre des sections supplémentaires à certaines chambres déjà réorganisées ou de créer de nouvelles chambres spécialisées[9] en vue de réduire le stock d'affaires en attente de jugement.

Pour autant, l'organisation demeure fragile car si le président du tribunal dispose de moyens humains, il n'en est pas forcément de même du procureur de la République près le tribunal de la Seine. Or, si celui-ci ne peut mettre à disposition du tribunal des substituts*, de nouvelles sections ne peuvent être créées. Le président du tribunal désigne donc des magistrats du siège pour assurer le ministère public. Ce type de solution qui s'apparente plus à un bricolage qu'à une réelle organisation paraît réservé aux cas les plus simples et les moins à risque juridiquement tant pour l'institution que pour les justiciables. De manière similaire, des juges et juges assesseurs sont désignés comme juges d'instruction en remplacement des magistrats absents.

Pour réduire l'amoncellement des dossiers, le président du tribunal instaure aussi des audiences supplémentaires. Il réalise également des transferts de personnel entre chambres. Ainsi, en avril 1940, la deuxième chambre correctionnelle perd une section, sans pour autant diminuer le nombre de ses audiences, au profit de la septième chambre correctionnelle[10]. Une dernière possibilité est de solliciter un avocat pour compléter le tribunal.

La situation engendre inévitablement des plaintes. De fait, au début de l'année 1941, et même si le tribunal de la Seine connaît une certaine reprise d'activité dès la fin de l'été 1940, le commissaire aux travaux de la région parisienne se plaint à Raphaël Alibert de ce que le tribunal de la Seine ne statue pas assez rapidement[11]. En effet, l'exécution du programme de travaux contre le chômage dont il a la charge dans la région parisienne conduit à la nécessité d'un certain nombre d'expropriations qui ne sont pas effectuées selon lui avec suffisamment de célérité. Il faut donc que soient créées de nouvelles commissions arbitrales et que soit mis à disposition de ces dernières un nombre suffisant de magistrats.

Dans sa réponse, le premier président de la cour d'appel de Paris, Francis Villette, dresse un tableau des nombreuses difficultés auxquelles doit faire face le tribunal de la Seine. La première est bien entendu l'absence de magistrats : 19 font défaut pour le siège. Ce chiffre, comparé aux effectifs de l'année 1936, équivaut à presque 12 % de magistrats du siège absents.

La seconde difficulté est la hausse significative de certains contentieux en raison de la guerre, comme les affaires de loyers impayés qui représentent à elles seules 2 000 nouveaux dossiers mensuels. Cette situation affecte également les chambres correctionnelles puisqu'il manque, dans chacune d'elles, un magistrat qui doit être remplacé. Pour ce haut magistrat, la requête du commissaire aux travaux de la région parisienne ne peut être satisfaite, sauf à restreindre encore la répression pénale.

Les mesures mises en place par les chefs du tribunal de la Seine et de la cour d'appel de Paris ont permis de maintenir un certain niveau d'activité au sein de ces deux juridictions durant la période des hostilités. Elles sont toutefois insuffisantes lorsque l'activité judiciaire et en particulier pénale reprend, même si la répression politique demeure faible à l'été 1940. Il est vrai que, à partir de septembre 1939, les juridictions judiciaires ont perdu leur compétence au profit de la justice militaire en cette matière et toute la machine répressive ordinaire doit donc être de ce fait relancée à l'été 1940.

Une répression politique à l'encontre des communistes partagée entre juridictions militaires et civiles

Depuis le commencement de la guerre, les juridictions militaires ont pris l'ascendant sur leurs homologues civiles dans la répression des délits politiques. Le 1er septembre 1939, l'état de siège est proclamé[12] puis, trois jours plus tard, l'état de guerre[13]. L'impact de ces proclamations n'est pas neutre pour l'institution judiciaire. La justice militaire peut désormais se saisir de toutes les infractions commises par les militaires ou touchant à la sûreté extérieure de l'État (compétence exclusive), mais aussi de toute affaire susceptible d'attenter à la défense nationale peu importe l'auteur (compétence facultative)[14]. Cela confère à l'autorité militaire d'importantes marges de manœuvre pour décider de ce qui relève ou non de son autorité. Toutefois, les militaires choisissent de laisser le plus grand nombre d'affaires possible à la justice ordinaire pour éviter d'être totalement submergés.

Les faits en lien avec l'activité communiste et anarchiste constituent la seule cause de répression politique à cette période. Depuis la fin de la Première Guerre mondiale, la répression des premiers prévenus communistes est tâtonnante au sein des juridictions de droit commun. Les gouvernements successifs cherchent alors le système idoine avec l'aide de la magistrature. Faute de pouvoir bénéficier d'une juridiction et d'une législation d'exception plus répressives, les magistrats vont recourir à une véritable assimilation entre les menées communistes et les activités anarchistes réprimées de longue date à la suite des lois scélérates[15]. La situation est identique dans les premiers mois de la Seconde Guerre mondiale.

Les prévenus sont le plus souvent des mobilisés. Ce statut conduit les parquets du ressort de la cour d'appel de Paris à devoir composer avec l'institution militaire.

Ainsi, le 2 décembre 1939, le parquet de Reims ouvre une information à l'égard de quatre réfugiés tchécoslovaques. Jean Egezer, Joseph Schwarztz, Alfred Ollsberger et Théo Tassermusch auraient entretenu des relations avec des militants communistes. Le ministère public considère que leurs liens avec le parti dissous subsistent et qu'ils forment un groupement de fait rattaché au Parti communiste. À la suite d'une perquisition opérée au domicile de Jean Egezer, un carnet d'adresses de militants communistes ainsi qu'un papier carbone chiffré sont découverts. Tous les quatre sont immédiatement placés sous mandat de dépôt[16]. Le parquet signale également cette affaire aux autorités militaires et la transmet dans le même temps au procureur général qui la communique à son tour sans observation particulière au garde des Sceaux. En dépit du caractère particulièrement affirmatif du rapport du procureur de la République de Reims au général commandant la VIe région militaire, cette affaire se termine par une ordonnance de non-lieu du juge d'instruction.

Les autorités militaires ont dans un premier temps refusé de se saisir de ce dossier, les faits n'ayant pas eu à leurs yeux un caractère de gravité suffisant. Les juridictions civiles demeurent en conséquence seules compétentes. Pour autant, l'instruction démontre que les inculpés ne se sont pas livrés à une activité communiste. S'ils semblent avoir appartenu au parti social-démocrate tchèque, ils sont entrés en France grâce au comité central d'accueil des réfugiés tchécoslovaques. La Tchécoslovaquie, née du démantèlement de l'Empire austro-hongrois à la fin de la Première Guerre mondiale, a été rattachée au Troisième Reich à la suite des accords de Munich le 30 septembre 1938, conduisant à une profonde crise politique au sein de la jeune République. Afin d'éviter une invasion probable, le gouvernement a essayé de nouer des relations privilégiées avec l'Allemagne, amenant de nombreux sociaux-démocrates et communistes à fuir.

Ces quatre militants du parti social-démocrate tout juste arrivés en France ont été conduits à Reims chez un sympathisant d'extrême gauche, ce qui a visiblement induit en erreur les forces de l'ordre. Le parquet ne peut dès lors que requérir un non-lieu. Le parquet général et la Chancellerie se rangent à cette décision. Le préfet en est averti et les forces de l'ordre instruites de prendre en charge ces quatre inculpés à leur sortie de la maison d'arrêt pour un internement administratif au camp de Vernet (Ariège). Ce dossier est assez représentatif de la manière dont les représentants du ministère de l'Intérieur usent de leurs prérogatives de maintien de l'ordre, en particulier de la possibilité des internements administratifs. Il permet également de se rendre compte d'une certaine instrumentalisation de la justice et peut-être d'expliquer que l'autorité judiciaire ait été moins réceptive et plus hostile à l'égard des membres locaux du ministère de l'Intérieur par la suite.

La position de la justice militaire, qui consiste à sélectionner les cas les plus graves ou les plus emblématiques, se retrouve dans de nombreux dossiers. La justice civile est donc cantonnée à des affaires souvent insignifiantes. Ainsi, le 1er février 1940, le parquet de Corbeil requiert à l'encontre de Georges Goilard l'ouverture d'une information pour provocation de militaires à la désobéissance. Dans un lieu public à Villeneuve-Saint-Georges, le Jour de l'an 1940, il tient les propos suivants à un militaire : « C'est malheureux, tu devrais être réformé et ne pas retourner là-haut. Les soldats devraient mettre la crosse en l'air. Cela changera quand la guerre sera finie[17]. » Informée de cette affaire, l'autorité militaire ne s'en saisit pas. Les faits sont en effet isolés, avec une faible gravité. L'inculpé est jugé par le tribunal correctionnel de Corbeil qui le condamne à un an d'emprisonnement. Lui et le parquet interjettent appel*. La cour d'appel de Paris le relaxe le 21 mars 1940[18].

Le dossier d'Émile Gautier illustre quant à lui la prééminence du militaire sur le civil. Retraité de l'administration pénitentiaire, il est appelé à reprendre son activité en qualité de premier surveillant à la maison centrale de Melun. On l'accuse de tenir fréquemment des propos communistes et défaitistes en présence de collègues, comme ceux qui ont été rapportés au commissaire de police de Melun :

> La Russie est le pays le plus riche du monde, elle a été attaquée par la Finlande. La maîtrise des mers par l'Angleterre, c'est de la blague. Ces salauds d'anglais, ils en ont tout de même pris un coup dans le nez avec le *Graf Von Spee*. C'est la faute du Gouvernement actuel si nous sommes en guerre[19].

Il nie avoir tenu de tels propos. Le parquet de Melun ouvre néanmoins une information pour publication d'informations de nature à exercer une influence fâcheuse sur l'esprit de l'armée et des populations ainsi que pour activité propageant les mots d'ordre de la Troisième Internationale. L'autorité militaire se saisit de ce dossier. S'il est difficile d'apprécier les raisons de cette saisine, la personnalité et le rôle occupé par le prévenu n'y sont sans doute pas étrangers. Les suites données à cette affaire par la justice militaire demeurent inconnues.

La justice militaire s'intéresse également aux mouvements communistes dissous, compte tenu de leur importance avant guerre et au début des hostilités. Le 12 avril 1940, le parquet de la Seine requiert l'ouverture d'une information contre plusieurs jeunes femmes (la plupart encore mineures) pour distribution de tracts communistes et de numéros de *L'Humanité*. Elles ont reconstitué l'Union des jeunes filles de France, association communiste dissoute par le décret-loi du 26 septembre 1939. L'autorité militaire se saisit immédiatement de ce dossier, obligeant le juge d'instruction à qui cette affaire a été confiée à rendre une ordonnance de dessaisissement en date du 15 avril 1940. Une information ayant été ouverte également à Corbeil pour des faits identiques, le parquet de la Seine en informe son homologue pour qu'il agisse de la même manière[20]. Les suites de cette affaire demeurent inconnues.

L'importance de la juridiction militaire dans le domaine de la répression politique est également visible par un autre biais, à partir des enquêtes réalisées par les parquets de la cour d'appel de Paris à la suite de courriers adressés par des familles de prévenus aux personnalités du gouvernement[21]. Quand Mme Guihard écrit au président du Conseil pour que son fils lui soit rendu[22], la Chancellerie est saisie et demande au procureur général de l'informer sur la situation. Raymond Guihard, ayant appartenu aux Jeunesses communistes, est arrêté et écroué le 24 janvier 1940 par la justice militaire pour avoir refusé de se soumettre à son ordre de réquisition. Il obtient une liberté provisoire le 19 février suivant, rendant la requête de sa mère dorénavant inutile. À cette occasion, le procureur général Raoul Cavarroc prend bien soin à la fin de son rapport au ministère de la Justice de noter que ceci est une affaire de la justice militaire ne relevant absolument pas de sa compétence. Cela laisse imaginer le peu de liens existant entre ces deux ordres judiciaires. À partir de mai 1940, la Chancellerie se borne à transmettre les plaintes des familles reçues par le garde des Sceaux à son homologue de la Guerre[23].

Si ces différents dossiers permettent de mieux appréhender la répression politique mise en œuvre par les juridictions militaires et les rapports régissant les relations entre justices militaire et ordinaire, il est toutefois impossible d'avoir une vision globale sur la répression politique menée à cette époque. En effet, la justice militaire instruit et juge de très nombreux dossiers qui échappent aux services de la Chancellerie et localement aux parquets. Ce fait est attesté dans plusieurs dossiers conservés au ministère de la Justice par des lettres du gouverneur militaire de Paris informant Raoul Cavarroc de l'ouverture d'une information judiciaire à l'encontre de tel ou tel prévenu[24]. Un autre canal de communication, très utilisé, des démarches réalisées par la justice militaire réside dans les échanges de ministère à ministère et qui ne sont pas transmises aux juridictions[25].

Il n'en demeure pas moins que, même si son activité en matière de répression des communistes demeure faible jusqu'à l'été 1940, le tribunal correctionnel de la Seine juge quelques dossiers ayant échappé à la mainmise de l'autorité militaire. Ce sont bien évidemment des affaires d'une ampleur limitée ou qui concernent les réformés et dégagés de toute obligation militaire sur lesquels la justice militaire n'a plus compétence, sauf bien entendu dans les cas les plus graves comme les atteintes à la sûreté de l'État. Ainsi, la quatrième chambre correctionnelle du tribunal de la Seine condamne pour propagande communiste Jean-Louis Julliand et Alphonse Lelardit à huit mois d'emprisonnement chacun. Au domicile du premier, on découvre, lors d'une perquisition, des papiers liés à son affiliation au Parti communiste et des écrits manuscrits de sa main glorifiant Staline et critiquant les régimes britannique et français. Le second est appréhendé le même jour dans le même immeuble, étant porteur d'une copie de la lettre adressée par le Front ouvrier paysan au président de la Chambre des députés ainsi que d'un tract défaitiste. Les peines prononcées sont jugées suffisantes par le parquet et le dossier est classé à la Chancellerie[26].

De la même manière, la quatrième chambre correctionnelle du tribunal de la Seine condamne le 10 mai 1940 Vincent Lucas à quinze mois d'emprisonnement pour distribution de tracts communistes. Ce dernier s'est livré à la propagande communiste aux abords de plusieurs usines de Montreuil aux heures d'entrée et de sortie des ouvriers. Il est en outre suspecté d'avoir tenu des propos défaitistes. Il a été interpellé le 6 mai et a reconnu avoir remis à un ouvrier un exemplaire de *L'Humanité* qu'il a indiqué avoir reçu dans la rue. Une perquisition à son domicile a amené à la découverte d'imprimés et autres brochures communistes immédiatement détruits par la police[27].

Louis Leguy, conservateur du cimetière de Villejuif, est condamné en mai 1940 par cette même juridiction à trois ans d'emprisonnement pour propagation des mots d'ordre émanant de la Troisième Internationale. Un signalement aux forces de police rapportait que cet ancien secrétaire du Parti communiste n'avait pas cessé son activité et recevait de nombreuses personnes à son domicile et au cimetière. Deux perquisitions ont été menées à son domicile. On a saisi à cette occasion de nombreux imprimés communistes d'avant guerre. Dans un veston, un numéro de *La Vie ouvrière* datant de février 1940 a été retrouvé, ce qui a permis au parquet de considérer que « la découverte de ce tract démontrait à l'évidence que Leguy poursuivait sa néfaste activité[28] ». Le parquet de la Seine comme le parquet général ont estimé la peine suffisante et l'information a été transmise au préfet de la Seine.

Une justice de guerre

Depuis la mobilisation générale du 1er septembre 1939 et l'entrée en guerre de la France, le conflit est bien évidemment présent dans les prétoires, même si la justice militaire a un rôle prédominant dans la répression des infractions politiques. En juin 1940, il s'agit pour la justice ordinaire de tourner la page de la guerre. L'armistice engendre à cet égard de nombreuses perturbations dans le système répressif, conduisant les magistrats à user de certains artifices juridiques.

Durant la période de la campagne de France et jusqu'aux premiers jours du nouveau régime, le nombre d'affaires liées à la guerre demeure faible au sein de la justice ordinaire. Concernant la zone occupée, sur les 5 529 prévenus jugés, toutes causes confondues, en avril 1940, 85 le sont pour des infractions liées à la guerre, soit 1,5 %. Des données quasi identiques se retrouvent pour mai 1940. La situation évolue de manière significative en juin du fait de l'activité réduite des juridictions, chutant de plus de 34 % par rapport à celle du mois précédent. Sur les 3 830 prévenus jugés, 318 le sont pour des infractions liées à la guerre, soit plus de 8 %. Au sein des juridictions de la cour d'appel de Paris, ces tendances sont identiques. Les infractions liées à la guerre représentent 2,1 % en avril 1940, 2,5 % en mai 1940 et 14,6 % du total des affaires jugées en juin 1940. Cela est également le reflet d'une répression accrue pour cette typologie de délits, ce qui est logique, cette période étant marquée par le désastre de la campagne de France, l'armistice et la mise en place d'un nouveau régime.

Sont ainsi poursuivis en zone occupée des actes contre la défense nationale, des excitations de militaires à la désobéissance, des infractions à la loi sur la défense nationale, des distributions de tracts, des rébellions ou des menées anarchiques. Au sein de la cour d'appel de Paris, seules des affaires liées à des propos défaitistes et à de l'activité communiste sont jugées.

Selon la même logique, la répression des propos défaitistes s'amplifie à l'approche et au cours de la bataille de France (10 mai-22 juin 1940). Seules 3 décisions sont rendues en février 1940, contre 24 en avril 1940 et 98 en mai 1940. Une étude journalière permet encore mieux d'appréhender ce phénomène. En avril 1940, seuls sept dossiers ont été jugés entre le 1er et le 15, contre 17 entre le 16 et le 30. En détaillant encore un peu plus les données, la période du 22 au 30 avril compte 13 affaires, soit plus de 54 % des jugements rendus sur le mois. Durant la première quinzaine du mois de mai 1940, la répression se poursuit à un rythme semblable à celui observé pendant la deuxième quinzaine d'avril 1940. Les débuts de la bataille de France n'occasionnent aucun changement répressif. L'emballement s'opère entre le 14 et le 24 mai 1940. Cette période représente en effet 84 % des dossiers jugés au cours du mois.

L'évolution de la situation militaire de la France explique cet emballement. Dès le 12 mai, les Allemands atteignent la Meuse. Le 13, les blindés du général Guderian percent à Sedan. Le front français est enfoncé le lendemain. Le 15 à l'aube, Paul Reynaud annonce par téléphone à Winston Churchill : « Nous sommes battus, nous avons perdu la bataille [...] le front est percé près de Sedan[29]. » Les ministères, en particulier le Quai d'Orsay, commencent à brûler leurs archives à partir du 16 mai. Le 18 mai, le maréchal Pétain devient vice-président du Conseil alors que les Allemands atteignent l'Oise et la Somme. En dépit d'un changement de commandant en chef des armées françaises le 19 mai, les blindés du général Rommel atteignent la Manche à Abbeville, scindant l'armée française en deux. Le 26 mai, les opérations de rapatriement du corps expéditionnaire britannique et de soldats français commencent, ne laissant déjà que peu de doute sur l'issue de la bataille. En parallèle, l'exode débute pour beaucoup d'habitants, d'un tiers de la France vers les deux autres tiers, « créant un désordre total qui rendit parfois cocasses les drames les plus angoissants[30] ».

Le pic répressif se situe logiquement entre les 20 et 24 mai, soit à une période où l'inquiétude des populations grandit devant l'avancée des troupes allemandes. Jusqu'au 20 mai, les propos qui font l'objet de poursuites sont empreints d'une logique politique ou nationaliste souvent liée à la condition, à la peur, à la xénophobie de leur auteur. Dans le même temps, il est notable que les étrangers, qu'ils soient naturalisés ou non, défendent leur patrie d'origine. Le phénomène est marquant pour les Italiens et les Algériens en particulier. Cette méfiance de l'inconnue et des inconnus se trouve renforcée par l'alcool qui désinhibe. Dans plus d'un tiers des dossiers, l'état d'ivresse récurrent ou l'intempérance exceptionnelle joue un rôle important. Ce n'est pas un hasard si les propos défaitistes ainsi jugés sont prononcés le plus souvent dans les cafés. Ce « défaitisme populaire », pour reprendre l'expression de Gilles Morin[31], est présent tout au long de la durée de la guerre mais est exacerbé au moment de la bataille de France.

Au contraire, le défaitisme idéologique est lié de manière quasi exclusive au PCF[32]. Il se retrouve dans la bouche soit de militants dont l'appartenance au parti dissous ne fait guère de doute, soit de sympathisants dont le lien avec cette idéologie est plus ou moins lâche. Logiquement, les thèmes abordés sont ceux que l'on retrouve classiquement dans les tracts, brochures ou imprimés du parti : le capitalisme comme responsable de la guerre, la dénonciation du comportement de la perfide Albion, le caractère imminent de la révolution, la grandeur et la supériorité de l'URSS, l'antienne pacifiste héritée de la Grande Guerre. Les Allemands et le régime hitlérien sont de manière surprenante bien perçus, comme alliés idéologiques ou politiques contre les impérialismes. La conclusion du pacte germano-soviétique le 23 août 1939 explique certainement cette proximité.

À partir du 20 mai, les propos tenus deviennent clairement alarmistes, avec de nombreux commentaires sur la percée de Sedan, sur le territoire national envahi, sur les blindés allemands qui se rapprochent chaque jour un peu plus de Paris et ce faisant conduisent l'armée française à la défaite. La fin du mois de mai 1940 voit un déclin de la répression sous l'effet d'une justice tournant au ralenti et de magistrats qui ne savent plus comment appréhender ces dossiers. Ils usent à cette occasion de multiples renvois, dans l'attente que la situation militaire soit stabilisée en faveur de l'un ou l'autre des belligérants.

S'agissant des prévenus et de leur couleur politique, la répression des propos défaitistes dans le ressort de la cour d'appel de Paris complète les conclusions de l'étude de Gilles Morin portant sur la période antérieure de la « drôle de guerre » Le prévenu type est issu des milieux populaires. Il est salarié occupant des fonctions modestes ou ouvrier dans la plupart des cas, même s'il est possible de noter une présence assez forte de commerçants ou de fonctionnaires et assimilés (en particulier dans le milieu hospitalier ou enseignant). Il est souvent jeune. C'est un homme même si la part des femmes est non négligeable (quasiment 20 % des prévenus). Ce sont aussi souvent des personnes en situation de précarité ou à la marge de la société (illettré, orphelin, marginal, sans domicile fixe, ayant des troubles physiques ou mentaux) qui sont réformées ou libérées de leurs engagements dans leur très grande majorité. Le vocabulaire utilisé peu châtié confirme ces éléments avec en outre de nombreuses fautes syntaxiques dans les propos rapportés.

Si ces généralités permettent d'avoir une vision d'ensemble de la répression des propos défaitistes juste avant la défaite et l'armistice, certains dossiers méritent toutefois une attention particulière pour leur intérêt factuel.

La bataille de France est aussi celle de l'opinion publique, cruciale à mener par le gouvernement[33] et voit, comme lors de toute période de crise, son lot de dénonciations écrites. Même si cela ne représente pas la majeure partie des faits poursuivis (les propos oraux en particulier en état d'ivresse plus ou moins avancé sont bien plus nombreux), leur nombre n'est pas à négliger[34].

Le dossier du colonel en retraite Bocher dénoncé comme conférencier défaitiste à la société de théosophie devant un parterre d'étrangers est de ce fait particulièrement représentatif. Le 6 février 1940, le ministre de la Justice est destinataire d'un courrier d'un membre du corps enseignant, Madeleine F. du Fresne. Cette dame se plaint des propos tenus par un militaire de l'armée française propre « à servir la propagande ennemie » lors d'une conférence à laquelle elle a assisté. Elle en fournit un résumé : en substance les propos visent à considérer que la politique de la France et de l'Angleterre à travers les âges est perpétuellement égoïste et féroce, en particulier sur les peuples colonisés, sans rien dire du comportement de l'Allemagne et de la Russie. Elle conclut : « En tout cas, il est révoltant, en pleine guerre, qu'un colonel en retraite de notre armée, pousse la maladresse (s'il ne s'agit que de bêtise et de maladresse !) à développer en plein Paris de pareils thèmes[35]. »

La Chancellerie sollicite immédiatement le parquet général pour diligenter une enquête. Lors de son interrogatoire, le colonel Bocher nie avoir voulu jeter le discrédit sur l'Angleterre et la France. Il admet toutefois que certains de ses propos aient pu être mal interprétés, ce qui ne caractérise pas pour autant une éventuelle infraction. Dans ces conditions, le procureur de la République[36] considère qu'il n'y a pas lieu à poursuite ; le procureur général se range à cet avis dans son rapport au garde des Sceaux, qui n'appelle aucune observation de sa part. Ce dossier est donc en définitive classé.

Un autre dossier est représentatif de la lutte qui vise le contrôle de l'opinion et conduit à une plus grande coopération entre les personnels de différents ministères pour tenter d'y mettre un terme. Pierre Morice est poursuivi pour avoir tenu dans un café en présence de plusieurs témoins les propos suivants :

> Je n'ai pas été travailler à l'usine Delaunay Belleville depuis mercredi dernier, car j'ai attrapé huit jours de prison, ayant frappé un gradé - à l'usine on fabrique des obus et si je suis obligé d'y retourner pour travailler, je ferai cinq obus de bon et dix de mauvais et ils leur éclateront dans la gueule quand ils les prendront[37].

À la suite de l'information ouverte par le parquet de la Seine, le directeur des affaires criminelles et des grâces du ministère de la Justice transmet les éléments reçus au ministre de l'Armement, au ministre de la Défense nationale et de la Guerre, au ministre de l'Intérieur et au président du Conseil. Si l'envoi au ministre de l'Armement, directement concerné par cette affaire, est cohérent, informer le président du Conseil interroge à nouveau les motivations de la Chancellerie. Il s'agit vraisemblablement de signaler les affaires les plus graves et les plus importantes, pas forcément à titre individuel, mais systémique, dans l'hypothèse où des personnes se trouvant dans des situations identiques pourraient commettre ce type d'infractions.

D'autres dossiers ont, quant à eux, un intérêt pour comprendre l'évolution des délits d'opinion et leur appréhension par le droit. Ainsi, le 10 janvier 1940, la quatrième chambre correctionnelle du tribunal de la Seine condamne Mohamed Medhi à dix mois d'emprisonnement pour propos défaitistes, infraction punie par les dispositions du seul décret du 1er septembre 1939[38]. Le parquet estime cette peine suffisante. Les propos objets de cette condamnation sont : « Les sales Français ne peuvent pas être des grues pareilles. Vive Hitler, si je peux passer là-bas je partirai en Allemagne et je travaillerai avec eux. Comme cela je ne paierai pas le 15 %[39]. » Le parquet pour justifier la peine explique la décision du tribunal ainsi :

> Le Tribunal a estimé que l'allusion aux grues fabriquées en Allemagne comme étant supérieures aux grues françaises et l'allusion au prélèvement de 15 % constituaient des informations de nature à exercer une influence fâcheuse sur l'esprit de l'armée et des populations[40].

Le tribunal de la Seine paraît dans ce dossier adopter une vision subjective des propos de Mohamed Medhi pour considérer qu'ils sont défaitistes, dans la mesure où, de manière quasi simultanée, certaines juridictions se refusent à une telle extrapolation du décret-loi du 1er septembre 1939 et relaxent plusieurs prévenus, provoquant ainsi l'ire du gouvernement. Celui-ci réagit par un nouveau décret-loi le 20 janvier 1940 mettant fin à cette discussion en considérant qu'il convient « [...] de sanctionner de tels propos et [...] d'instituer, en vue de leur répression, des pénalités qui, tout en étant plus faibles que celles qui frappent la publication d'informations défaitistes, n'en seront pas moins efficaces[41] ». Les peines pouvant être prononcées sont ainsi doublées.

De l'extraordinaire à l'ordinaire : solder la guerre

Après l'enfoncement des lignes françaises, la défaite semble inéluctable. Le 17 juin, le maréchal Pétain, nouveau chef du dernier gouvernement de la Troisième République, annonce dans une allocution radiophonique qu'il faut cesser le combat et qu'il va entreprendre des discussions avec l'adversaire. Dès le lendemain, le général de Gaulle refuse le principe même d'un armistice et incite à poursuivre le combat. Son appel diffusé sur les ondes de la BBC n'a qu'une portée très faible. Les négociations débutent et une rencontre est organisée le 21 juin dans la forêt de Compiègne suivant le souhait du Führer. Elles débouchent sur la signature d'un armistice le 22 juin.

Au-delà de l'événement politique que celui-ci constitue et dont les conséquences ont cours sur l'ensemble de la période, sa conclusion engendre une difficulté majeure pour les magistrats en charge d'affaires visant des infractions liées à la guerre. Du jour au lendemain, tout l'édifice juridique mis en place sous les gouvernements Daladier et Reynaud pour lutter contre les fausses rumeurs et les propos de nature à entacher l'unité du pays s'écroule. Qualifier un propos de défaitiste après la débâcle de juin 1940 n'a plus aucun sens. Il semble dès lors difficile d'assimiler de tels propos à un délit, qui plus est après une défaite. Dans la même logique, les propos visant l'armée ou cherchant à atteindre son moral n'ont plus de raison d'être.

La répression de cette infraction est donc sujette à une variation importante sur le mois de juin, avec une hausse substantielle du nombre de dossiers jugés, avant une chute brutale à partir du 14 juin 1940. Que ce soit au sein des juridictions de la zone occupée ou de celles de la cour d'appel de Paris, le nombre de peines d'emprisonnement plus lourdes s'envole. Cette logique d'une répression plus sévère ne diffère pas de celle mise en place au mois de mai 1940, qui vise à tenter de maintenir une unité nationale en sanctionnant plus durement tous ceux qui cherchent à la rompre. Les propos défaitistes sont vecteurs de troubles à l'ordre social et à son unité et doivent donc être réprimés comme tels avec âpreté.

Au sein du tribunal de la Seine, la quatrième chambre correctionnelle reconstituée est chargée des affaires de propos défaitistes. Comme les autres juridictions de la cour d'appel de Paris, elle connaît une activité intense pour ce type de délit jusqu'au 14 juin 1940. À cette date s'opère un changement d'attitude des magistrats.

Lors de l'audience du 14 juin, toutes les personnes arrêtées et en détention préventive suivant mandat de dépôt de la veille ou de l'avant-veille sont relaxées. S'il n'est pas possible d'affirmer avec certitude, en l'absence des dossiers de procédure, que les faits à l'origine de leur inculpation méritent sanction, cette rupture par rapport à la sévérité antérieure est notable. Une explication possible est, bien entendu, la prise en compte par ces magistrats du tribunal de la Seine du contexte politique et de l'évolution de la bataille de France qui ne fait à ce stade quasiment plus de doute.

Ces jugements pour le moins laconiques sont les derniers prononcés par le tribunal de la Seine au cours de la période. Dès le 20 juin 1940, soit avant même la signature de l'armistice deux jours plus tard, la quatrième chambre correctionnelle du tribunal de la Seine ordonne la remise en liberté de tous les prévenus au titre de cette infraction et remet la cause *sine die*[42]. Il est toutefois important de signaler que, six jours auparavant, les prévenus ont été relaxés alors qu'ils sont maintenant simplement remis en liberté et leur affaire, renvoyée. D'un point de vue juridique, cela n'est pas sans conséquence, un « simple » renvoi *sine die* permet au tribunal de ne pas statuer sur la cause et de pouvoir s'en saisir à nouveau si cela est pertinent par la suite. Ce statut est donc beaucoup moins protecteur pour le prévenu, même si dans les faits il est libre. Après le 20 juin 1940, il n'y a plus d'affaire liée aux propos défaitistes devant le tribunal de la Seine.

La cour d'appel de Paris procède un peu différemment. La quasi-totalité des appels sur lesquels elle ne s'est pas encore prononcée sont inscrits au rôle* à la date du 25 juin 1940[43]. Il existe toutefois quelques exceptions. Un arrêt est rendu ce même jour qui ordonne la liberté provisoire et un renvoi *sine die* de l'affaire à l'instar des décisions rendues par le tribunal de la Seine. Un autre arrêt, toujours du 25 juin 1940, prononce la relaxe du prévenu. D'autres sont beaucoup plus tardifs, comme celui du 14 novembre 1940, qui ordonne la liberté provisoire du condamné. La plupart de ces prévenus font l'objet de mesures d'amnistie en 1946 et 1947. Le rôle des chambres correctionnelles de la cour d'appel fait également mention dans certains cas d'une absence de décision, la personne prévenue ayant été mise en liberté sur ordre direct des autorités allemandes. Ce cas de figure est néanmoins extrêmement rare.

La bataille de France s'étant soldée par une défaite et un armistice, la page guerrière peut maintenant se tourner dans le domaine judiciaire, et l'activité reprendre peu à peu suivant de nouvelles modalités.

Une activité répressive à relancer

À la fin du mois de juin 1940, les juridictions de la cour d'appel de Paris et particulièrement le tribunal de la Seine se trouvent dans une situation délicate. Leur activité réduite a conduit, malgré tous les efforts des magistrats encore présents, à un amoncellement de procédures non traitées. La situation va mettre beaucoup de temps à se résorber. Le nouveau régime qui cherche à mettre en place son idéologie de Révolution nationale n'est pas tout à fait étranger à cette accumulation par sa politique d'« unité par l'exclusion[44] » qui va conduire de nombreux Français et étrangers dans les prétoires pour des infractions de droit commun. La répression politique est quant à elle quasiment inexistante dans les premières semaines de Vichy.

Les niveaux d'activité demeurent très en deçà de la période qui précède la guerre et dépendent du retour des magistrats à leurs postes, ce qui n'est pas immédiat. Pour le président du tribunal de la Seine, le pic n'est pas encore atteint en mai 1941 car de nombreux plaideurs conscients de cette situation décalent encore l'introduction de leur demande, comme cela s'est produit en 1919. Pour lui, « cet encombrement ne peut donc être imputé à la négligence des Magistrats ou à celle des Avocats mais exclusivement à l'insuffisance en nombre du personnel[45] ». Il demande urgemment l'assistance du premier président de la cour d'appel. Celui-ci s'en fait l'écho auprès de la Chancellerie en sollicitant de nouveaux effectifs. Pour autant, la situation n'évolue pas beaucoup puisque, en octobre 1941, vingt-cinq magistrats sont encore absents du tribunal. Le 22 décembre 1941, Francis Villette adresse à la direction du personnel du ministère de la Justice un état actualisé des magistrats de son ressort n'ayant toujours pas regagné leur poste. Mis en comparaison avec les chiffres de 1936, 12 % des juges demeurent absents, ce qui ne va pas sans causer des difficultés dans la tenue des audiences.

Cette situation n'empêche pas l'activité des juridictions. Les vacances judiciaires sont réduites drastiquement en 1940, ce qui leur permet de traiter en août huit fois plus de dossiers qu'en juillet, où l'activité a été très réduite.

En septembre 1940, leurs activités triplent quasiment. Dans le ressort de la cour d'appel de Paris, le nombre de prévenus dépasse celui d'avril et de mai 1940. Au sein des juridictions de la zone occupée dans leur ensemble, le rattrapage s'est opéré dès le mois d'août 1940 avec une hausse de 64,6 % du nombre de prévenus jugés par rapport à juillet 1940. Ce revirement se poursuit de manière exponentielle en septembre 1940, soit une hausse de 106,9 % entre mai et septembre 1940. La reprise d'activité des juridictions de la cour d'appel de Paris a donc nécessité plus de temps. Cela n'est pas surprenant, compte tenu de la lourde machinerie nécessaire à son fonctionnement qui a inévitablement conduit à une reprise plus lente.

Cette hausse brutale d'activité en septembre 1940, dont la cause semble être de purger un maximum d'affaires en l'état d'être jugées, aurait pu s'accompagner d'une baisse du niveau de sévérité dans la répression et de la mise en place d'un système institutionnalisé de classement des affaires afin de diminuer le stock des dossiers en cours et de se concentrer sur les cas les plus graves.

En 1940, à l'échelle nationale, le taux de relaxe des prévenus comparaissant devant les tribunaux correctionnels est de 12,13 %[46]. En avril et en mai 1940, les juridictions de la zone occupée et de la cour d'appel de Paris se situent dans le même ordre de grandeur. Ce n'est plus du tout le cas à partir de juin 1940. En août 1940, les relaxes ne représentent plus que 6 % des prévenus en zone occupée et 7 % au sein de la cour d'appel de Paris avant de remonter le mois suivant. Le redémarrage de l'activité des juridictions en zone occupée et dans le ressort de la cour d'appel de Paris à l'été 1940 n'a donc pas conduit à une clémence particulière, bien au contraire.

Il est difficile d'expliquer les raisons de cette sévérité. Plusieurs hypothèses peuvent être toutefois avancées. La nature des affaires qui sont soumises aux juridictions influe invariablement sur le caractère de la répression. Plus les affaires sont graves ou sensibles ou à effet systémique, plus la condamnation risque d'être lourde. Il n'est toutefois pas possible de vérifier ce critère auprès de la cour d'appel de Paris et du tribunal correctionnel de la Seine en l'absence de conservation des dossiers de procédure.

Les changements constatés en août et septembre 1940 peuvent s'expliquer par la mise en place du nouveau régime. Si son influence paraît inexistante sur le nombre d'affaires jugées, elle peut être plus importante sur des magistrats souhaitant être bien vus de l'État français tout juste installé. Une autre explication également plausible est que, dans les périodes troublées comme le sont les premiers mois qui suivent la défaite, la répression est souvent plus importante et plus sévère. La logique est dans ce cas pour la justice et son personnel d'apporter son concours à l'État pour soutenir le maintien de l'ordre public et social. L'institution judiciaire est en effet très rapidement sollicitée par le nouveau régime pour la mise en œuvre de sa Révolution nationale.

Dans son discours du 25 juin 1940, le maréchal Pétain annonce aux Français les conditions de l'armistice. Il en profite pour fixer le cadre de son action future et désigner à ses yeux le coupable de la défaite[47]. Le nouveau régime se pose ainsi en réaction avec la politique menée par le Cartel des gauches puis le Front populaire. Même si ses racines idéologiques sont multiples, la doctrine maurrassienne y est fortement présente. Plusieurs personnalités du nouveau régime sont proches de l'Action française. C'est le cas du nouveau ministre de la Justice, Raphaël Alibert[48]. Très vite, ce dernier se met au travail et fait promulguer six lois en juillet 1940 qui sont déterminantes dans la mesure où elles servent de base à de nombreux textes postérieurs, en particulier ceux qui, tout en excluant de nombreuses personnes, cherchent à unifier la communauté française[49].

La première cible désigne les Français d'origine étrangère. Par une loi du 16 juillet 1940[50], ceux-ci peuvent encourir une déchéance de leur nationalité française, peu importe la date à laquelle ils l'ont acquise. Il s'agit d'un des premiers exemples de sanction rétroactive mise en place par l'État français. La logique de ce premier texte est poursuivie par une nouvelle loi du 22 juillet 1940[51] révisant les naturalisations intervenues sous le régime de la loi du 10 août 1927. Au-delà de satisfaire la xénophobie du nouveau régime, ce texte souligne « la rupture essentielle intervenue entre l'ancien régime et l'ordre nouveau[52] ». À nouveau de manière rétroactive, toutes les naturalisations intervenues depuis le 10 août 1927 peuvent être revues par une commission et faire l'objet le cas échéant d'un retrait de nationalité. Cette mesure peut être étendue à la femme et aux enfants du dénaturalisé. Entre le 1er novembre 1940 et le 23 mai 1944, 88 décrets de retraits de la nationalité française sont publiés au *Journal officiel,* donnant lieu à 15 154 dénaturalisations[53].

Cette loi est complétée dès le lendemain par la déchéance de nationalité des Français ayant quitté le territoire national[54]. Ces derniers peuvent être sanctionnés sur rapport du garde des Sceaux et leurs biens, séquestrés et liquidés sous la surveillance du ministère public. Ce pouvoir accordé au garde des Sceaux démontre, *a minima,* la défiance du nouveau régime à l'égard des juges et son souhait d'utiliser le parquet comme arme de contrôle et de surveillance de l'activité des tribunaux[55]. Cette caractéristique essentielle de la justice sous Vichy opère dès les premiers jours qui suivent l'instauration de l'État français.

Les lois du 17 juillet 1940 poursuivent la finalité de la loi du 12 juin 1940, en privant les étrangers de l'accès à leur emploi dans l'administration[56]. Le corollaire est la possibilité de relever de leurs fonctions les magistrats, les fonctionnaires et agents civils ou militaires de l'État[57]. L'œuvre législative de Raphaël Alibert persévère dans cette même logique d'exclusion à l'égard notamment des Juifs et des francs-maçons, de lutte contre les oppositions (par l'instauration de juridictions d'exception) ou de régénération de la société.

La moralisation de la société française est déjà à l'œuvre, avec une répression plus sévère des proxénètes[58] ou de nouvelles mesures pour lutter contre l'alcoolisme en supprimant le privilège des bouilleurs de cru[59] ou en renforçant la répression[60]. Cette loi est signée du ministre secrétaire d'État à la Famille et à la Jeunesse,

Jean Ybarnégaray, du ministre secrétaire d'État aux Finances, Yves Bouthillier, et de Raphaël Alibert. Cette cosignature intervient dans de nombreux autres textes, même si leur paternité revient sans doute au ministre secrétaire d'État à la Justice.

De manière logique, l'impact de la Révolution nationale ne se fait pas sentir immédiatement dans les prétoires. À titre d'exemple, en septembre 1940, se produit une hausse notable de la répression de l'ivresse en récidive et des infractions liées à la police des étrangers. Pour autant, les juridictions de la cour d'appel de Paris sont loin de retrouver les niveaux de condamnation d'avril et mai 1940. Pour ces délits, la répression n'est également pas plus sévère, les peines prononcées étant sensiblement identiques, le temps que les effets de la nouvelle législation apparaissent.

Autre particularité de cette époque, la répression politique est quasi inexistante. Elle se situe à un niveau très faible à l'été 1940 au sein des juridictions de la zone occupée. Dans le ressort de la cour d'appel de Paris, elle ne réapparaît qu'en septembre 1940. Dans toute la zone occupée, les propos défaitistes ont quasiment disparu. Les autres infractions politiques sont limitées à quelques dossiers[61].

Cela ne veut pas pour autant dire que, malgré une Résistance encore embryonnaire, l'activité politique antigouvernementale ne subsiste pas. Le PCF continue ainsi d'exister clandestinement. La législation mise en place par la Troisième République, à la suite de l'entrée en guerre, permet toujours de réprimer le militantisme du parti dissous depuis le 26 septembre 1939. Pour autant, la complexité de la situation politique et extérieure (les communistes étant tolérés par l'occupant) rend difficile la répression judiciaire à leur égard. Les magistrats paraissent quelque peu réticents à les juger. Si de prime abord la sévérité des condamnations pour activité communiste semble augmenter en région parisienne, la faiblesse des données (deux peines d'emprisonnement supérieures à un an en août 1940 et quatre en septembre 1940) ne doit pas conduire à tirer des conclusions trop hâtives. Cette situation peut en effet être expliquée par des dossiers plus sensibles ou estimés plus graves par les juges.

Une affaire mérite à ce titre une attention particulière, commençant en février 1940 pour se poursuivre jusqu'à l'été. Elle concerne l'activité des syndicats de cheminots, à la suite de plusieurs plaintes pour des faits d'escroquerie et de tentative d'escroquerie dont une avec constitution de partie civile* émanant de plusieurs membres communistes, les uns du syndicat Paris-Ouest, les autres de celui de Paris-Nord. Deux informations sont ouvertes en parallèle par la justice militaire et le parquet de la Seine. Ce dernier propose immédiatement au gouverneur militaire de Paris de se saisir de l'intégralité du dossier. Il refuse, reconnaissant que ces plaintes présentent un intérêt certain et une gravité suffisante, mais en rappelant que les constitutions de partie civile sont interdites devant la justice militaire. La situation ne semble pas ravir le procureur de la République.

Après enquête, il s'avère que ces plaintes ne sont pas de nature à justifier des inculpations. En réalité, le parquet de la Seine comprend assez vite que le fond du dossier se rapporte à l'exclusion d'anciens membres du conseil d'administration de la Fédération des cheminots, faute pour eux d'avoir désavoué l'activité du Parti communiste dissous. Il regrette au vu de cette situation que l'autorité militaire ne s'en soit pas saisie dans son intégralité. À tout le moins, il déplore que les éléments découverts au cours de l'enquête menée, laissant entrevoir une reconstitution d'une organisation communiste et de son activité, ne soient pas transmis à la justice militaire. Cette dernière a en effet renvoyé la partie de l'affaire qu'elle a instruite devant le tribunal militaire.

Le 14 mai 1940, le ministre de la Défense nationale et de la Guerre interroge son homologue de la Justice pour savoir si les plaintes déposées et le comportement de leurs auteurs visant à entraver le bon fonctionnement du syndicat ne sont pas constitutifs d'infraction au décret-loi du 26 septembre 1939. Si tel est le cas, le ministre considère que cela pourrait motiver l'ouverture par la justice civile d'une information analogue à celle développée devant le tribunal militaire.

Le procureur de la République Paul Frette-Damicourt en doute fortement. Pour lui, si une information venait à être ouverte sur cette base juridique, il serait très difficile de qualifier des faits permettant un renvoi. Le 4 juin 1940, Raoul Cavarroc, procureur général, se désolidarise totalement de son subordonné :

> Je ne partage pas en ce qui me concerne cette manière de voir. J'estime que le seul fait de porter des plaintes injustifiées dans le but d'entraver l'action des dirigeants non communistes des syndicats fait apparaître à n'en pas douter l'intention de leurs auteurs de faire échec aux dispositions du décret-loi du 26 septembre 1939 et que cette manifestation de leur activité subversive suffit à motiver des poursuites contre eux[62].

Il requiert en conséquence l'ouverture d'une information contre les auteurs de ces plaintes pour infraction au décret-loi du 26 septembre 1939. La Chancellerie se range à son avis en approuvant ses diligences. Elle en informe le ministre de la Défense nationale et de la Guerre. Nous ignorons les raisons qui ont poussé le procureur général à prendre cette initiative aussi tardivement alors que les éléments de l'enquête et l'instruction diligentée au sein du tribunal de la Seine lui étaient connus bien antérieurement et n'étaient modifiés par aucun fait nouveau. Il faut sans doute y voir le fait d'avoir été piqué au vif par la préconisation du ministère de la Défense nationale et de la Guerre ou encore la crainte que la Chancellerie lui reproche ce manque d'initiative ou au contraire lui impose d'ouvrir une information en accord avec la position de ses homologues de la Guerre. Les suites données à cette affaire demeurent inconnues.

CHAPITRE 3

Une justice contrôlée

1940-1944

Entre 1940 et 1944, les magistrats n'exercent leurs prérogatives qu'au sein d'un programme répressif voulu par l'État français. De ce fait, la Chancellerie occupe une place centrale. C'est elle qui impulse la politique à mettre en œuvre et qui en assure la bonne exécution en contrôlant l'institution judiciaire chargée de l'appliquer. Cette situation influe sur la répression, et notamment sa sévérité, qui fait l'objet d'un contrôle accru tout au long de la période.

En zone occupée, cette prérogative ne peut s'exercer qu'en tenant compte du rôle prédominant de l'occupant qui accompagne toutes les procédures judiciaires, peu importe leur niveau d'avancement. Ceci complexifie énormément le travail de la justice, les autorités allemandes pouvant à tout moment annihiler le processus répressif en se saisissant d'une affaire, d'un prévenu avant qu'il ne soit jugé ou après, en exigeant sa libération ou au contraire son enfermement pour être mis à leur disposition.

Le contrôle de la vie et de l'activité de la cour d'appel de Paris par la Chancellerie

La cour d'appel de Paris et les différentes juridictions ordinaires ou d'exception siégeant dans son ressort sont particulièrement surveillées et scrutées par l'État français. Cela est facilement compréhensible au vu de la place particulière qu'occupe cette cour d'appel dans l'organisation judiciaire française et de l'influence qu'elle peut véhiculer sur les autres juridictions. La Chancellerie et les différentes directions la composant, en particulier la direction des Affaires criminelles et des Grâces[1], suivent de près le travail des magistrats qui doivent se conformer à de nombreuses directives impératives.

Le ministère de la Justice use régulièrement de son pouvoir traditionnel de solliciter des renseignements sur les affaires en cours. Par ailleurs, il ne cesse par les circulaires qu'il édicte, de manière le plus souvent comminatoire, de rappeler à l'ordre, d'appeler à une plus grande sévérité ou à une plus grande célérité dans le traitement des dossiers, en visant plus particulièrement les parquetiers. Ainsi, Raphaël Alibert leur fait part, dès octobre 1940, de son mécontentement sur leurs actions en matière de répression des infractions liées au prix des denrées et des marchandises :

> J'ai été amené à constater que les prescriptions de cette circulaire[2] n'étaient pas suivies par tous les parquets avec l'exactitude désirable. Je vous prie en conséquence, de les rappeler à vos substituts en insistant de la façon la plus ferme pour qu'ils s'y conforment strictement[3].

De la même manière, il rappelle en octobre 1940 que la menace communiste n'a pas disparu et appelle en conséquence les procureurs généraux à faire une stricte application du décret-loi du 26 septembre 1939[4]. Son successeur, Joseph Barthélemy, a un comportement identique, en atteste la circulaire du 7 février 1941. Il en est de même pour Maurice Gabolde dès son arrivée à la tête du ministère de la Justice en mars 1943.

Par cette vision très entreprenante de leur mission, les gardes des Sceaux successifs tentent de limiter la marge de manœuvre et d'initiative des parquetiers*, et ce afin que l'œuvre législative du nouveau régime et son esprit soient appliqués à la lettre. Ces directives ministérielles constituent également un moyen pour la Chancellerie de compléter, d'aggraver ou d'atténuer une législation. Le garde des Sceaux et son administration s'octroient en définitive un véritable pouvoir législatif, certes secondaire, mais avec un poids néanmoins non négligeable.

Au sein de la cour d'appel de Paris, la transmission des directives du ministre de la Justice s'opère par le biais du premier président et du procureur général. Ceux-ci les communiquent à leurs subordonnés à travers leurs propres circulaires, édictées de manière commune sauf si la Chancellerie s'adresse plus particulièrement au parquet ou au siège.

Les interventions du ministère de la Justice ne se limitent pas à favoriser la bonne compréhension ou application de la politique répressive qu'il met en œuvre. Elles tendent également à encourager la bonne collaboration des magistrats au programme de l'État français. Ainsi, s'agissant de la politique menée par Vichy à l'encontre des étrangers, la Chancellerie va s'enquérir auprès des parquets des conditions dans lesquelles les condamnés naturalisés ont acquis la nationalité française.

Poursuivi pour distribution de tracts communistes, David Blajchamann est condamné le 29 août 1941 par la section spéciale de la cour d'appel de Paris à cinq ans d'emprisonnement. À la réception du rapport, le magistrat dirigeant les services du ministère de la Justice à Paris s'enquiert des conditions dans lesquelles ce prévenu a acquis la nationalité française, sans doute dans une optique de dénaturalisation[5], et souligne le peu de coopération du procureur général pour lui communiquer cette information[6].

Dès le 30 juillet 1940, une circulaire de la Chancellerie prescrit que les juges d'instruction et parquetiers qui ne pourraient, faute de preuve suffisante, agir pénalement à l'encontre d'étrangers, doivent en informer l'autorité préfectorale afin que cette dernière puisse prendre toute mesure utile, en particulier un internement administratif[7]. Si cette pratique a déjà cours à la fin de la Troisième République, l'État français persévère et amplifie la collaboration Justice/Intérieur à l'égard des étrangers, mais également de toutes personnes jugées indésirables.

Les demandes du ministère de la Justice sont incessantes pour connaître l'avancée des affaires. Lors de nombreuses ouvertures d'informations, notamment pour activité ou propagande communiste, le procureur de la République en informe le procureur général, qui se charge à son tour de transmettre un rapport au ministère de la Justice[8]. Celui-ci passe tout d'abord entre les mains du magistrat chargé de la direction des services du ministère de la Justice à

Paris, qui le transmet à son tour, après avoir effectué les diligences requises, à la Chancellerie à Vichy. Cette chaîne hiérarchique est toujours respectée.

La direction des Affaires criminelles et des Grâces transmet le cas échéant ses instructions au parquet. Pour les affaires les plus sensibles ou nécessitant une position de principe, cette même direction communique le dossier accompagné d'une note explicative au cabinet du garde des Sceaux, à charge pour ce dernier de prendre position. Si l'affaire a un éventuel intérêt autre que pénal, il arrive qu'il soit communiqué pour information à la direction civile. De la même manière, s'il l'estime opportun, le magistrat dirigeant les services du ministère de la Justice à Paris opère une transmission plus large, prenant la liberté d'adresser une copie à l'ambassadeur de France, délégué général du gouvernement français dans les territoires occupés et au représentant du ministère de l'Intérieur à Paris[9] ou aux autres ministères pouvant être concernés[10].

Un processus identique est mis en place pour la communication des décisions de condamnation ou de relaxe. La direction des Affaires criminelles et des Grâces procède en outre, *via* un imprimé type, à une information au préfet, représentant le ministre secrétaire d'État à l'Intérieur à Paris. Cette lettre circulaire est accompagnée d'un double du rapport du parquet général ou du procureur de la République saisi.

Guy Môquet et ses camarades René Grandjean, René Pignard et Georges Grandberger comparaissent devant la quatrième chambre correctionnelle du tribunal de la Seine[11] à l'audience du 23 janvier 1941 pour infraction au décret du 26 septembre 1939. Le 13 octobre 1940, Guy Môquet et René Pignard ont été appréhendés dans la cour de la gare de l'Est à la suite d'une surveillance menée par les forces de l'ordre à l'encontre d'un militant communiste actif, Berselli. Ce dernier se livrait à la propagande communiste en distribuant des tracts dans le XVIIe arrondissement de Paris et recueillait des souscriptions en faveur des emprisonnés des Jeunesses communistes[12].

Guy Môquet est trouvé porteur d'un tract d'inspiration communiste et René Pignard d'une liste de souscriptions. Le lendemain, René Grandjean, chargé d'approvisionner ses deux camarades en tracts clandestins, est à son tour appréhendé. Des perquisitions sont menées au domicile des trois inculpés, sans résultat chez Guy Môquet, au contraire de celles effectuées chez René Pignard où deux livres communistes sont découverts et chez René Grandjean où des craies sont saisies. Ce dernier reconnaît qu'il s'en sert pour faire des inscriptions d'inspiration communiste sur les murs du XVIIe arrondissement de Paris. Il indique également aux enquêteurs être membre des Jeunesses communistes et avoir été chargé de la répartition des tracts communistes clandestins pour son quartier. Il s'est vu alors remettre du matériel de propagande à cinq ou six reprises dont 500 exemplaires d'une brochure appelant à la libération du député Môquet, père de Guy. Sa mission consistait à les répartir entre René Pignard, Guy Môquet et Berselli.

Ses révélations aboutissent à l'arrestation de Georges Grandberger qui aurait remis le matériel à René Grandjean. Lors de son interrogatoire, bien que reconnaissant avoir appartenu aux Jeunesses communistes, il nie toute implication dans l'affaire. Guy Môquet, bien identifié comme le fils du député communiste alors incarcéré à la prison de la Santé, indique également n'avoir jamais exercé la moindre activité clandestine ou de distribution de tracts. Il reconnaît cependant avoir participé à la souscription organisée par René Pignard. Ce dernier admet être membre des Jeunesses communistes et avoir été en relation avec René Grandjean. Il avoue avoir diffusé des tracts qu'il déposait dans les boîtes aux lettres, qu'il faisait glisser sous les portes ou qu'il remettait directement aux personnes qu'il connaissait. Il indique en outre avoir inscrit à la craie sur les murs du XVIIe arrondissement de Paris des slogans communistes, en compagnie de Guy Môquet malgré les dénégations de celui-ci.

Le 23 janvier 1941, le tribunal remet Guy Môquet à ses parents sous le régime de la liberté surveillée dans l'attente du prononcé du jugement définitif renvoyé au 10 avril 1941, où il est acquitté pour avoir agi sans discernement. En réalité, il n'est pas libéré et il est maintenu en détention administrative. Le même tribunal condamne René Grandjean à dix mois d'emprisonnement, René Pignard à huit mois et Georges Grandberger à un an et 100 francs d'amende.

Le procureur de la République estime que les peines sont suffisantes, notamment s'agissant de Guy Môquet qui est l'objet de cet internement administratif[13]. Le procureur général reprend à son compte ces conclusions et à son tour les transmet au ministère de la Justice. Bien que nous en ignorions les raisons, un appel est interjeté par le parquet à l'encontre de la décision concernant Guy Môquet. La cour d'appel de Paris la confirme le 23 juin 1941. Entre-temps, dans le cadre de sa détention administrative, Guy Môquet rejoint le 10 mai 1941, avec de nombreux autres militants communistes, le camp de Choisel à Châteaubriant. À la suite de l'attentat commis le 19 octobre 1941 par les Bataillons de la jeunesse communiste contre le *Feldkommandant* de Loire-Inférieure Karl Hotz[14], il est fusillé comme otage le 22 octobre. L'exécution du jeune homme, âgé seulement de 17 ans, devient rapidement un enjeu mémoriel et politique.

S'agissant des juridictions d'exception, le processus de transmission des informations est simplifié puisque leurs parquets communiquent directement avec le ministère de la Justice auquel ils sont rattachés.

La sévérité de la répression, enjeu majeur pour la Chancellerie

Des statistiques mensuelles sont transmises à la Chancellerie par les parquets[15]. Il s'agit, avant tout, de rendre compte de l'activité des juridictions notamment d'exception. Parmi les informations communiquées figurent le nombre d'audiences, le nombre de prévenus déférés devant cette juridiction, distinguant en fonction de leur sexe, et les peines prononcées en différenciant le type de sanction. Dans l'hypothèse où le nombre de condamnés et celui de prévenus ne coïncident pas, une justification relativement aux personnes ayant bénéficié d'une relaxe est fournie. Une comparaison avec le travail accompli le mois précédent et un état des affaires en cours d'instruction et de celles en attente d'une audience de jugement complètent ce document.

La Chancellerie, par le biais de sa direction des Affaires criminelles et des Grâces, opère un véritable contrôle sur l'adéquation des peines prononcées par les tribunaux avec celles attendues. Si la peine est jugée trop clémente, elle sollicite le parquet général pour qu'il interjette appel de la décision si cela n'a pas déjà été fait. Dans de nombreux cas, le procureur général utilise en effet spontanément cette faculté et se borne, en adressant le compte rendu du jugement intervenu, à spécifier qu'il donne instructions pour qu'appel soit interjeté. Ces décisions ne font l'objet d'aucune contre-indication de la Chancellerie qui se contente dans ce cas de solliciter ce haut magistrat pour qu'il l'informe des suites de l'affaire et notamment de l'arrêt à intervenir.

À la suite d'un développement important de la propagande communiste à Drancy se manifestant par la distribution de tracts et l'apposition d'affiches, le commissariat de police de Pantin lance une opération d'envergure visant à y mettre fin. Les forces de l'ordre perquisitionnent au domicile d'Eugène Boulan, où elles trouvent une machine à ronéotyper ainsi que 80 exemplaires du journal *L'Avant-Garde*[16]. Interrogé, il indique que ce matériel de propagande a été déposé par Jacques Jorisson, qui le reconnaît en précisant avoir reçu l'aide d'Eugène Boulan pour l'impression et la distribution de 800 tracts. Une perquisition au domicile de Jacques Jorisson permet la découverte d'une machine à écrire et de tracts. Au cours de son interrogatoire, il cherche à disculper sa concubine, Cléophas-Victorine Delepaul, et sa fille Solange Boulan.

Jacques Jorisson, Eugène et Solange Boulan ainsi que Cléophas-Victorine Delepaul comparaissent le 16 janvier 1941 devant la quinzième chambre correctionnelle[17] du tribunal de la Seine, qui relaxe Solange Boulan et condamne Jacques Jorisson à huit mois d'emprisonnement, Eugène Boulan à deux mois avec sursis et Cléophas-Victorine Delepaul à un mois avec sursis. Dans son rapport à son supérieur, le procureur de la République estime « que la relaxe de la jeune Boulan n'est pas justifiée et que les peines prononcées sont insuffisantes. Dans ces conditions et sous réserve de votre haute approbation, il y aurait lieu de relever appel de la décision intervenue ». Le procureur général rend compte de ce jugement à la Chancellerie en étant encore plus catégorique :

> J'estime que la gravité des faits de propagande communiste relevés contre les prévenus ne justifie pas l'indulgence montrée par le Tribunal qui, relaxant la femme Boulan a condamné les trois autres délinquants à des peines de 1, 2 et 6 mois d'emprisonnement, accordant en outre à deux d'entre eux le bénéfice du sursis[18].

En conséquence et sans attendre une éventuelle réponse, il relève spontanément appel de cette décision à l'encontre de l'ensemble des prévenus. Raoul Cavarroc semble de manière générale prendre des dispositions similaires à l'encontre des jugements qui ont relaxé un ou plusieurs prévenus ou qui ont prononcé des condamnations avec du sursis. La Chancellerie ne paraît pas réagir à ces initiatives. Cela permet de penser qu'il dispose d'une marge de manœuvre relativement importante pour interjeter appel des décisions rendues par les tribunaux de son ressort. En réalité, le ministère de la Justice n'a aucune raison de blâmer ce haut magistrat d'agir ainsi. Cela n'empêche pas la direction des Affaires criminelles et des Grâces de procéder à une étude des plus détaillées des rapports du procureur général et des procureurs de la République qu'elle reçoit. L'analyse menée consiste, en quelque sorte, à juger à nouveau le dossier en vérifiant si le droit a bien été appliqué et si compte tenu des circonstances la peine prononcée est suffisante ou pas. Ainsi, la direction des Affaires criminelles et des Grâces du ministère de la Justice n'hésite pas à préciser des points juridiques qui lui semblent avoir été mal interprétés, et ce peu importe la juridiction concernée.

Le 15 août 1941, Jean-Louis Clavel a été appréhendé sur les Boulevards, en état d'ivresse avancée et chantant l'Internationale. Le 20 août, il bénéficie déjà d'une relaxe du tribunal de la Seine. Sur appel du ministère public, il est renvoyé devant la section spéciale de la cour d'appel de Paris qui se refuse le 28 octobre 1941 également à le déclarer coupable et à le condamner[19]. Elle considère que le prévenu n'a jamais appartenu au Parti communiste et qu'il n'a pas eu l'intention d'exercer une activité en faveur de la

Troisième Internationale. La direction des Affaires criminelles et des Grâces n'est pas de cet avis. Elle adresse un courrier au parquet de cette juridiction pour lui faire remarquer que le but de la loi du 14 août 1941 n'est pas de réprimer seulement les entreprises et acteurs intervenant en faveur de la Troisième Internationale mais vise « également les adhérents de toutes autres internationales ou les membres de tout groupement ayant pour but la subversion des principes traditionnels sur lesquels repose la société »[20].

Cette affaire est intéressante à plus d'un titre car elle démontre les difficultés d'application d'une législation répressive et ce en dépit de quelques mois de pratique déjà. Elle rappelle également que, au sein d'une juridiction d'exception, les juges disposent d'un pouvoir d'appréciation, même minime, et qu'ils n'hésitent pas à l'employer le cas échéant en relaxant un prévenu.

Outre la volonté de se livrer à une vérification de la bonne exécution et compréhension des textes répressifs par les magistrats qui trouvent à les appliquer, la direction des Affaires criminelles et des Grâces s'assure de la bonne qualification des faits et de l'existence d'éléments atténuants ou aggravants dans la personnalité du prévenu. En cas d'oubli ou d'interprétation divergente, cela peut la conduire à soumettre le dossier à la cour d'appel de Paris pour obtenir une réformation* de la peine prononcée.

Le 16 mai 1940, Jean Soumilliard perd son portefeuille, qui est retrouvé par un passant et déposé dans un commissariat de police. Les forces de police y découvrent huit papillons communistes et un carnet comportant les adresses de personnes suspectées de se livrer à de la propagande communiste. À l'issue de leur enquête, les policiers découvrent que les frères Soumilliard appartenaient à un groupement d'inspiration trotskyste dénommé JEUNES (Jeunes équipes unies pour une nouvelle économie sociale) diffusant un journal intitulé *Libération*. Une perquisition à leur domicile conduit à la découverte de papillons identiques à ceux présents dans le portefeuille de Jean Soumilliard et d'ouvrages communistes.

Arrêtés, ils sont renvoyés devant le tribunal correctionnel de la Seine. Le 4 novembre 1940, les frères Jean et André Soumilliard sont relaxés, la juridiction estimant qu'il n'est pas établi que le mouvement JEUNES peut être considéré comme un organisme se rattachant à la Troisième Internationale. Le procureur de la République considère qu'il n'y a pas de raison d'interjeter appel car si le caractère défaitiste de ce mouvement est établi, aucun élément du dossier ne permet d'établir suffisamment que ce mouvement est lié au Parti communiste et cherche à en propager les mots d'ordre[21]. Dans son rapport à la Chancellerie, le procureur général partage cet avis au vu des circonstances.

Le magistrat dirigeant les services du ministère de la Justice à Paris juge l'interprétation du tribunal de la Seine trop littérale. Il conviendrait pour lui d'en retenir une plus extensive et il sollicite de ce fait des instructions de la direction des Affaires criminelles et des Grâces en vue d'exercer éventuellement le droit d'appel du procureur général.

Au ministère de la Justice, compte tenu vraisemblablement de la difficulté d'interprétation relevée par le magistrat, le directeur des Affaires criminelles et des Grâces sollicite l'avis du cabinet du garde des Sceaux. Le secrétaire général du ministère de la Justice, Georges Dayras, y répond en donnant pour instructions d'interjeter appel pour que cette question soit tranchée par la cour d'appel.

Le procureur général exécute ses directives. La cour d'appel de Paris statue le 10 février 1941 et confirme la relaxe prononcée à l'encontre des frères Soumilliard. Dans son arrêt, elle considère que les tracts incriminés sont d'une date antérieure au décret-loi du 26 septembre 1939 et, qui plus est, l'instruction n'a pas permis d'établir que ces écrits étaient détenus en vue de leur distribution. À la réception de cette décision, la direction des Affaires criminelles et des Grâces se range finalement à l'avis de la cour d'appel de Paris considérant elle aussi que « le seul fait de la détention ne saurait être réprimé pénalement ». À la suite de cet arrêt, une position identique est adoptée par le tribunal de la Seine dans plusieurs autres décisions[22].

La direction des Affaires criminelles et des Grâces s'intéresse tout particulièrement aux décisions de relaxe ou de faibles condamnations d'emprisonnement, en particulier lorsqu'elles sont assorties du sursis. Pour autant, elle ne sollicite pas leur remise en cause systématique, en particulier lorsque la mansuétude du tribunal est justifiée par la personnalité du prévenu. Par exemple, des états de service militaires exemplaires constituent un motif de clémence validé par la Chancellerie[23]. Il en est de même pour la jeunesse de certains prévenus qui peut expliquer leur comportement[24].

Un autre facteur atténuant est la profession du prévenu. Ainsi, Louis Beirnaert, jésuite, est inculpé pour propos alarmistes à la suite de la manifestation du 11 novembre 1940 sur les Champs-Élysées : « Il y aurait eu 8 à 10 tués. 40 fusillés dans le bois de Boulogne. 300 déportés[25]. » Considéré comme un des premiers actes publics de résistance à l'occupant, ce rassemblement réunit plusieurs milliers de personnes qui sont durement réprimées par les Allemands.

Lors de son audition, il ne nie pas avoir prononcé ces dires auprès des jeunes à qui il assurait l'enseignement religieux mais considère qu'il n'a fait que rapporter dans un cadre privé des propos tenus par d'autres personnes dont il refuse de donner le nom. Il s'excuse de ne pas avoir agi avec plus de discernement. Il est alors placé sous mandat de dépôt par le juge d'instruction chargé de cette affaire, ce qui provoque la stupeur de la direction des Affaires criminelles et des Grâces. Celle-ci considère « [...] qu'il s'agit plutôt d'imprudence de langage et d'un manque de discernement, préjudiciable étant donné la personnalité de celui qui a tenu les propos incriminés, il ne semble pas toutefois qu'il y ait eu intention de propager sciemment des nouvelles alarmistes et dans ces conditions le mandat de dépôt s'explique assez mal ! ».

Cela n'empêche pas son renvoi devant le tribunal correctionnel. Il est condamné par la dixième chambre correctionnelle à deux mois d'emprisonnement avec sursis. Même si nous ne disposons d'aucune indication précise au dossier, il y a lieu de penser que des instructions de mansuétude dans les réquisitions ont été données par la Chancellerie au ministère public. Aucun appel n'est interjeté.

Un droit de surveillance général de l'occupant

Si la justice française ne paraît pas être un enjeu essentiel pour les autorités allemandes[26], il ne faut pas en déduire qu'elles y sont totalement indifférentes. Ces dernières vont de manière croissante s'immiscer dans le travail quotidien des juridictions, au point même de s'ingérer à tous les niveaux des procédures, conduisant dans certains cas à une véritable paralysie de l'activité. Cela est d'autant plus vrai que les autorités d'occupation n'hésitent pas non plus à s'attaquer au personnel judiciaire en procédant à des arrestations[27].

Les prétentions allemandes sur la justice française sont précoces puisqu'elles interviennent dès l'été 1940. La convention d'armistice, notamment l'article 3, offre aux autorités d'occupation cette prérogative d'ingérence, allant même jusqu'à solliciter de la justice française une pleine collaboration[28].

L'acte fondateur des relations entre autorités d'occupation et justice française, « [...] en ce sens qu'il sera invoqué par les autorités allemandes au cours des années suivantes et que c'est sur sa base que l'extension des prérogatives allemandes sera argumentée[29] », intervient un mois plus tard avec l'ordonnance du 23 juillet 1940 :

> [...] les autorités françaises de persécution pénale sont tenues à soumettre au tribunal militaire allemand le plus proche tous les dénonciations, procès-verbaux et procédures concernant :
> a) crimes ou délits, commis contre l'armée allemande, les personnes militaires et la suite de l'armée ;
> b) crimes ou délits, commis dans les édifices, pièces, établissements ou bateaux, affectés aux buts de l'armée allemande ;
> c) contraventions aux ordonnances émises dans le territoire occupé par les forces allemandes pour la sûreté de l'armée ou pour la consolidation des fins d'occupation [...][30].

Les premières immixtions allemandes se matérialisent concrètement au cours du second semestre de l'année 1940. Le 17 août, le directeur de la police judiciaire au sein de la préfecture de police de Paris indique ainsi au procureur général que les autorités allemandes « [...] ne retiennent, en effet, que les affaires présentant un caractère politique ou militaire intéressant le Reich et l'armée d'occupation ». Les services de police français avisent leurs homologues allemands « [...] matin et soir des événements intervenus[31] ». La justice allemande est également compétente pour tout ce qui concerne les troupes et services d'occupation. Cela permet au procureur de la République de tirer la conclusion suivante : si ce type d'affaires est porté préalablement à la connaissance des autorités d'occupation par les commissaires de police, les procédures transmises peuvent être examinées sans difficulté. Si, au cours de l'examen de ces affaires, un élément paraît pouvoir intéresser les autorités allemandes, le substitut saisi avise le procureur de la République qui appréciera s'il y a lieu de communiquer ou non cette procédure.

Quelques jours après, une nouvelle note du procureur de la République invite les juges d'instruction et les substituts à s'assurer, avant de transmettre aux autorités d'occupation des procédures, de l'assentiment du représentant de la police criminelle supérieure allemande qui a installé un bureau au palais de justice. Cette présence d'Allemands matérialise également l'incursion précoce des autorités d'occupation dans la justice française. Cela témoigne d'un besoin de s'approprier un fonctionnement judiciaire dont ils ignorent les rouages, ainsi que de l'exercice d'un droit de regard sur la justice et, plus généralement, sur le droit en France[32].

C'est d'ailleurs la raison qui pousse, le 20 septembre 1940, le commandant des forces militaires allemandes en France à solliciter du délégué général du gouvernement français dans les territoires occupés une note relative à l'organisation des établissements pénitentiaires en zone occupée, une autre donnant une vue d'ensemble sur la législation française applicable à l'administration judiciaire et sur l'organisation et le fonctionnement des tribunaux judiciaires, ainsi qu'un état statistique de la criminalité en zone occupée depuis le 1er avril 1940[33].

Les premiers points n'appellent pas de difficulté particulière, les deux documents sont adressés au délégué général le 8 novembre 1940[34]. La dernière demande est très mal perçue par la direction des services de l'armistice, qui s'y oppose. Devant ce refus, les autorités d'occupation réitèrent leur demande à de multiples reprises.

Le 18 mars 1941, l'ambassadeur de France, délégué général du gouvernement français dans les territoires occupés, Fernand de Brinon, écrit au général Huntziger, ministre secrétaire d'État à la Guerre, pour alerter les services de l'armistice d'un possible incident à venir dans l'hypothèse où ces états statistiques ne seraient pas transmis rapidement à l'occupant[35]. La direction des services de l'armistice s'incline le 31 mars 1941, date à laquelle une partie des renseignements demandés est transmise (nombre des affaires jugées et en instance catégorisées par délits et crimes, sans que soient communiqués les lieux de détention). Certains tribunaux connaissent en effet des difficultés matérielles (archives détruites, manque de personnel...) pour effectuer ce récolement de données.

La fin de l'année 1940 semble exempte de nouvelles difficultés, ce qui n'est pas le cas de la suivante. Les exigences allemandes sont de plus en plus importantes et la justice française de plus en plus concurrencée, notamment sur la répression des partisans gaullistes qui fait l'objet d'une revendication des autorités allemandes en mars 1941[36]. Des incidents et manifestations se produisent au cours d'audiences publiques au sein du palais de justice à Paris en juin 1941 et « [...] ont pu être interprétés par les Autorités allemandes comme portant atteinte directement ou indirectement à la considération de l'armée occupante[37] ». Après avoir appelé les magistrats à veiller avec attention à ce que les débats judiciaires se déroulent dans l'ordre, les chefs de cour prescrivent au président d'audience de ne tolérer aucun propos offensant et de réprimer tout comportement déplacé par des délits d'audience.

La tension est également palpable au plus haut niveau de l'État. Dans un courrier en date du 7 juin 1941 adressé aux ministres et secrétaires d'État, l'amiral Darlan s'insurge contre les exigences abusives des autorités locales d'occupation « [...] qui ne sont compatibles ni avec la législation française, ni avec les textes des traités en vigueur[38] ». L'intensification de la lutte armée menée par la Résistance, notamment communiste, modifie la situation. Bien que la compétence de juger ces actes visant l'occupant doive logiquement revenir aux tribunaux militaires allemands, les autorités d'occupation laissent davantage la main à l'État français.

La justice française demeure pourtant sous ingérence. Le droit de regard des Allemands devient à partir de septembre 1941 un véritable « droit de surveillance général[39] » rendu nécessaire par l'instauration des juridictions d'exception. Concrètement, cela se traduit par de multiples empiétements dans les procédures pénales[40], le contrôle *a posteriori* des décisions rendues étant d'une efficacité relative pour les autorités d'occupation, notamment parce que les statistiques communiquées par le ministère de la Justice français sont difficilement vérifiables[41].

Un intérêt particulier de l'occupant pour les prévenus communistes

Les autorités d'occupation s'intéressent à l'activité communiste bien avant l'été 1941 et la radicalisation de la politique de maintien de l'ordre mise en œuvre par le *Militärbefehlshaber in Frankreich*. Dès le 12 décembre 1940, le parquet général de la cour d'appel de Paris transmet au garde des Sceaux une traduction d'une dépêche du département de la Justice du *Militärbefehlshaber in Frankreich*[42] en date du 28 novembre 1940 qui sollicite de « [...] présenter un rapport sur l'importance et les résultats des procédures pénales ouvertes et terminées du chef de menées communistes, dans la circonscription soumise à mon autorité, depuis l'Occupation[43] ». Bien qu'avisée de la volonté de la direction des services de l'armistice de s'opposer à toute communication de ce type aux autorités d'occupation, la Chancellerie ne semble pas avoir réagi.

Dès le 28 septembre 1940, le tribunal militaire de la *Feldkommandantur* de Versailles[44] donne des instructions pour que la police d'État de Seine-et-Oise soumette les affaires liées à des faits d'activité communiste aux autorités allemandes. Dans une circulaire du 15 octobre 1940, le procureur général prescrit à ses substituts d'ouvrir une information contre les auteurs d'infraction au décret-loi du 26 septembre 1939, même si, en définitive, les poursuites pénales sont exercées par les autorités d'occupation[45].

Au-delà de sa grande précocité, cette volonté d'ingérence des autorités d'occupation s'explique par une méfiance à l'égard de l'appareil judiciaire français et de sa capacité à réprimer de manière efficace les communistes. Cela conduit nécessairement à s'interroger sur les raisons qui pousseront les autorités d'occupation, quelques mois plus tard, à laisser à la justice française la suite de la répression à travers des juridictions d'exception.

Les procédures correctionnelles ouvertes et suivies par le parquet de la Seine-et-Oise ou par celui de la section spéciale de la cour d'appel de Paris à partir d'août 1941 démontrent l'omniprésence des autorités d'occupation de Saint-Cloud. Elles mettent aussi en évidence les difficultés des autorités françaises à appréhender les dossiers déjà jugés par les tribunaux allemands. Le 21 septembre 1940, le procureur de la République près le tribunal de Corbeil informe le procureur général de l'ouverture d'une information pour distribution de tracts communistes à l'encontre de Charles Bezia et de plusieurs autres militants. Cette procédure est immédiatement revendiquée par les autorités d'occupation auprès de la police de la Seine-et-Oise[46]. Charles Bezia est condamné avec d'autres militants par le tribunal militaire allemand à quatre mois d'emprisonnement. Le 24 décembre 1940, il est condamné à nouveau avec ses camarades communistes par le tribunal correctionnel de Corbeil, pour détention et distribution de tracts d'inspiration étrangère et pour activité communiste, à huit mois d'emprisonnement et 100 francs d'amende. Il interjette appel, le parquet procède de même afin que la cour d'appel de Paris soit saisie de l'intégralité de la procédure. Le 25 février 1941, la cour d'appel de Paris, tenant compte des condamnations prononcées par le tribunal allemand de Saint-Cloud pour distribution des tracts sans autorisation préalable[47], estime que la distribution de tracts ne peut faire l'objet d'une nouvelle condamnation, l'affaire ayant été définitivement jugée. Elle maintient néanmoins la peine prononcée par le tribunal correctionnel de Corbeil pour activité communiste[48].

Les condamnations franco-allemandes sont loin d'être isolées et sont présentes dans plusieurs autres dossiers, sans que la juridiction d'appel soit saisie. Une affaire mettant aux prises à nouveau les autorités d'occupation de Saint-Cloud et le parquet de Corbeil est particulièrement intéressante dans le sens où elle éclaire le choix des dossiers retenus ou non par les autorités d'occupation. À la fin du mois d'août 1941, le procureur de la République de Corbeil fait état au procureur général de ce qu'une affaire dirigée contre plusieurs prévenus du chef de propagande communiste a été communiquée aux autorités d'occupation de Saint-Cloud sur leur demande. Deux des prévenus sont en effet prisonniers de guerre en congé et échappent de ce fait à la compétence du tribunal correctionnel de Corbeil. Les autorités d'occupation se saisissent de l'ensemble de la procédure.

Le 10 septembre 1941, le tribunal militaire allemand de Saint-Cloud s'installe dans la salle d'audience du palais de justice de Corbeil et condamne seize prévenus à des peines d'emprisonnement comprises entre six semaines et deux ans et prononce un acquittement. À l'issue de l'audience, le procureur de la République de Corbeil rencontre le président du tribunal militaire allemand de Saint-Cloud. Il en profite pour lui donner connaissance de la circulaire du ministère de la Justice en date du 4 septembre 1941 reproduisant une décision de l'autorité militaire allemande aux termes de laquelle les menées communistes sont de la compétence exclusive des juridictions françaises. Le magistrat allemand indique connaître cette circulaire mais qu'elle doit s'entendre plus strictement. Si les tracts ou actes de propagande se bornent à traiter des questions de politique intérieure, ils relèvent de la compétence de la justice française. Si au contraire ils visent des problèmes extérieurs où les intérêts allemands sont attaqués, la compétence allemande s'impose au regard des dispositions de l'ordonnance du 23 juillet 1940 concernant la juridiction et l'administration judiciaire dans les territoires occupés[49]. Dans ce cas, les parquets français saisis de ces dossiers doivent les communiquer aux autorités d'occupation.

Malgré cette distinction qui paraît subtile, une difficulté d'application demeure, les tracts et les actes de propagande communiste abordant le plus souvent des sujets de politique intérieure et extérieure. La Chancellerie se borne dans une note interne à considérer que cette affaire n'appelle pas d'observations particulières et prend acte de cette distinction. Elle adresse toutefois copie de la communication du procureur de la République de Corbeil à la direction des services de l'armistice. Une mention est ajoutée en bas de cette note, sans qu'il soit possible d'en identifier l'auteur, demandant que la justice militaire bénéficie également de cette transmission et qu'un examen sur le plan gouvernemental soit réalisé au vu de cette situation. Une copie est ainsi adressée au vice-président du Conseil et ministre d'État à l'Intérieur, l'amiral Darlan[50].

Cette même distinction est appliquée par la section B du tribunal militaire des autorités d'occupation du Gross Paris dans le dossier de Félix Pozzi, des époux Hébert et de onze autres prévenus. Ancien combattant volontaire républicain durant la guerre d'Espagne, Félix Pozzi est chargé par Edmond Savenaud, responsable politique pour le PCF de la région ouest parisienne, de la diffusion des tracts au sein du secteur n° 4 de la banlieue ouest[51]. Il est dénoncé et arrêté à son domicile à Paris par des agents du commissariat de Puteaux. Le 19 septembre 1941, deux agents de police de ce même commissariat prennent en filature un cycliste qui se rend très souvent en fin de journée au 29, rue de Suresnes à Nanterre. Or, dès le 8 septembre 1941, les habitants de ce logement, Célestin et Lucienne Hébert, ont été appréhendés par les forces de l'ordre. À la suite de la perquisition de leur domicile, une machine à ronéotyper, 50 000 tracts et des armes ont été saisis. Douze autres arrestations ont lieu.

Le tribunal militaire du Gross Paris se saisit du dossier, au motif « que l'activité communiste des inculpés avait été préjudiciable à la sécurité des troupes d'occupation ». Le 25 mars 1942, ils sont jugés par cette juridiction et treize d'entre eux sont condamnés à mort[52]. Le 10 avril 1942, douze sont fusillés au Mont-Valérien. Lucienne Hébert, également condamnée à mort, est déportée en Allemagne puis rejoint comme détenue « *Nacht und Nebel* » le camp de concentration de Mauthausen (Autriche). Elle est libérée le 22 avril 1945 par la Croix-Rouge. Florentine Berson est quant à elle condamnée aux travaux forcés à perpétuité. Elle est également déportée en Allemagne avant d'être envoyée à Ravensbrück où elle est gazée le 6 mars 1945.

Si dans ces dossiers, les tribunaux militaires allemands jugent les prévenus communistes appréhendés par les autorités françaises, ce n'est pas toujours le cas. Il semble que ce choix soit opéré au cas par cas par les autorités d'occupation en fonction de l'importance des dossiers transmis[53].

Les autorités judiciaires françaises et allemandes peuvent également décider d'appréhender conjointement un même dossier. Les autorités judiciaires allemandes connaissent tout d'abord de l'infraction avant que la justice française ne s'en saisisse le cas échéant, ou vice-versa. Le dossier de Szyma Schloss[54] en est un excellent exemple. Jeune militante à l'Union des jeunes filles de France[55] de 1936 à 1937, elle participe en qualité d'intermédiaire à la distribution de tracts communistes.

Selon le réquisitoire définitif[56], elle est arrêtée, en compagnie d'un ami, le 26 février 1941, à 21 h 40, rue du Transvaal dans le XXe arrondissement de Paris, par cinq gardiens de la paix « de service en civil pour la surveillance particulière contre les distributeurs de tracts des partis dissous », alors qu'elle distribue des tracts sur le rebord des fenêtres des immeubles. Lors de la fouille qui s'ensuit, elle est trouvée porteuse d'une cinquantaine de tracts et d'une liste de souscriptions. Elle reconnaît par ailleurs, lors de son interrogatoire, qu'elle « avait repris depuis deux mois son activité de propagande distribuant des tracts à elle remis par le sieur Charles Jakubowiez et en effectuant des collectes ». Le tribunal correctionnel du département de la Seine la condamne le 19 juin 1941 à huit mois d'emprisonnement.

Elle interjette appel de cette décision. La section spéciale de la cour d'appel de Paris créée le 14 août 1941, à qui ce dossier est déféré, estime pour sa part le 29 août 1941[57] que l'appel interjeté par la condamnée est irrecevable comme tardif et de ce fait que le jugement de première instance est revêtu de l'autorité de la chose jugée. Dans cette procédure, les autorités allemandes décident de ne pas poursuivre la prévenue déjà condamnée par les autorités judiciaires françaises. Elle purge sa peine avant de reprendre son activité militante dans la clandestinité.

À la suite de la parodie de procès tenu au Palais-Bourbon en mars 1942 qui a vu le tribunal du Gross Paris condamner à mort 7 militants des Bataillons de la jeunesse[58], elle fait partie, après une nouvelle arrestation de 27 inculpés, du procès de la Maison de la Chimie[59]. Ces deux procédures menées par les autorités allemandes visent à juger les militants communistes membres de l'Organisation spéciale du Parti communiste assurant la lutte armée contre les troupes d'occupation. Leur finalité est de lutter contre le « terrorisme » communiste et de l'éradiquer. Des peines exemplaires y sont prononcées avec 25 condamnations à mort, dont celle de Szyma Schloss. Selon la procédure applicable aux femmes condamnées à mort par un tribunal militaire allemand, sa peine est commuée. Elle est transférée en Allemagne sous la procédure *Nacht und Nebel* avec tout le secret l'entourant, et néanmoins guillotinée à la prison de Cologne le 17 juillet 1942[60].

La compétition entre juridictions françaises et d'occupation

Il existe de multiples exemples de cette collaboration imposée entre justice française et autorités d'occupation. Ces dernières ont la primauté pour choisir les procédures qu'elles souhaitent poursuivre ou non même si elles sont dévolues à une juridiction d'exception française. Dans plusieurs dossiers, des échanges ont lieu entre le parquet de première instance et/ou le juge d'instruction et les autorités allemandes au sujet d'échanges de pièces de procédure, en particulier des scellés[61].

Les autorités allemandes prenant souvent leur temps avant de les restituer, certaines affaires pourtant prêtes à être jugées doivent être renvoyées à des audiences ultérieures ou même pour quelques-unes *sine die*. De multiples lettres de relance sont adressées par le parquet à l'occupant. Certaines procédures sont également affectées par l'intervention des autorités d'occupation sur le prévenu lui-même, qui peut être détenu par les Allemands[62], voire dans d'autres situations plus extrêmes et moins nombreuses déjà fusillé[63].

Ces multiples interventions de l'occupant paralysent le fonctionnement normal des juridictions et influencent vraisemblablement le comportement des magistrats notamment des juridictions d'exception vis-à-vis des prévenus, compte tenu des risques pesant sur eux en cas de condamnations, en particulier celles les plus lourdes.

Très tôt, le risque d'une paralysie de la justice française du fait de l'immixtion de l'occupant semble avoir été perçu au niveau de la Chancellerie. Il se matérialise dans plusieurs affaires sur lesquelles les autorités d'occupation ont jeté leur dévolu. Le 17 octobre 1941, une information est par exemple ouverte par le parquet de la Seine à l'encontre du professeur de la faculté des sciences Jean Villey Desmeserets et de ses deux enfants pour infraction au décret-loi du 24 juin 1939[64]. Celui-ci est arrêté en flagrant délit alors qu'il dépose dans une boîte aux lettres du bureau de poste, au 115 de la rue des Saints-Pères à Paris, un lot de quatorze rouleaux de tracts de propagande étrangère/gaulliste. Une perquisition effectuée à son domicile conduit à la découverte de nombreux tracts et brochures d'inspiration anglaise et gaulliste. Le professeur reconnaît au cours d'un des interrogatoires que, depuis quelque temps, il adresse de tels écrits par la poste à des magistrats, des avocats et des ecclésiastiques. Le parquet de la Seine fait alors le lien avec une autre information ouverte à la suite de plaintes de leurs destinataires[65]. Les trois prévenus sont immédiatement placés sous mandat de dépôt[66].

Quelques jours plus tard, sans qu'il soit possible de déterminer la manière dont elles ont été informées, les autorités d'occupation se saisissent de l'affaire. Le dossier de procédure leur est remis le 4 novembre 1941. Le 19 novembre, le tribunal du Commandant du Gross Paris condamne Jean Villey Desmeserets à deux ans d'emprisonnement et ses deux enfants à un mois d'emprisonnement. Les prévenus ayant été jugés par les Allemands, le juge d'instruction rend une ordonnance de non-lieu le 27 février 1942.

Cette situation est loin d'être isolée, d'autres dossiers connaissent des sorts identiques. Une position française est définitivement arrêtée sur ce sujet par la circulaire du ministère de la Justice du

23 août 1943. Ainsi, « tout délit qui a fait l'objet d'une poursuite ou de mesures disciplinaires de la part des autorités allemandes ne peut faire l'objet de poursuite ou de mesures disciplinaires de la part de la justice française sans considération du fait que le procès mené devant les autorités allemandes se termine par une condamnation, un sursis ou un non-lieu. Si de tels procès sont en cours, ils doivent être suspendus aussitôt[67] ». À cette époque, Maurice Gabolde est sans doute moins le défenseur des intérêts de la justice française et de la souveraineté nationale que le parfait exécutant des décisions prises par les autorités d'occupation. Cette circulaire en est un bon exemple puisqu'elle ne fait qu'entériner une décision du *Militärbefehlshaber in Frankreich* prise le 18 août 1943.

Cela n'empêche pas les magistrats français de tenter, dans de rares cas, d'intervenir dans des affaires jugées par les juridictions militaires allemandes pour infléchir des condamnations jugées trop lourdes. Le 12 décembre 1941, le tribunal militaire allemand de Saint-Cloud condamne Jacques Jeunon, sa sœur Éliane Jeunon, épouse Thomas, et la fille de cette dernière Jacqueline à la peine de mort pour action en faveur de l'ennemi[68]. Jacques Jeunon, militant à la CGT, participe dès l'automne 1940 aux activités clandestines du Parti communiste dissous. Il est arrêté au domicile familial avec ses parents, sa sœur et la fille de cette dernière. Cette maison sert aussi de planque à Henri Janin, ancien maire de Villeneuve-Saint-Georges. Lors de la perquisition, une machine à ronéotyper est retrouvée. Jacques Jeunon est exécuté le 17 décembre 1941. Reine Boisnier, son épouse, est condamnée à l'emprisonnement à perpétuité pour action en faveur de l'ennemi. Classée « *Nacht und Nebel* », elle est emprisonnée en Allemagne d'où elle est libérée le 29 avril 1945. Ses parents sont quant à eux condamnés respectivement à cinq et trois ans d'emprisonnement pour distribution de tracts.

Le procureur de la République près le tribunal de Corbeil informe le procureur général dans son rapport qu'Éliane Jeunon et sa fille ont formé un recours en grâce visant à commuer la peine en emprisonnement à perpétuité en Allemagne. En parallèle, il s'inquiète de ce que l'information ouverte à son parquet pour activité communiste ne puisse se poursuivre et être clôturée dans des délais normaux à cause de cette immixtion allemande. Dans l'information qu'il transmet à la Chancellerie, Raoul Cavarroc se borne à rapporter les faits sans le moindre commentaire. Bien que nous en ignorions les raisons, en l'absence de toute documentation sur ce point, le garde des Sceaux se saisit de l'affaire et écrit à Fernand de Brinon, ambassadeur de France dans les territoires occupés, afin de l'informer des peines de mort prononcées à l'encontre d'Éliane Jeunon et de sa fille Jacqueline.

À la suite de cette action, Fernand de Brinon introduit le 16 janvier 1942 un recours en grâce auprès du commandant des forces militaires en France. En réponse à cette démarche officielle, ce dernier indique avoir, le 3 janvier 1942, déjà décidé de surseoir à l'exécution de la peine de mort contre ces deux personnes. Éliane Jeunon est alors déportée à Bergen-Belsen où elle meurt le 12 avril 1945. Sa fille Jacqueline Jeunon est quant à elle emprisonnée en Allemagne où elle est transférée dans plusieurs prisons. Elle y meurt d'épuisement.

Cet exemple pose la question de la sévérité qui constitue un point important tant pour l'occupant que pour les autorités judiciaires françaises, tout au long de la période étudiée et sans doute encore plus à partir de l'été 1941. La présence des autorités d'occupation modifie bien évidemment le comportement des juges assurant une certaine comparaison/compétition entre ces deux ordres judiciaires qui entrent souvent en concurrence en matière de répression des affaires communistes.

La justice française n'est pas en reste dans cette compétition/comparaison avec la justice militaire allemande. Dans de rares cas, le procureur général se plaint des faibles peines prononcées par le tribunal militaire allemand de Saint-Cloud par rapport à celles prononcées dans des affaires similaires par la section spéciale de la cour d'appel de Paris. Il s'inquiète des conséquences que de telles décisions pourraient avoir sur l'opinion publique. Pour quelle finalité ? S'agit-il de solliciter l'intervention du garde des Sceaux auprès de la Commission d'armistice pour que les autorités judiciaires allemandes soient invitées à prononcer des peines plus lourdes ? Ou au contraire est-ce une manière élégante de rappeler à la Chancellerie que l'occupant lui-même ne se résout pas toujours à condamner les auteurs de propagande communiste à la peine de mort ou aux travaux forcés ? Quoi qu'il en soit, la Chancellerie n'en fait pas grand cas. Dans une note interne, la direction des Affaires criminelles et des Grâces ne partage pas l'avis du haut magistrat. Elle considère que pour comparer les répressions allemande et française à l'égard de la propagande communiste, il ne faut pas se borner à une décision isolée mais connaître l'ensemble des condamnations prononcées[69].

Le 11 octobre 1941, les gendarmes de la brigade de Ponthierry (Seine-et-Marne) effectuent des recherches dans les anciens milieux communistes pour découvrir les auteurs de plusieurs incendies de meules de foin afin qu'elles ne soient pas requises par les autorités d'occupation. Ils appréhendent ainsi Georges Leguay. À la suite de son interrogatoire, les enquêteurs établissent que l'ancienne cellule communiste de Fleury et Cély-en-Bière a été reconstituée sous la direction de Marcel Marneux et comprend comme membres Pierre Berger, Lucien Berger, Pierre Boisseau et Serge Makaroff. Toutes ces personnes sont arrêtées et interrogées. Elles reconnaissent que, à différentes reprises depuis juin 1941, elles ont ensemble ou isolément distribué des tracts communistes dans les communes environnantes. Le matériel de propagande leur a été donné par des membres du parti qui leur étaient inconnus. Leurs domiciles sont également perquisitionnés. Dans celui de Marcel Marneux, du matériel explosif est découvert.

Le parquet de Melun ouvre immédiatement une information pour propagande communiste. Deux jours plus tard, la gendarmerie poursuivant son enquête arrête deux autres militants communistes. Serge Boulle et Gaston Messence reconnaissent être les auteurs des remises de tracts à cette cellule, tracts qu'ils recevaient du parti chaque fin de semaine. Lors de la perquisition du domicile de ce dernier, des armes cachées derrière une plinthe sont saisies. Une machine à écrire, un duplicateur Ronéo, des stencils, des cachets, cinq kilos de papier pour ronéo, de l'encre et de nombreux tracts ou publications du Parti communiste sont également trouvés dans une excavation faite dans le mur de sa cave derrière le fond d'un garde-manger.

Les inspecteurs de la première brigade mobile également présents lors de cette perquisition arrêtent sa femme Hélène Messence. Elle se révèle être l'autrice de lettres anonymes de menaces adressées au président de la section spéciale de Paris. Elle est immédiatement transférée à Paris et mise à disposition du parquet de la Seine.

Deux autres personnes sont arrêtées à la suite de cette enquête, Maurice Guerin et Clotaire Robba, qui ont reconnu tous deux avoir reçu et distribué des tracts communistes. Le parquet se félicite de l'instruction menée et de l'enquête dirigée par la gendarmerie tout en déplorant ne pas avoir identifié les auteurs des incendies de meules qui seraient l'œuvre d'une section spéciale du Parti communiste reconstitué.

Le parquet de la section spéciale est, bien entendu, avisé de cette affaire qui devrait être jugée par cette juridiction. C'est sans compter sur les autorités d'occupation. Le 20 octobre 1941, Dr Vogt, *Kriegsgerichtsrat* (procureur intervenant au sein d'un tribunal militaire) de la *Feldkommandantur* 680 de Melun, réclame ce dossier. Le procureur de la République de Melun s'exécute tout en rappelant que cette affaire doit revenir logiquement aux tribunaux français et plus particulièrement à la section spéciale de la cour d'appel de Paris. Il en profite pour signaler les lourdes condamnations de cette juridiction sur deux autres affaires moins graves qu'il avait communiquées à la *Feldkommandantur.* Le 27 octobre 1941, un autre *Kriegsgerichtsrat,* le Dr Blum, avise le parquet de Melun par courrier que le tribunal militaire allemand jugera ce dossier.

Le tribunal militaire allemand siège le 30 octobre 1941 au palais de Justice de Melun. Seuls les prévenus sont entendus et confirment les déclarations faites lors de l'instruction. Contactée téléphoniquement par le parquet de Melun, la *Feldkommandantur* lui indique que Georges Leguay, Marcel Marneux, Pierre Berger, Lucien Berger, Pierre Boisseau, Serge Boulle, Gaston Messence et Clotaire Robba sont condamnés à mort. Serge Makaroff écope de cinq ans de travaux forcés et Maurice Guerin de trois ans.

Dans son rapport au procureur général, le procureur de la République de Melun semble surpris des peines très lourdes prononcées. Si les sorts de Gaston Messence, coupable de détention d'armes et de propagande communiste, de Marcel Marneux, coupable des mêmes infractions et chef de la cellule reconstituée et de Serge Boulle, dirigeant local du Parti communiste, n'appellent aucune réaction, il prend soin d'indiquer que « les cinq autres condamnés à mort n'avaient fait que de la distribution de tracts. Ils n'étaient que des exécutants ». Il proteste également sur l'appréhension de cette affaire par les autorités d'occupation, les poursuites intentées en matière d'activité et de propagande communiste devant être poursuivies devant les juridictions françaises.

Une fois informée, la Chancellerie réagit immédiatement. Les mentions manuscrites présentes sur le courrier du magistrat dirigeant les services du ministère de la Justice à Paris, adressé au garde des Sceaux, témoignent de la même stupeur : « Des condamnations à mort par les Allemands pour détention de tracts communistes !! » Pour autant, la direction des Affaires criminelles et des Grâces considère que toute protestation se heurtera à une objection de principe des autorités d'occupation. S'agissant de la gravité des peines prononcées, elle se borne à adresser une protestation sous la signature de Louis Rousseau au délégué général du gouvernement français dans les territoires occupés[70].

Les ardeurs des autorités d'occupation semblent avoir été modérées puisque seuls cinq des condamnés à mort sont fusillés le 8 novembre 1941 au champ de tir de La Glandée, aux Monts-de-Faÿ, au nord-ouest de la forêt de Fontainebleau sur la commune de Chailly-en-Bière (soit antérieurement à la demande d'intervention de la Chancellerie)[71]. Une stèle commémorative a été dressée sur le lieu même de ces exécutions. Le rapport du procureur général se borne à indiquer que l'inhumation des cadavres s'est effectuée sans aucun incident et que les autorités allemandes n'ont donné aucune publicité à ces exécutions. S'agissant des trois autres condamnés à mort, ils auraient bénéficié d'une commutation de peine. Ils sont en définitive déportés (Lucien Berger) ou fusillés comme otages au Mont-Valérien le 15 décembre 1941 (Serge Boulle et Pierre Boisson).

CHAPITRE 4

Une opinion sous surveillance

Automne 1940-été 1941

À l'automne 1940, le nouveau régime a mis en place les premières mesures de la Révolution nationale et fait le choix de la collaboration d'État. Pourtant, une certaine confusion règne : « [...] Les Français sont déboussolés, la nation est à la dérive. L'armature craque de partout et les organisations politiques, liquéfiées, abandonnent le terrain dans la débandade[1]. » Le nouveau régime se cherche également au cours de l'été 1940 « [...] au milieu de la pagaille et de la pénurie, tout en se préparant à une *pax germanica*[2] ». Là où le maréchal Pétain est en pleine lumière, les dissidents sont relégués dans l'ombre. Pour autant, parfaitement lucide du risque qu'encourt tout nouveau régime en laissant se propager même très faiblement une pensée réfractaire, Vichy fait du contrôle de la pensée une priorité. Il va s'appuyer sur des textes, pris dans le contexte de l'entrée en guerre et de la « drôle de guerre », qui visaient à l'origine à condamner les propos défaitistes pour assurer la défense nationale. Ils se trouvent à partir de l'automne 1940 utilisés à des fins de « [...] surveillance et d'encadrement de la pensée[3] ».

À travers cet exemple, une des caractéristiques essentielles de Vichy apparaît. Ce régime repose sur le droit et n'hésite pas à s'appuyer sur certains textes répressifs de la Troisième République tout en les adaptant, en les détournant de leur finalité en fonction du contexte voire en les complétant si une faille apparaît. À l'automne 1940, le délit d'offense au chef de l'État est par exemple réactivé, la loi sur la presse de 1881 ne le couvrant pas. Sa répression demeure mesurée au sein de la cour d'appel de Paris tant en nombre d'affaires que de peines prononcées.

Les décrets du 1er septembre 1939 et du 20 janvier 1940 détournés dans leur finalité

Les fondements textuels de la répression des délits d'opinion mise en place par le régime de Vichy résident donc dans deux décrets pris sous la Troisième République finissante. En même temps que la déclaration de l'état de siège[4] et l'entrée en guerre imminente, le gouvernement Daladier souhaite en effet lutter contre les idées pacifistes mais également préserver le moral de la nation[5], dans un souci d'assurer une certaine cohésion nationale. Il est donc impératif pour lui de gagner cette bataille de l'opinion. Le 1er septembre 1939, un décret réprime « la publication d'informations de nature à exercer une influence sur l'esprit de l'armée et des populations[6] ». La logique de ce texte est bien de rendre la lutte contre le défaitisme plus efficace en complétant des dispositions jugées inadaptées.

Le dispositif mis en place ressemble à celui qui a fonctionné lors de la Première Guerre mondiale. Il est donc interdit, dès la mobilisation générale décrétée, de publier, « toute information de nature à favoriser les entreprises d'une puissance étrangère contre la France, ou d'exercer une influence fâcheuse sur l'esprit de l'armée et des populations[7] ». Les tribunaux correctionnels sont chargés de juger les auteurs de cette infraction. Les peines sont relativement lourdes. Elles peuvent en effet aller d'un emprisonnement d'un à dix ans et d'une amende de 1 000 à 10 000 francs. Ce texte est complété par un décret du 20 janvier 1940 qui vise à mettre un terme à une interprétation jurisprudentielle restrictive des propos réprimables[8]. Cela n'empêche pas de nombreux débats judiciaires et doctrinaux sur les éléments constitutifs de ce délit.

De septembre 1940 à septembre 1942, les termes retenus majoritairement dans les jugements du tribunal de la Seine sont « propos alarmistes ». Ensuite, cette infraction retrouve à nouveau le vocable de « propos défaitistes ». Cette évolution sémantique n'est bien entendu pas neutre dans le sens où elle résume en réalité le changement de perception opéré au sein des tribunaux. Qualifier un propos de « défaitiste » semble totalement dénué de fondement après la défaite et l'armistice de juin 1940. Ce n'est plus le cas à partir de la fin de l'année 1942 où l'issue de la guerre est plus incertaine. Cette situation n'est pas identique au tribunal correctionnel de Versailles qui privilégie l'appellation « propos antinationaux[9] » ayant déjà cours durant la « drôle de guerre »[10]. Il existe donc des logiques propres à chaque juridiction[11].

La répression des opinions pro-allemandes ou faisant état d'une défaite de la France à venir disparaît au profit de propos visant à contester le nouveau pouvoir en place et les membres du gouvernement, mais également la vaillance et la solidité de l'armée allemande. S'agissant de ces derniers, ils apparaissent plus nombreux à partir de juin 1941 et le déclenchement de l'opération *Barbarossa*. Dans ce cas, les poursuites s'opèrent également sur le fondement du décret du 26 septembre 1939 réprimant toute activité et propagande communiste.

En zone occupée comme au sein des juridictions de la cour d'appel de Paris, la répression demeure néanmoins limitée. À partir de décembre 1940, il semble même au vu des statistiques compilées au sein de la Chancellerie que ces délits ne soient plus jugés que dans le ressort de la cour d'appel de Paris, ce qui suscite questionnement. Plusieurs hypothèses peuvent permettre d'expliciter cela, notamment la manière dont ces données sont remontées au ministère. Faute d'avoir pu procéder à une vérification à l'échelle de la zone occupée, il est impossible de les déterminer avec certitude. Quoi qu'il en soit, il existe un faible nombre de délits d'opinion par rapport au total des affaires jugées, ce qui correspond d'ailleurs aux chiffres présentés sur la cour d'appel et le tribunal correctionnel de Lyon en zone libre[12].

Plusieurs séquences au cours de la période de septembre 1940 à septembre 1941 doivent être distinguées. Après le pic répressif lors de la bataille de France (mai-juin 1940), le nombre de prévenus présentés devant les juridictions de la cour d'appel de Paris pour délit d'opinion diminue drastiquement. Il en est de même au sein de celles de la zone occupée avec toutefois une baisse plus progressive en juillet avant un effondrement à partir d'août. Cette situation perdure jusqu'en janvier 1941, à l'exception du mois de novembre 1940 où la répression des propos défaitistes explose sans qu'il soit possible d'en déterminer la raison.

À partir de février 1941, soit quelques jours après la nomination du nouveau garde des Sceaux Joseph Barthélemy, la répression ayant une visée plus politique, le nombre de prévenus jugés pour propos défaitistes augmente progressivement puis plus rapidement d'avril à juin 1941. Entre ces deux dates, un nouveau plateau apparaît avec un pic en juin 1941. Après cette date, la répression semble s'étioler à nouveau. Ces séquences ne sont en réalité que le reflet de la politique répressive voulue et mise en place par le ministère de la Justice qui semble se désintéresser totalement de la répression des délits d'opinion.

Une répression tâtonnante des délits d'opinion durant le premier Vichy

Le 8 février 1941, la douzième chambre correctionnelle du tribunal de la Seine condamne pour propos alarmistes Pierre Mattioli à un mois d'emprisonnement. Deux jours auparavant, il a tenu les propos suivants :

> Un capitaine commandait une batterie de D.C.A. ; arrive une nuée d'avions le capitaine dit à ses hommes : ne tirez pas. Deuxième nuée d'avions, même ordre. À la troisième, le sergent prend son revolver et abat le capitaine d'une balle… La situation actuelle n'est pas assez mauvaise pour les Français, il faudrait pire, car ils n'ont pas encore fait leur devoir… Il faudrait que tous les députés et sénateurs revenus dans le gouvernement en Conseil national soient guillotinés. Il faudrait d'autres hommes[13]…

La terminologie de « propos alarmistes » paraît ici recouper celle antérieurement utilisée sous le vocable de « propos défaitistes ». Sans nul doute, le tribunal correctionnel de la Seine utilise cette terminologie à titre générique.

Le 3 février 1941, Roger Brunaud est jugé par la même chambre pour propos alarmistes et condamné à un mois d'emprisonnement. Le 27 janvier 1941, il a été appréhendé en flagrant délit par des agents de police alors qu'il se trouvait dans une file d'attente devant un magasin et qu'il proférait les propos suivants :

> Oui, je suis révolutionnaire. D'ailleurs, la révolution va venir bientôt et je serai de la partie. Au moins on sait pour qui on se bat, la guerre, on la fait pour les riches. Cette guerre, j'ai fait comme les copains, j'ai foutu le camp, nous n'avions pas d'arme et de munitions. D'ailleurs, les gradés foutaient le camp, pourquoi n'aurions-nous pas fait comme eux[14] ?

Le tribunal correctionnel de la Seine paraît sanctionner ici des paroles qu'il aurait antérieurement poursuivies sous l'appellation de « propos subversifs », faisant référence de manière implicite à la pensée et aux mots d'ordre communistes. Cela explique sans doute pourquoi la peine, même si elle demeure mesurée, est relativement lourde pour des propos faisant référence à la bataille de France. La finalité politique de la sanction ne fait ici guère de doute.

Le 5 mai 1941, Ernest Henry est à son tour condamné pour propos alarmistes, sur le fondement du seul décret du 20 janvier 1940, à six mois d'emprisonnement par la douzième chambre correctionnelle du tribunal de la Seine. Cette sévérité accrue trouve en grande partie son origine dans le fait qu'il est récidiviste. Il reconnaît, alors qu'il se trouvait devant un magasin où les prix semblaient excessifs, avoir tenu les propos suivants : « Vivement la Révolution qu'on leur foute leur boutique en l'air. Il faudrait des bidons de pétrole enflammé dans leurs boutiques[15]. »

La peine est, bien entendu, jugée mesurée du côté du ministère public. Ce n'est pas l'avis du condamné qui interjette appel de cette décision. La dixième chambre correctionnelle de la cour d'appel de Paris confirme en tout point le jugement le 7 juillet 1941. Si dans l'affaire précédente la finalité répressive est de lutter contre une pensée dissonante et subversive qui se retrouve aussi en l'espèce, le contexte dans lequel les propos ont été tenus conduit à y voir également une défense du nouveau régime. Les difficultés de ravitaillement sont au cœur des problématiques quotidiennes des Français, notamment en région parisienne, et le demeureront d'ailleurs durant toute l'existence de l'État français à des échelles plus ou moins grandes.

Le contexte est un élément central pour percevoir l'évolution de la répression de ces délits. Le dossier de Georgette Morot est particulièrement intéressant à cet égard. Qui plus est, il revêt un autre intérêt : celui d'avoir débuté à la fin de la Troisième République et de se poursuivre sous l'État français. Georgette Morot est institutrice et secrétaire de mairie à Buxières-sur-Arce (Aube). Le 8 mai 1940, elle a demandé à ses élèves d'écrire une rédaction sur le thème de la souscription aux bons d'armement. Elle aurait expliqué à cette occasion que « les bons d'armement ne servaient qu'à faire tuer du monde[16] ». Choqué, un parent d'élève a saisi le parquet qui a fait procéder à une enquête. Le 23 mai 1940, le procureur de la République de Troyes requiert l'ouverture d'une information pour infraction au décret-loi du 1er septembre 1939, complété par celui du 20 janvier 1940. Il informe le même jour le parquet général de la cour d'appel de Paris, le préfet de l'Aube et le général commandant la VIIIe région à Dijon.

Dans son rapport à la Chancellerie, le procureur général fait état de ses échanges téléphoniques avec le parquet de l'Aube, indiquant notamment que les accusations portées contre cette institutrice émanent de jeunes enfants et nécessitent de ce fait une vérification sérieuse. Le 29 mai 1940, le juge d'instruction procède sur place aux interrogatoires de huit enfants, dont les dépositions sont discordantes.

Au cours de son interrogatoire, l'institutrice ne cache pas ses intentions pacifistes en reconnaissant par exemple qu'elle ne fait pas apprendre *La Marseillaise* à ses élèves, ce chant étant trop guerrier, ou qu'elle cherche à les convaincre de l'inutilité des guerres, dont le vaincu est empreint d'esprit de revanche faisant ainsi perdurer la mentalité guerrière. L'enquête se poursuit par une étude des douze compositions rendues par les élèves, dont cinq intéressent plus particulièrement cette affaire : « Dans quatre de ces cinq compositions, apparaît cette même notion [de pacifisme], que les bons d'armement qui doivent procurer des armes aux combattants sont en définitive destinés à faire tuer des hommes, des soldats. Mais ces quatre compositions concluent à la nécessité de souscrire aux bons d'armement. »

La cinquième composition est celle du jeune Gautherot, fils du plaignant qui dit textuellement : « Toutes ces choses-là servent à tuer du monde et dépenser de l'argent pour rien. »

Cette notion de la cruauté et de l'inutilité de la guerre se retrouve dans deux autres copies.

Les conclusions du procureur de la République de Troyes sont particulièrement intéressantes pour comprendre d'une part l'état d'esprit dans lequel se trouve le parquet à cette période charnière de la bataille de France et d'autre part les contraintes juridiques auxquelles il est confronté :

> Il est évident que de tels enseignements sont à l'heure présente, d'autant plus condamnables qu'ils s'adressent à de jeunes cerveaux, dont l'esprit critique n'est pas développé et qui ont tendance à admettre comme de vérités intangibles toutes les affirmations de leur institutrice. Mais il est difficile de se faire une idée exacte des paroles réellement prononcées par la demoiselle Morot à raison des divergences des dépositions.

Ces propos laissent entrevoir un certain désarroi du magistrat à agir à l'encontre d'une institutrice appréciée par tous dans son village (à l'exception du plaignant, ce qui laisse penser que ses motivations ne sont peut-être pas exemptes de tout reproche). L'adjoint, faisant office de maire de cette commune, indique pour sa part aux enquêteurs qu'elle n'a jamais tenu de propos défaitistes. Le juge d'instruction décide à l'issue de ses investigations de ne pas solliciter l'arrestation de l'inculpée.

Le procureur général adopte une tout autre position. En estimant « que les déclarations mêmes de l'inculpée constituaient à son encontre de graves charges de culpabilité », il demande au procureur de la République de Troyes « de relever l'infraction au décret du 26 septembre 1939 et de requérir du magistrat instructeur l'arrestation de la delle Morot ». Il sollicite en outre l'avis de la Chancellerie sur la transmission des rapports liés à cette affaire et du procès-verbal de sa première comparution aux ministres de l'Intérieur et de l'Éducation nationale « afin de leur permettre d'apprécier, chacun en ce qui le concerne, si la delle Morot est encore qualifiée pour exercer d'une part les fonctions de secrétaire de mairie, et d'autre part pour donner l'enseignement à de jeunes enfants ». Le 10 juin 1940, le directeur des Affaires criminelles et des Grâces du ministère de la Justice se charge lui-même d'en informer le ministre de la Défense nationale et de la Guerre, le ministre de l'Intérieur et le président du Conseil. Le même jour, Georgette Morot est mise en détention avant d'être libérée à titre provisoire le 25 juillet 1940.

Ce dossier semble alors avoir été classé avant de rebondir en décembre 1940 lorsque le procureur général adresse au garde des Sceaux le projet de réquisitoire définitif établi par le parquet de Troyes[17]. Le document explicite les raisons pour lesquelles Georgette Morot est poursuivie tout à la fois sur le fondement du décret-loi du 26 septembre 1939 ainsi que sur celui des décrets du 1er septembre 1939 et du 20 janvier 1940. Ses paroles empreintes de pacifisme ont en effet conduit le parquet et le magistrat instructeur à des investigations poussées pour déterminer ou non son affiliation au PCF. Elles n'ont abouti à rien. Le procureur de la République près le tribunal de Troyes souhaite en conséquence requérir un non-lieu de ce chef. Au contraire, s'agissant des propos présumés défaitistes, il sollicite un renvoi devant le tribunal correctionnel :

> Mais attendu qu'il en résulte [des] charges suffisantes contre la susnommée d'avoir à Buxières, au cours de l'année 1940 et spécialement au cours du mois de mai, en tout cas dans l'arrondissement de Bar-sur-Seine et depuis moins de trois ans, par des discours proférés dans un lieu public, publié des informations de nature à favoriser les entreprises d'une puissance étrangère contre la France ou à exercer une influence fâcheuse sur l'esprit de l'armée et des populations, en disant notamment au cours de sa classe que l'argent des bons d'armement

> servait à faire tuer des soldats, que les dépenses de guerre seraient mieux utilisées à des découvertes utiles, que l'envoi de colis était préférable, que la guerre était inutile et affreuse, que *La Marseillaise* est un chant guerrier et que pour cette raison elle ne la ferait pas chanter.

Il faut ici souligner que bien qu'il soit rédigé vraisemblablement en décembre 1940 donc après la défaite de juin, ce projet de réquisitoire définitif ignore totalement la situation en reprenant de manière identique les motivations utilisées depuis l'entrée en guerre de la France jusqu'en juin 1940. Personne ne s'en offusque pour autant. Lors de sa transmission, le procureur général se range à l'avis de son subordonné. La seule préoccupation de ce haut magistrat est de ne pas juger immédiatement la prévenue. Décembre 1940 est en effet un mois tumultueux à Vichy. Le 13, à l'issue d'une convocation à l'improviste du Conseil des ministres, le chef de l'État sollicite la démission de chacun des membres du gouvernement. Il accepte celle de Pierre Laval et de Georges Ripert, secrétaire d'État à l'Instruction publique et à la Jeunesse. Pierre Laval se voit placé en liberté surveillée. Les communications avec Paris sont coupées. L'ambassadeur d'Allemagne en France Otto Abetz se rend en zone libre accompagné d'une garde militaire pour exiger le retour d'un gouvernement acceptable par les Allemands et ramène Pierre Laval à Paris. La ligne de démarcation est alors fermée. Les suites données en définitive à cette affaire demeurent inconnues, le dossier conservé par le ministère de la Justice s'arrêtant à cette date.

Juger les propos présumés alarmistes apparaît encore plus délicat lorsqu'il s'agit pour le tribunal correctionnel de la Seine de défendre tout à la fois les troupes d'occupation et l'armistice voulu par l'État français. Le 18 mars 1941, la douzième chambre correctionnelle juge Jean Serane pour propos alarmistes. Il est poursuivi pour avoir prononcé publiquement les paroles suivantes :

> Les Allemands prennent tout, nous n'avons plus rien. Les transports sont arrêtés. Je ne trouve même pas un litre de sable pour oiseaux. Ce n'est pas fini. Nous avons encore six cent mille hommes sous les

drapeaux. Il y a eu des escarmouches sur la zone de démarcation, quand les Allemands voulaient passer pour aller en Italie. Il y a eu des tués[18].

Il est condamné à huit jours d'emprisonnement avec sursis. Les renseignements recueillis sur le prévenu étant bons, le tribunal correctionnel de la Seine fait preuve d'indulgence à son égard. De manière sous-jacente, le caractère « patriotique » des paroles prononcées n'y est sans doute pas étranger, en résonnant favorablement à l'oreille de magistrats pour la plupart anciens combattants. Ils ne prononcent pas pour autant la relaxe même si les propos visent plus particulièrement les autorités d'occupation et leur comportement. Il faut sans doute y voir une volonté du tribunal correctionnel de la Seine de ne pas envenimer davantage une situation déjà tendue avec l'occupant depuis le remplacement de Pierre Laval par l'amiral Darlan à la tête du gouvernement de Vichy.

La lutte contre la propagande étrangère

À la même époque, une autre utilisation des décrets du 1er septembre 1939 et du 20 janvier 1940 apparaît au sein du tribunal correctionnel de la Seine. Sur le fondement de ces infractions, la répression de la propagande étrangère, notamment anglaise, s'organise. De manière ironique, ces textes qui visent à l'origine à condamner les propos pro-allemands ciblent désormais les propos pro-anglais.

C'est ainsi que Moïse Heller, dit « Geller », est poursuivi le 19 juin 1941 devant la douzième chambre correctionnelle du tribunal de la Seine pour avoir déclaré publiquement deux jours plus tôt : « Je souhaite la victoire de l'Angleterre, elle seule peut sauver la France ; les Anglais vont s'emparer de la Syrie. Les soldats qui défendent la Syrie sont des Allemands déguisés en Français[19]. » Il est condamné à quinze jours d'emprisonnement assortis du sursis. Qu'il s'agisse d'une des premières affaires jugées au sein des juridictions de la cour d'appel de Paris visant à réprimer des personnes soutenant l'Angleterre explique vraisemblablement l'indulgence de la peine prononcée.

Mais dans l'ensemble, les peines prononcées par le tribunal correctionnel de la Seine sur la période de septembre 1940 à septembre 1941 sont relativement clémentes sans que la Chancellerie réagisse.

Ainsi, la même chambre condamne le 24 août 1941 Gilbert Blaise à quinze jours d'emprisonnement avec sursis pour propos alarmistes. Celui-ci a indiqué dans un débit de boissons : « Staline va mettre une déculottée aux Allemands. Après on réglera le compte de certains Français[20]. » Le parquet, comme la Chancellerie, considère qu'il n'y a pas lieu de faire appel de cette décision qui devient définitive, sans doute car l'inculpé ne fait pas l'objet de mauvais renseignements et que les propos prononcés visent avant tout l'occupant et non pas l'État français.

Le ministère public ne se comporte pas de la même manière dans tous les dossiers où le sursis est accordé. Le 17 janvier 1941, la douzième chambre correctionnelle du tribunal de la Seine condamne Louis Duffourd à quinze jours d'emprisonnement avec sursis pour les propos suivants tenus dans une file d'attente : « Il va y avoir la révolution ; à la fin de janvier ou au début de février, il va y avoir un coup dur. Pétain est en Espagne, Weygand est aux colonies ; eux pourront nous sauver[21]. »

Dans son compte rendu, le procureur de la République s'interroge sur l'analyse du tribunal. Pour lui, « il semble que le Tribunal, dès lors qu'il a reconnu la culpabilité du prévenu et qu'il a estimé que les propos incriminés tombaient sous le coup de la loi, aurait dû appliquer une peine sans sursis ». Il sollicite en conséquence l'autorisation d'interjeter appel de cette décision. Il a lieu de noter que cette prise de position est antérieure de quelques semaines à la circulaire du 7 février 1941 qui demande au parquet de dissuader les tribunaux de faire usage du sursis. Le procureur général approuve cette opinion et instruit son subordonné d'agir en ce sens. La Chancellerie ne fait qu'entériner la décision.

Qu'en est-il en cas de relaxe ? Par jugement en date du 27 janvier 1941, Georges Laurent est relaxé par la douzième chambre correctionnelle du tribunal de la Seine. Trois jours auparavant, il est arrêté en flagrant délit alors qu'il tient les propos suivants dans une file d'attente devant un magasin :

> Il n'y a pas de danger que l'on cherche la modernisation de la S.N.C.F. en l'électrifiant car les dirigeants touchent des pots-de-vin sur le charbon.
> Le Gouvernement prêche la natalité. Pour quoi faire, nous sommes déjà deux fois de trop en France. C'est surtout pour plus tard pouvoir ramper pour avoir une situation.
> Nous sommes encore mal gouvernés, il est honteux actuellement de voir les femmes envoyer des colis à leurs prisonniers, ils n'ont pas demandé à être où ils sont, pendant ce temps les gros emplissaient leurs poches.
> Je suis un partisan des États-Unis d'Europe.
> Les antimilitaristes ont raison de se planquer en se faisant réformer quand ils en trouvent l'occasion, mais alors qu'ils n'aillent pas réclamer la Légion d'honneur.
> À la T.C.R.F. où Mariage est maître absolu on vient de renvoyer 12 000 employés. C'est encore une mauvaise organisation de les envoyer à la terre, il y a assez de machines pour faire le travail. C'est encore un moyen de s'en débarrasser[22].

Ces propos sont jugés par le tribunal correctionnel de la Seine totalement incohérents et pas de nature à exercer une influence fâcheuse sur l'esprit des populations. Le procureur de la République estime cette décision justifiée et ne nécessitant pas d'interjeter appel. Dans son compte rendu à la Chancellerie, le procureur général n'émet aucun avis, se limitant à une simple communication de l'information. De manière habituelle dans les affaires de ce type, le magistrat chargé de la direction des services du ministère de la Justice à Paris sollicite les instructions du garde des Sceaux. Dans sa réponse, la direction des Affaires criminelles et des Grâces invite « [...] à relever appel *a minima* de la décision intervenue dans cette affaire et [la] tenir informée ». Malheureusement, ce courrier n'explicite pas les raisons de cette instruction.

À travers ces différentes affaires, plusieurs éléments transparaissent comme importants dans le contrôle des décisions opéré par la Chancellerie. Un de ces facteurs semble être la qualité et la personnalité du prévenu. La direction des Affaires criminelles et des Grâces considère ainsi, comme les juridictions, que les prévenus déjà condamnés antérieurement doivent être plus lourdement sanctionnés mais que les plus jeunes ou les repentants peuvent bénéficier d'une certaine mansuétude. Un autre paramètre clé est, sans nul doute, l'impact des propos prononcés. Peuvent-ils être compris de la population ? Ont-ils un impact sur son moral ou sur l'ordre public ? Une réponse négative à une de ces questions entraîne une relaxe ou une peine réduite. Dans le cas contraire, la répression des délits est plus sévère. Si cela est visible dans les affaires que nous avons déjà pu évoquer, d'autres dossiers témoignent de ce qui est en réalité une généralité[23].

Les propos jugés alarmistes dans ces différentes affaires ont en commun de viser des abstractions et non pas une institution ou une personnalité de l'État français en particulier. Ces critiques ciblées ne cessent d'augmenter de l'automne 1940 à l'été 1941. Extrêmement nombreuses, elles sont poursuivies sous la terminologie d'outrage et violence à fonctionnaires[24]. Elles représentent un nombre d'affaires jugées beaucoup plus importantes que les propos alarmistes.

« L'offense au chef de l'État »

Dès le début du régime de Vichy, le gouvernement forge une image obsédante du chef de l'État. Le maréchal Pétain fait l'objet d'un véritable culte de la personnalité.

Très vite, le corpus répressif des outrages et violences à fonctionnaires est complété pour assurer une protection plus efficace du personnage central de l'État. Le nombre de prévenus présentés aux juridictions pour ce nouveau délit demeure toutefois sans commune mesure avec la répression des outrages et violences à fonctionnaires.

Le délit d'offense au chef de l'État et son ancêtre le crime de lèse-majesté ont une longue tradition juridique et judiciaire en France[25]. À l'été 1940, il est régi par les dispositions de l'article 26 de la loi du

29 juillet 1881 sur la liberté de la presse qui prévoient : « L'offense au président de la République [...] est punie d'un emprisonnement de trois mois à un an et d'une amende de 100 francs à 3 000 francs, ou de l'une de ces deux peines seulement[26]. » Ce délit est de la compétence de la cour d'assises.

Compte tenu des changements constitutionnels intervenus au mois de juillet 1940 (il n'y a plus de président de la République mais un chef de l'État), la terminologie conduit à rendre cette législation inapplicable. Vraisemblablement, les magistrats et policiers ont pu faire état tant d'une recrudescence des propos visant le chef de l'État que de la difficulté à les réprimer efficacement, car le 5 octobre 1940, le garde des Sceaux adresse au ministre secrétaire d'État à l'Intérieur, Marcel Peyrouton, un projet de loi visant à modifier les dispositions des articles 26, 45 et 60 de la loi du 29 juillet 1881 sur la liberté de la presse. La sanction de la peine est relevée en son maximum à deux ans d'emprisonnement, « le maximum actuel d'un an étant manifestement insuffisant dans les cas d'offenses graves[27] ». Ce nouveau délit est attribué au tribunal correctionnel. L'aversion de l'État français pour la cour d'assises et son jury populaire, jugé peu fiable et sûr, n'est sans doute pas étrangère à cette modification ancrée, qui plus est, dans une longue tradition de la répression politique.

Le projet ainsi présenté par le garde des Sceaux ne fait l'objet d'aucune modification et entre en vigueur le 10 octobre 1940[28]. Par une circulaire du 31 janvier 1941, le garde des Sceaux, par le biais du directeur des Affaires criminelles et des Grâces Henry Corvisy[29], transmet ses consignes répressives au titre de cette infraction aux différents procureurs généraux près les cours d'appel.

Deux axes forts en ressortent. Tout d'abord, la Chancellerie doit être informée de toute application de cette nouvelle législation. Ensuite, « le but est de rendre plus efficiente la répression de ce délit qui dans les circonstances présentes revêt un caractère de particulière gravité[30] ». Si cette circulaire vise avant tout à définir le *modus operandi* entre les parquets et la Chancellerie[31], elle permet surtout d'ancrer les enjeux de la répression de cette infraction dans l'esprit des procureurs généraux et de leurs subordonnés. Comme souvent, ce seront ceux les plus en adéquation avec l'esprit du nouveau régime et les plus répressifs qui seront les plus zélés dans cette lutte, avec de fortes disparités en fonction des ressorts des cours d'appel.

Face à des auteurs imaginatifs, la loi du 10 octobre 1940 se révèle avoir un usage limité, voire inefficient dans plusieurs cas. Ainsi, le 17 janvier 1941, Emilio Garcia, Espagnol naturalisé français, se trouve devant un débit de boissons à Mèze (Hérault). Il arrache une affiche reproduisant une allocution du maréchal Pétain qui s'y trouve placardée. Sans aucune parole, il la plie en quatre, ébauche le geste de la mettre dans sa poche et la rend au propriétaire. Le procureur général près la cour d'appel de Montpellier saisit la Chancellerie de cette affaire. D'un point de vue pénal, aucune poursuite ne paraît possible. L'offense au chef de l'État doit être faite par l'un des moyens énoncés dans les articles 23 et 26 de la loi du 29 juillet 1881 sur la liberté de la presse[32]. Pour la même raison, les décrets du 1er septembre 1939 et du 20 janvier 1940 réprimant les propos défaitistes ne peuvent trouver application car aucune parole n'a été prononcée. L'affaire est donc classée sans suite après information au préfet de l'Hérault pour lui permettre de prendre le cas échéant une mesure administrative[33]. Un autre dossier se rapportant à une affiche lacérée indiquant la venue du maréchal Pétain aboutit à un résultat identique.

La Chancellerie se saisit donc de cette question alors que le 21 avril 1941, le vice-président du Conseil, l'amiral Darlan, adresse au garde des Sceaux un projet de décret tendant à réprimer les délits d'injure et de diffamation contre le chef de l'État ou les ministres[34]. Il est demandé à la Chancellerie « de lui faire connaître si la législation actuelle ne permet pas déjà de répondre à l'objet visé par l'auteur du projet ». Ce dernier n'est autre que Charles Mathiot, un avocat honoraire du barreau de Paris. Il propose une refonte complète de la répression de cette infraction. Les différences les plus marquantes avec le régime alors en vigueur sont :

a) des sanctions alourdies (emprisonnement de dix jours à cinq ans et une amende entre 1 000 et 100 000 francs d'amende) ;
b) pas de sursis ;

c) l'action publique est imprescriptible et exercée par ordre du chef de l'État ;
d) compétence territoriale exclusive du tribunal correctionnel du lieu de résidence du chef de l'État ;
e) extension de ce régime aux offenses visant les ministres avec toutefois une possibilité d'application du sursis et une prescription.

En réponse à la demande du vice-président du conseil, le garde des Sceaux lui adresse une note sur le régime et la répression des outrages au chef de l'État établie postérieurement au 18 mai 1941. À cette date, la Chancellerie et plus particulièrement le secrétaire général du ministère de la Justice ont déjà pallié les difficultés posées par les auteurs de gestes offensants envers le chef de l'État. Georges Dayras propose ainsi d'ajouter un second alinéa à l'article 26 de la loi du 29 juillet 1881 sur la liberté de la presse : « Sera puni des mêmes peines, l'offense par gestes envers le chef de l'État lorsqu'elle aura été commise publiquement[35]. »

Ce texte est intégralement reproduit dans une loi du 18 mai 1941[36] qui permet aux tribunaux de réactiver une pratique répressive déjà existante sous la monarchie constitutionnelle et qui visait à cette époque à lutter contre ceux qui déchiraient le drapeau royal[37]. Si sur le fond le chef de l'État à qui le projet de loi a été soumis n'apporte aucune modification, il prend toutefois le soin de changer le titre de la loi qui de « loi réprimant l'offense commise par geste envers le Chef de l'État » devient « loi modifiant l'article 26 de la loi du 29 juillet 1881 relative au régime de la presse[38] ».

La Chancellerie se livre à un premier bilan des condamnations prononcées et en tire un portrait type de ce délinquant :

> À l'examen des dossiers des poursuites exercées, pour offenses au Chef de l'État, il apparaît que, dans la plupart des cas, les propos répréhensibles ont été tenus sous l'influence de la boisson, influence d'autant plus sensible qu'il s'agit souvent de gens peu intelligents, et quelquefois même anormaux. Bien souvent, les coupables, lorsqu'ils comparaissent devant le Magistrat instructeur, déclarent ne plus se souvenir des paroles qui leur sont reprochées. Certains même se

> prétendent incapables d'avoir tenu de semblables propos, assurent que leurs sentiments à l'égard du Maréchal Pétain ne correspondent nullement aux discours offensants que l'ivresse a pu leur faire prononcer et les renseignements recueillis sur leur compte, leurs antécédents, leur passé militaire parfois, donnent à penser qu'ils sont sincères. Les Tribunaux s'attachent, et de là provient la diversité de leurs décisions, à apprécier la gravité des faits en tenant compte non seulement des propos tenus et du trouble qu'ils ont pu occasionner, mais encore des antécédents des délinquants, de leurs sentiments réels et de leurs intentions véritables[39].

Ce constat reflète assez bien la réalité de la répression des outrages au chef de l'État dans le ressort de la cour d'appel de Paris. Il met en exergue une caractéristique essentielle de l'auteur de cette infraction, qui agit rarement en fonction d'une logique politique mais bien, comme dans le cas des outrages et violences à fonctionnaires, en réaction à un ordre social établi dans lequel il se sent perdu ou inadapté. Les magistrats répriment ainsi autant le trouble à l'ordre social que le caractère politique de l'infraction. Pour autant, et l'État français l'a bien compris, si c'est la personne du chef de l'État qui est visée, en réalité tout le régime dans son ensemble est atteint. C'est peut-être de ce danger que naît indirectement le caractère politique de cette infraction. Concrètement, les magistrats vont devoir choisir entre deux infractions très proches : propos alarmistes, défaitistes et de nature à exercer une influence fâcheuse sur l'esprit des populations ou l'offense au chef de l'État. Ils limitent le plus souvent ce dernier délit aux seules attaques visant personnellement le maréchal Pétain et non sa fonction. Dans sa manière d'orienter préalablement les affaires en retenant les délits les moins graves, le parquet, particulièrement interventionniste en ce domaine, fait bénéficier l'auteur présumé de l'infraction d'un régime plus favorable, notamment en matière de sanction.

Un parquet particulièrement interventionniste

Une étude plus détaillée de plusieurs dossiers est intéressante pour mieux comprendre la démarche du parquet et le cheminement répressif de cette infraction. L'affaire des époux Delobez est particulièrement représentative. Elle trouve son origine dans la transmission d'un dossier du préfet d'Eure-et-Loir au procureur de la République près le tribunal de Chartres qui ouvre une instruction. M. Delobez est le directeur de l'usine d'engrais chimiques de Voves (Eure-et-Loir). Il est connu des services de police comme ayant des opinions d'extrême gauche. Il a critiqué, comme son épouse, à plusieurs reprises et en public, le chef de l'État et son action en des termes fleuris, le traitant de « vieux gâteux » et de « fripouille », et estimant qu'« il nous menait à la ruine » et qu'« il nous livrait totalement aux Allemands[40] ». Le parquet estime ces faits constitutifs de l'infraction d'offense par gestes prévue par la loi du 18 mai 1941.

Le procureur de la République de Chartres n'est pas très à l'aise sur la qualification juridique des faits qu'il essaie de poursuivre par plusieurs biais, quand bien même certains sont vraisemblablement prescrits. Pourtant, il ne doute pas de l'issue de l'instruction puisqu'il envisage une possible détention provisoire qui pourrait être ordonnée par le juge d'instruction saisi de cette affaire.

Cette situation conduit à prouver *a minima* le caractère activiste du parquet sur des faits ressortant d'un outrage au chef de l'État, voire interventionniste auprès du juge d'instruction pour que les prévenus soient renvoyés devant le tribunal correctionnel de Chartres. Cela n'est guère surprenant eu égard aux différents courriers présents dans ce dossier qui démontrent un suivi tout particulier de la Chancellerie, et plus généralement de l'État français, pour ce type d'affaire. À réception du rapport du procureur général de Paris, la direction des Affaires criminelles et des Grâces le transmet au ministère de l'Intérieur et au cabinet civil du chef de l'État. Il en est de même lorsque l'information de la condamnation des époux Delobez à cinq mois d'emprisonnement et 500 francs d'amende est transmise à la Chancellerie. Cela est le cas pour chaque dossier réceptionné au ministère de la Justice, ce qui démontre l'importance de ce type d'affaires pour le pouvoir politique

Cette politique interventionniste du parquet transparaît dans une autre procédure ouverte à Pontoise le 10 septembre 1941 à l'encontre de Renée Godfroy épouse Chaix, Pierre Aubert et Eugène Houarner. Deux mois auparavant, Renée Chaix a porté sur un portrait du maréchal Pétain, format carte postale, une inscription constituée par les lettres en majuscule *V* et *H*. Elle l'a ensuite épinglé dans le bureau d'une de ses collègues de l'hôpital de Montfermeil. À la même époque, Eugène Houarner a dessiné sur un autre portrait du maréchal Pétain d'un format identique un petit chemin de fer tenu en laisse par le chef de l'État. Un chien levant la patte a été également été ajouté même s'il se défend d'en être l'auteur. Il a fixé ce portrait au mur du bureau de cette même employée. Pierre Aubert a, pour sa part, transformé en parapluie la canne tenue à la main par le maréchal Pétain sur cette dernière carte postale. Bien que les trois inculpés indiquent aux forces de l'ordre l'avoir fait dans le seul but de taquiner leur collègue dont les propos n'ont pas toujours été très français, ils sont placés sous mandat de dépôt le jour même[41]. À réception du compte rendu de ce dossier, la Chancellerie qualifie elle-même cette affaire d'« un peu ridicule ». Ils sont néanmoins condamnés par le tribunal correctionnel de Pontoise le 22 octobre 1941. Aucun appel n'ayant été interjeté, nous ignorons la teneur de leur peine.

Cet interventionnisme est parfois poussé à son extrême. Paul Melies, invalide du travail, est ainsi poursuivi pour outrage au chef de l'État et jugé par la douzième chambre correctionnelle du tribunal de la Seine le 22 avril 1941. Il est condamné à trois mois d'emprisonnement avec sursis et 50 francs d'amende. Le 25 janvier 1941, il s'est présenté à la mairie pour demander une carte d'aveugle, qui lui a été refusée. Devant ses récriminations, l'employé de mairie a indiqué qu'il ne faisait qu'appliquer les décrets du maréchal Pétain. Il s'est alors écrié : « Je me fiche des décrets du maréchal Pétain qui a capitulé devant l'ennemi[42]. » Le procureur de la République estime la condamnation prononcée insuffisante et relève immédiatement appel de cette décision. Cette initiative spontanée est extrêmement rare. Dans la quasi-totalité des cas où un appel paraît devoir être interjeté, le procureur de la République sollicite l'avis de son supérieur hiérarchique. Une telle prise d'initiative trouve sans nul doute son origine dans la circulaire du 31 janvier 1941 qui enjoint aux magistrats de faire preuve d'une sévérité accrue dans la répression de l'offense au chef de l'État. Dans son compte rendu à la Chancellerie, le procureur général ne peut qu'approuver l'initiative de son subordonné.

La dixième chambre correctionnelle de la cour d'appel de Paris porte la peine à dix mois d'emprisonnement avec sursis et maintient le montant de l'amende. Lorsqu'il informe le garde des Sceaux de la teneur de cette décision, Raoul Cavarroc se croit obligé de rappeler que l'appel a été interjeté par le ministère public, la peine alourdie et de justifier le sursis prononcé par la cour. Il rappelle notamment que Paul Melies est aveugle et qu'il doit être assisté obligatoirement d'une personne. Son comportement, qui révèle la crainte que la décision ne soit pas celle attendue, est symptomatique de l'état d'esprit instillé par la Chancellerie visant à une sévérité exemplaire dans la répression de ce délit.

Les mineurs ne font pas exception et sont également visés par la répression. Le 18 mars 1941, Noël Carlier, 17 ans, comparaît devant le tribunal pour enfants sous l'inculpation d'outrages[43] au chef de l'État. Le 4 janvier 1941, vers 20 heures, place de Clichy à Paris, il a crié à plusieurs reprises au moment où un détachement des troupes d'occupation traversait : « Vive de Gaulle. À bas Pétain. » Il a aussitôt été appréhendé par des gardiens de la paix qui ont assisté à la scène. Le tribunal pour enfants considère que Noël Carlier a agi avec discernement et le condamne à trois mois d'emprisonnement. Une nouvelle fois, le procureur de la République juge la peine insuffisante. Il préconise en conséquence d'interjeter appel de cette décision mais n'en prend toutefois pas l'initiative. Le procureur général se rallie à cette opinion et somme son subordonné de faire le nécessaire. Un dysfonctionnement semble avoir eu lieu puisque nous ne trouvons aucune trace d'un éventuel appel dans ce dossier ni de communication sur cette affaire à la Chancellerie[44].

Même s'il est difficile de définir une logique globale de l'activité répressive des tribunaux, les peines prononcées à l'encontre des auteurs d'outrages sont relativement mesurées tout au long de la période, n'excédant pas quelques mois d'emprisonnement. Ainsi, les tribunaux saisis ne retiennent pas de circonstances aggravantes à l'encontre des prévenus qui auraient pu être facilement admises en particulier eu égard à leur fonction[45]. Un gendarme qui a proféré les paroles « Pétain et Darlan ce qu'ils méritent, c'est douze balles dans la peau[46] » ne se voit infliger qu'une peine de huit mois d'emprisonnement par le tribunal correctionnel d'Épernay le 22 octobre 1941. Il est vrai qu'à l'audience le prévenu fait acte de repentance en indiquant que cette phrase a été prononcée dans un mouvement de colère au cours d'une discussion et ne reflète pas sa pensée. Il exprime par ailleurs des regrets. Pour le parquet, cette peine est estimée suffisante pour un délinquant qualifié de « primaire ».

De même, le 29 septembre 1941, la douzième chambre du tribunal correctionnel de la Seine condamne, à la suite d'une procédure de flagrant délit, Alfredine de Chanel, épouse Gauthier, âgée de 44 ans, à trois mois d'emprisonnement au titre de cette infraction accompagnée de celle d'outrages à agent. La veille, arrivant devant une boutique de produits italiens à Paris, elle refuse de se placer dans la file d'attente et ce en dépit des incitations des agents des forces de l'ordre. En réponse, elle insulte un des gardiens de la paix : « Vous êtes des cons, les flics, vous ne savez pas faire votre boulot. » Emmenée au commissariat, elle continue son invective : « D'ailleurs le chef de l'État, le Maréchal Pétain, est un vieux con, il est bon pour se torcher le cul aussi il a l'âge de crever. » Reconnaissant les faits devant les enquêteurs, elle exprime immédiatement ses regrets tout en précisant avoir prononcé les outrages à agent et offenses au chef de l'État sous l'empire de la colère[47]. Son repentir associé à un casier judiciaire vierge conduit le parquet à ne pas interjeter appel de cette peine, ce que la Chancellerie valide.

À l'inverse, dans quelques rares dossiers, les peines prononcées sont beaucoup plus lourdes. C'est en particulier le cas dans des affaires où l'offense au chef de l'État n'est qu'une des infractions retenues à l'encontre du prévenu. Jacques Duée est condamné à deux ans d'emprisonnement et 10 000 francs d'amende pour escroqueries et outrage au chef de l'État. Sans profession et sans domicile fixe, il logeait dans une chambre d'hôtel à Melun et se présentait comme prisonnier évadé. Au cours d'un dîner, une conversation s'est engagée sur la situation des prisonniers de guerre. Il y a critiqué ouvertement la politique du gouvernement en affirmant que « si les prisonniers n'étaient pas encore rentrés c'était de la faute du maréchal Pétain qui était un vieux salaud et un vieux corniaud ». Le commissaire de police de Melun a procédé à son arrestation. Le parquet a immédiatement ouvert une information pour outrage au chef de l'État et escroqueries[48]. Il est condamné le 5 mai 1942, par le tribunal correctionnel de Melun. Si les motifs de cette décision demeurent inconnus, il semble certain que la peine d'emprisonnement prononcée ait été prise globalement pour l'ensemble des infractions et non pas sur la seule base du délit d'offense au chef de l'État.

Cette affaire, dont la temporalité dépasse l'été 1941, est intéressante en ce qu'elle met en exergue deux caractéristiques de l'évolution des délits d'opinion à partir de l'automne 1941 : un nombre d'affaires moindre mais une répression accrue. Le contexte a, il est vrai, changé dans l'intervalle. Les oppositions politiques sont alors beaucoup plus importantes et font l'objet d'une répression plus sévère et exemplaire que celle observée lors de la période courant de l'automne 1940 à l'été 1941, date à laquelle tout bascule.

CHAPITRE 5

Les débuts des oppositions politiques et leur réponse répressive

Automne 1940-été 1941

En dépit de quelques coups d'éclat, il faut attendre l'été 1941 et les premiers attentats communistes pour que les opposants au régime apparaissent au grand jour. Pourtant, ils n'attendent pas cette période pour s'organiser et poursuivre une activité politique. Le cadre répressif hérité de la législation mise en place à l'entrée en guerre et pendant la « drôle de guerre » permet de les sanctionner judiciairement et d'éviter ainsi tout développement important des dissidences au nouveau régime et à l'occupant. Les sympathisants du Parti communiste dissous sont les premiers visés.

Pour autant, le contexte particulier issu de la défaite, associé à un positionnement politique peu clair du parti dissous en raison du pacte germano-soviétique, semble conduire les magistrats à une certaine retenue, et ce d'autant plus que la portée de l'activité communiste demeure limitée. Cela n'est pas sans causer des tiraillements entre Intérieur et Justice. L'action communiste se matérialise le plus souvent par des faits de propagande. Comme pour les délits d'opinion, les magistrats, livrés à eux-mêmes en dépit cette fois d'une intervention accrue de la Chancellerie, élaborent et mettent en place progressivement des schémas qui seront à la base de l'appareil répressif de Vichy.

À cette époque, les tribunaux disposent encore d'une marge de manœuvre importante dans la construction de l'édifice judiciaire répressif de la propagande communiste en adaptant le décret du 26 septembre 1939 à son nouveau contexte. En définitive, les magistrats ne font que poursuivre leur logique d'avant 1939 et du temps de la guerre, à savoir maintenir l'ordre public. Poussée à l'extrême, celle-ci conduira pour partie à la compromission de magistrats dans les juridictions d'exception à venir.

L'opposition communiste n'est toutefois pas la seule à être poursuivie. D'autres dissidences apparaissent sous l'impulsion des Anglais et des gaullistes. Par ailleurs, dans un contexte économique et social difficile pour de nombreux habitants de Paris et de la région parisienne qui peinent à s'approvisionner, des manifestations de femmes en colère, souvent en lien avec le Parti communiste dissous, ont lieu. Même si cela demeure très rare, le tribunal de la Seine connaît également des affaires impliquant des collaborationnistes. Bien qu'anecdotiques, ces dossiers mettent en lumière la multiplicité des oppositions politiques à laquelle les juridictions du ressort de la cour d'appel de Paris doivent faire face entre l'automne 1940 et l'été 1941.

Les communistes, ennemis numéro 1

Le contexte de l'entrée en guerre et de la « drôle de guerre », où la lutte contre les communistes apparaît pour les magistrats comme servant un impératif de défense nationale, n'est plus. L'institution judiciaire se situe ainsi entre deux tendances contraires. D'un côté, les rapports ont toujours été tumultueux entre communisme et justice en France, notamment à partir de la fin du XIXe siècle. Les magistrats ont souvent fait l'amalgame entre communisme et anarchisme, dont la répression doit être la plus sévère possible pour défendre les fondements mêmes de l'État et assurer sa sauvegarde. De l'autre côté, l'armistice ouvre une période, plus particulièrement en zone occupée, où les autorités d'occupation tolèrent les communistes. L'activité répressive des juridictions du ressort de la cour d'appel dans ce domaine semble donc osciller ; elle est même au cours de l'automne 1940 et au début de l'hiver 1940 presque insignifiante et empreinte d'une grande clémence, conduisant à l'intervention de la Chancellerie et du ministère de l'Intérieur.

Dès ses premières heures, l'État français et en particulier le maréchal Pétain manifestent une aversion viscérale pour le communisme et pour ses partisans[1]. Il existe dans les archives du ministère de la Justice plusieurs projets visant à modifier les dispositions du décret-loi du 26 septembre 1939[2] en vue d'amplifier la répression à leur égard. S'il est impossible de déterminer, avec certitude, l'auteur et la date de sa conception, une piste peut être privilégiée.

Par dépêche du 27 février 1941, l'amiral Darlan, ès qualités de ministre secrétaire d'État à l'Intérieur, sollicite du garde des Sceaux qu'il élève la quotité des peines au titre de plusieurs infractions, dont le décret-loi du 26 septembre 1939, afin de combattre la propagande communiste « qui a pour but de troubler l'ordre public et de porter atteinte à la sûreté de l'État[3] ». Par ailleurs, il estime que les juges ne devraient pouvoir accorder le bénéfice du sursis aux individus condamnés à une peine d'emprisonnement au titre des décrets visant les menées communistes. En outre, il propose aux tribunaux la faculté d'élever le maximum de la peine, jusqu'à le doubler, pour les chefs responsables des organisations communistes clandestines régionales ainsi que pour les militants s'étant rendus coupables de propagande dans l'armée, de menées visant à l'insurrection, de détention de matériels d'imprimerie et d'impression de tracts ou trouvés dépositaires de stocks d'armes. Le garde des Sceaux considère qu'il serait possible de doubler le minimum encouru.

Juridiquement, il n'est pas possible d'aller au-delà, l'échelle des peines en matière correctionnelle s'arrêtant en l'état de la législation à dix années d'emprisonnement. S'agissant des qualifications susceptibles d'être retenues contre des individus inculpés de propagande communiste, le garde des Sceaux pense que la détention pure et simple peut être réprimée de manière autonome et que l'octroi du sursis peut également faire l'objet d'une suppression. Nous ignorons les suites exactes apportées à cet échange mais de nombreux projets et échanges entre la Chancellerie et le ministère de l'Intérieur s'ensuivent et la plupart des propositions sont actées.

Les principales modifications concernent, comme cela avait été suggéré par l'Intérieur, la sanction. Le minimum d'emprisonnement est porté à deux ans au lieu d'un an. Si le délit est commis par le chef d'une organisation communiste clandestine, la peine est élevée au minimum à cinq années et jusqu'à dix années. L'infraction est également modifiée pour inclure expressément la détention de tracts en vue ou non d'une distribution. Le projet du nouveau texte inclut par ailleurs une disposition visant à prévenir la propagande communiste dans l'armée. Une peine d'amende est également prévue pour les détenteurs d'un matériel d'impression visant à permettre la reproduction de tracts et autres matériels de propagande communiste. Ces modifications visent principalement à adapter le texte du décret-loi aux réalités auxquelles a dû faire face la répression judiciaire dans les premiers temps de son application. C'est dans ce contexte qu'est adoptée plus tardivement la loi du 31 décembre 1941. L'infraction vise dorénavant la « détention de mauvaise foi[4] » de matériel de propagande communiste, dont la preuve est plus facile à apporter et facilite de ce fait la répression de l'activité communiste sous toutes ses formes.

Cependant, à l'automne 1940, les magistrats semblent avoir des difficultés à se positionner. La situation est en effet paradoxale. Les communistes sont présents de longue date dans les prétoires, où ils sont particulièrement malmenés par l'institution judiciaire. Mais l'armistice modifie la situation. D'ennemi menaçant la sécurité nationale, les communistes sont désormais tolérés par les autorités d'occupation compte tenu du pacte germano-soviétique. La répression est donc relativement clémente et attentiste, et ce d'autant plus que les affaires les plus graves ont été sanctionnées par la justice militaire avant la défaite. Cette situation n'est absolument pas du goût de la Chancellerie qui réagit dès le 22 octobre 1940. À cette date, une circulaire du garde des Sceaux est adressée à tous les procureurs généraux des cours d'appel. Il y est fait état d'une situation alarmante à l'égard de la répression contre les communistes.

Le ministère de la Justice appelle bien évidemment à y mettre fin et ajoute qu'« il appartient aux tribunaux de sévir contre les coupables avec la plus extrême vigueur, en ayant soin, d'ailleurs de distinguer entre les meneurs et les autres ». Il regrette que « quelques décisions déjà intervenues ont fait preuve d'une indulgence regrettable ; il ne doit plus y avoir de nouvelles exceptions à la règle de fermeté qui s'impose en pareille matière ». Il rappelle globalement à l'ordre le parquet en sollicitant qu'il requiert avec la plus grande fermeté l'application des peines prévues par le décret-loi du 26 septembre 1939 et sermonne les procureurs généraux pour qu'ils insistent auprès de leurs subordonnés sur « l'importance capitale qui s'attache à ce que les poursuites, fondées sur le décret-loi précité, soient exercées avec le maximum de célérité et d'énergie ».

La suite de cette circulaire fixe le *modus operandi* des parquetiers s'agissant de la répression anticommuniste. Elle contient en germe les principes directeurs de la législation d'exception à venir dans ce domaine. Les flagrants délits doivent être déférés au tribunal sans délai. Si une instruction est rendue nécessaire, le parquet doit veiller de la même manière à ce que la procédure soit la plus rapide possible. La Chancellerie exige également un contrôle des plus vigilants des chefs de parquet dans la détection et la recherche des infractions au décret-loi du 26 septembre 1939, dans leurs ressorts respectifs. Le garde des Sceaux rappelle enfin qu'il incombe au ministère public d'interjeter appel de tout jugement rendu « paraissant empreint d'une indulgence inadmissible », ce qui constitue un moyen de pression évident sur les juges du siège. Les parquets généraux sont quant à eux tenus de « rendre compte de la façon dont la répression de ces infractions sera exercée afin d'apprécier la fermeté de chacun[5] ».

Une répression judiciaire hésitante

Dans un premier temps, le ministère de la Justice, et plus particulièrement la direction des Affaires criminelles et des Grâces, semble laisser l'initiative au parquet général[6]. Dans son rapport au garde des Sceaux en date du 18 octobre 1940, le procureur général rend compte de plusieurs condamnations à une peine de six mois d'emprisonnement prononcées contre des prévenus arrêtés en flagrant délit de distribution de tracts communistes[7]. La sanction est jugée suffisante tant par le procureur de la République que par ce haut magistrat.

Toutefois, et de manière assez rapide, la Chancellerie va opérer un véritable contrôle sur les décisions rendues et ne va pas se priver d'utiliser la possibilité d'interjeter appel des décisions qui lui déplaisent, et ce même contre l'avis du parquet général près la cour d'appel de Paris.

William Vallad est condamné le 24 juillet 1941 par la quatorzième chambre correctionnelle du tribunal de la Seine à trois mois d'emprisonnement pour activité communiste[8]. Il a organisé une quête pour venir en aide aux individus condamnés pour activité communiste et qui purgent alors leur peine, et il a recueilli 10 francs. La Chancellerie sollicite du parquet général qu'il interjette appel le 20 août. Le procureur général s'y oppose, prétextant des difficultés légales. Il est vrai que, entre-temps, une juridiction d'exception a été créée par une loi du 14 août 1941 : les sections spéciales près des cours d'appel, chargées de réprimer l'activité communiste et anarchiste. L'article 10 de la loi pose des difficultés d'interprétation. Il prévoit que les juridictions d'instruction et de jugement sont dessaisies de plein droit pour des faits en lien avec la répression des activités communistes au profit des sections spéciales, qui sont également compétentes sur les oppositions et les jugements rendus par défaut. Cette disposition règle le sort des affaires en cours mais pas de celles déjà jugées sur lesquelles aucune précision n'existe, à l'exception des oppositions et jugements par défaut.

Au-delà de cette question purement juridique, la réponse du procureur général est empreinte d'un certain agacement à l'égard de cette législation nouvelle mise en place sans la moindre concertation avec les parquets généraux, qui sont dépossédés de tout pouvoir à l'égard du parquet des sections spéciales, celui-ci ne rendant compte qu'à la Chancellerie. Cette dernière confirme néanmoins ses instructions, considérant en définitive que, une fois saisie, la cour d'appel de Paris pourra soit se déclarer incompétente et se dessaisir au profit de la section spéciale, soit juger à nouveau ce dossier. Le procureur général interjette appel.

La cour statue le 28 octobre 1941 et considère « [...] dans ces conditions que dès la promulgation de la loi, la juridiction d'appel n'étant plus compétente pour connaître les infractions de cette nature, le procureur général ne disposait plus du droit que lui donne l'article deux cent cinq du Code d'instruction criminelle.

« Considérant en conséquence que la Cour doit constater en l'espèce l'inefficacité de l'appel et le déclarer irrecevable en laissant le soin au Ministère public le soin de se pourvoir ainsi qu'il conviendra[9] ».

La Chancellerie et notamment son représentant dans la capitale s'interrogent dès lors sur la saisine de la section spéciale de la cour d'appel de Paris. Il conclut que la décision du tribunal de la Seine a acquis son caractère définitif et que rien ne peut plus être entrepris.

L'interventionnisme de la Chancellerie dans des affaires de ce type ne doit cependant pas masquer une réalité bien différente. Son influence est limitée s'agissant des juges, qui demeurent libres dans une certaine mesure de déterminer le niveau de la peine prononcée. Elle n'a en définitive que peu de moyens de pression sur ces magistrats, en particulier chez les présidents et conseillers de la cour d'appel dont le plus grand nombre est en fin de carrière. Cela explique sans doute pourquoi en 1940-1941 près de 60 % des jugements de première instance sont confirmés[10]. Sur les 296 affaires liées à de la propagande communiste relevées dans les rôles correctionnels sur cette période, le taux de confirmation est similaire, ce qui permet de conclure qu'il n'existe pas de différence entre cette infraction politique et tous les délits réunis, y compris ceux de droit commun. Quelles raisons poussent la cour d'appel de Paris à infirmer* telle ou telle décision ? Ces aménagements sont le plus souvent dus soit à des qualifications juridiques des faits incertaines, soit, et c'est le cas le plus fréquent, à une prise en compte accrue de la personnalité du prévenu.

À titre d'illustration, le 12 avril 1941, le tribunal pour enfants (quinzième chambre correctionnelle) du tribunal de la Seine juge plusieurs mineurs (René Léon Bougon, André Lenoble, son frère Lucien Lenoble, Jean Evezard, André Mechaussie et son frère Lucien Mechaussie) et un majeur (René Bougon). Les frères Mechaussie et Lenoble sont poursuivis pour avoir placardé à Montreuil des pancartes communistes qu'ils avaient rédigées. Jean Evezard nie toute participation à cette installation, René Bougon père et fils contestent avoir participé à leur réalisation et ce bien qu'ils soient mis en cause par les frères Lenoble. Le tribunal les juge comme ayant agi avec discernement. Il condamne Lucien Lenoble et André Mechaussie, les deux frères plus âgés, ainsi que René Bougon père et fils à huit mois d'emprisonnement, André Lenoble à six mois d'emprisonnement et Jean Evezard et Lucien Mechaussie à trois mois d'emprisonnement chacun. Pour le procureur de la République, ce jugement n'appelle « [...] aucune observation particulière, le Tribunal me paraissant avoir, en l'espèce, exactement apprécié les faits et justement appliqué la loi[11] ». Les condamnés interjettent appel, compte tenu des sanctions qui ont été prononcées à leur encontre. Le 24 juin 1941, la dixième chambre correctionnelle de la cour d'appel de Paris statue à son tour et confirme les peines prononcées contre André et Lucien Mechaussie, André et Lucien Lenoble et René Bougon fils. Elle relaxe Jean Evezard et René Bougon père en estimant qu'il n'existe pas de fait précis à leur égard.

Cette affaire permet de mieux comprendre l'évolution qui s'opère, entre l'automne 1940 et l'été 1941, dans la logique répressive souhaitée par le ministère de la Justice et le traitement de ces affaires par les juridictions du ressort de la cour d'appel de Paris. Même si les peines prononcées paraissent plus sévères en fin de période qu'au début, elles demeurent toutefois relativement mesurées, en particulier avec le recours au sursis. Son usage est particulièrement surveillé par la Chancellerie mais également par le ministère de l'Intérieur.

Les relations sont tendues entre le ministère de la Justice et celui de l'Intérieur, notamment en matière d'activité et de propagande communistes où la collaboration entre ces deux institutions doit être efficace pour permettre une répression la plus efficiente possible. La Chancellerie, plus particulièrement le magistrat chargé de la direction des services du ministère de la Justice à Paris et les services de l'administration pénitentiaire, communique à cette fin les éventuels non-lieux prononcés et les fins de peine pour permettre le cas échéant au ministère de l'Intérieur de mettre en place des mesures d'internements administratifs.

À certaines périodes, les relations se tendent, notamment lorsque les forces de police ont le sentiment que l'institution judiciaire n'assure pas le niveau de répression et une sévérité aussi importante qu'elles ne l'attendent. Si ces motifs d'énervement apparaissent quelques fois au détour d'un dossier, ils ne sont que rarement exprimés. Certaines affaires conduisent toutefois les préfets à présenter des plaintes auprès de leur ministre à l'encontre de l'attitude de telle ou telle juridiction, de l'institution tout entière ou de difficultés répressives compte tenu de la législation en place[12]. Cela est particulièrement visible à l'été 1941, avec la perception par les autorités d'une montée en puissance de l'activité communiste et de la nécessité de l'endiguer. Au sein du ministère de l'Intérieur, l'idée qui prédomine est de mettre en place une répression plus importante et plus efficace de l'institution judiciaire à l'égard des communistes. Au contraire, le ministère de la Justice fait preuve d'une certaine retenue. Cette dichotomie, peut-être plus abstraite qu'il n'y paraît concernant les ministres, est visible au moment de l'élaboration de la loi du 14 août 1941.

La propagande, cible privilégiée de la répression

Dans le ressort de la cour d'appel de Paris, le vocable « activité communiste » correspond de manière quasi exclusive à des faits de propagande. La douzième chambre correctionnelle du tribunal de la Seine opère d'ailleurs elle-même une certaine distinction. En fonction de la nature des faits visés, les magistrats mentionnent dans les jugements, sous la désignation des parties, comme motif d'infraction soit « propagande communiste », soit « activité communiste ». Toutefois, le plus souvent, il est simplement mentionné « décret du 26 septembre 1939 ». L'activité communiste hors propagande n'est retenue que dans un nombre extrêmement réduit d'affaires (entre 1 et 2 % du nombre total des prévenus).

La situation est toutefois un peu différente entre les juridictions de la zone occupée et celles de la cour d'appel de Paris sur ce point. La section spéciale de la cour d'appel de Paris absorbe, à partir de sa création, l'intégralité des infractions communistes dans le ressort de la cour d'appel de Paris. En zone occupée, ce n'est pas le cas, certaines juridictions ordinaires continuant à intervenir dans ce type d'affaires. Cela explique pourquoi le nombre de prévenus et de condamnés diminue mais ne disparaît pas totalement.

Si ces données à l'échelle du nombre de prévenus et de condamnés sont intéressantes pour établir des grandes tendances, elles sont néanmoins imparfaites en ce sens où une affaire impliquant de nombreux prévenus et condamnés peut les fausser. À ce niveau, la répression communiste par les juridictions de la zone occupée apparaît relativement constante de décembre 1940 à juillet 1941. Dans le ressort de la cour d'appel de Paris, la tendance est similaire, à une exception près. Une baisse importante du nombre d'affaires apparaît dès juin 1941, ce qui coïncide peu ou prou avec le début de la montée en puissance des tribunaux militaires allemands[13] puis avec la mise en place de la section spéciale en août. Cela conduit, à compter de cette date, à une perte d'influence des juridictions de la cour d'appel de Paris dans le traitement des affaires communistes à l'échelle de la zone occupée.

À l'exception du mois d'avril 1941, le nombre de dossiers en lien avec le parti dissous jugés dans le ressort de la cour d'appel de Paris représente plus de 82 % de ceux traités à l'échelle de la zone occupée et presque la totalité au mois de novembre 1940 et en janvier 1941. Cela peut notamment s'expliquer par la forte présence du Parti communiste en région parisienne, avec un ancrage dans de nombreuses communes du département de la Seine.

Le parquet de la Seine semble être particulièrement sensible à organiser la lutte la plus efficace qui soit contre cette propagande communiste qui ne cesse de croître et qui devient une réelle inquiétude du pouvoir. Une information est ainsi ouverte à chaque saisie de tracts ou actes de propagande constatés par les forces de l'ordre. Celle-ci débouche le plus souvent sur un renvoi devant le tribunal correctionnel. Bien que dépendant du nombre d'affaires et de leur qualité, les ordonnances de non-lieu à l'issue d'une instruction demeurent faibles (entre zéro et une dizaine au sein du tribunal correctionnel de la Seine sur les mois de septembre et décembre 1940 ainsi que mars, juin et septembre 1941[14]). Les affaires soumises aux juridictions de la cour d'appel de Paris concernent tous types d'auteurs, qu'ils soient de sexe masculin ou féminin (même si les femmes sont largement sous-représentées avec une moyenne d'environ 20 % des prévenus[15]), mais également qu'ils soient majeurs ou mineurs.

Au cours de cette période, les moins de 21 ans ne représentent toutefois qu'une faible part des prévenus et condamnés. Ils bénéficient également d'un taux d'acquittement beaucoup plus important. Plus le nombre d'affaires impliquant des mineurs est élevé, plus ce taux est haut. Cela conduit à penser que ces dossiers sont de moindre qualité et donc de manière corrélative les condamnations décroissent. Il convient dès lors de s'interroger sur les raisons du nombre de dossiers d'activités communistes impliquant des mineurs. Cela est-il dû à un nombre important de jeunes militants/sympathisants actifs ? Au contraire, est-ce une répression plus ciblée des forces de l'ordre à leur égard ? Il est difficile sur la base de la seule activité judiciaire de répondre à ces questionnements.

Une seule certitude transparaît des jugements et des rapports établis par le parquet de la Seine et par le parquet général près la cour d'appel de Paris, c'est la jeunesse des prévenus communistes. Leur âge moyen sur l'échantillonnage réalisé au sein du tribunal correctionnel de la Seine est de 30 ans environ. La justice des mineurs offre également plus de marge de manœuvre aux magistrats en ce sens où le préalable à une éventuelle condamnation est de vérifier le discernement du mineur. Si celui-ci est inexistant, aucune peine n'est prononcée en matière d'activité communiste. L'adolescent est remis à ses parents ou à toute autre institution. Dans le cas contraire, la juridiction peut entrer en voie de condamnation, ce qui reste rare.

Dans une très large part, les infractions déférées aux juridictions de la cour d'appel de Paris et en particulier au tribunal correctionnel de la Seine sont relatives à des distributions de tracts ou à leur détention. Ainsi, le 30 mai 1941, la quinzième chambre correctionnelle du tribunal de la Seine juge 26 prévenus pour propagande communiste. Entre décembre 1940 et janvier 1941, les services de police constatent qu'une active propagande communiste a lieu dans le XIIe arrondissement de Paris. Les forces de l'ordre décident plus particulièrement de surveiller étroitement Raymond Pelletier, qui reçoit à son domicile de nombreux individus. Au cours de l'enquête et de l'instruction, il s'avère que ce dernier est en réalité responsable d'une cellule communiste avec un certain Fernand Nottin. À leur domicile sont retrouvés de nombreux documents utiles à l'organisation de cette propagande[16]. Le premier est condamné à deux ans d'emprisonnement et 100 francs d'amende. La procédure est disjointe s'agissant de Fernand Nottin qui est détenu par les autorités d'occupation. Les surveillances de ces deux individus conduisent à l'arrestation de Roger Rousseau. Celui-ci tenait clandestinement dans une chambre d'hôtel des réunions secrètes auxquelles prenaient part activement les frères Hilaire et Robert Pothier et Henri Quillet. Roger Rousseau était chargé de la collecte des fonds auprès des militants. Une perquisition effectuée à son domicile a également permis de découvrir de nombreux tracts. Il est condamné à dix-huit mois d'emprisonnement et 100 francs d'amende. Les autres participants sont respectivement condamnés à : dix mois d'emprisonnement et 100 francs d'amende pour Hilaire Pothier ; un an d'emprisonnement et 100 francs d'amende pour Robert Pothier ; six mois d'emprisonnement du fait d'une participation moindre pour Henri Quillet.

Les prévenus arrêtés dans ces affaires appartiennent à tous types de milieux, notamment ouvrier[17], syndicaliste[18] mais aussi médical[19] ou encore ferroviaire[20]. Ils agissent en groupes[21] mais aussi en solitaire. Ainsi, Charles Desirat est arrêté près de la station du métro Solférino le 12 janvier 1941 alors qu'il s'entretient dans la rue avec des délégués des comités populaires féminins qui se rendent au ministère de la Guerre. Il est aussitôt fouillé et trouvé porteur d'un carnet, de papiers avec des adresses et d'un plan de propagande en faveur des emprisonnés politiques. À son domicile, une brochure « liste noire » des traîtres au parti est également découverte. Une perquisition a par ailleurs lieu chez sa mère, qui amène à la saisie de papier blanc, d'un cachet, d'un tampon et d'une liste de prisonniers politiques. Devant les enquêteurs, il reconnaît avoir appartenu au Parti communiste. Il est renvoyé devant le tribunal correctionnel de la Seine. La douzième chambre le condamne le 24 février 1941 à dix-huit mois d'emprisonnement. Cette peine s'explique notamment par son comportement à l'audience où il se glorifie de conserver ses idées communistes. Il prétend également que son action a pour but de venir en aide aux familles des prisonniers politiques et de faire cesser la répression[22].

La propagande s'affiche aussi à la craie sur les murs. Le 26 novembre 1940, Charles Lewi est condamné par le tribunal pour enfants de la Seine à huit jours d'emprisonnement avec sursis. Le 2 octobre précédent, vers 23 h 40, deux agents de police aperçoivent deux individus qui profitent de l'obscurité pour tracer à la craie sur les murs de l'église Saint-Joseph-des-Nations (Paris XIe) cinq ou six faucilles et marteaux entrelacés ainsi que plusieurs inscriptions « Libérez Lozeray, Vice Thorez, Vive Staline ». Si l'un d'eux prend la fuite, Charles Lewi, de nationalité polonaise, est appréhendé. Il porte sur lui deux morceaux de craie et a les doigts blanchis. Il reconnaît immédiatement les faits tout en prétendant ne pas connaître son camarade. Il se présente comme sympathisant communiste mais affirme ne pas être membre du parti. Les renseignements recueillis sur lui sont favorables et sa mère paraît être en mesure d'en assumer la garde selon les enquêteurs. Cela justifie la modération de la peine infligée compte tenu de la minorité du prévenu mais également de l'importance toute relative des faits commis[23].

Au-delà des difficultés juridiques et matérielles qui peuvent subsister, les magistrats du parquet et du siège doivent aussi composer avec les dispositions du décret-loi du 26 septembre 1939 qui s'avèrent dans certains cas difficilement applicables, comme dans celui de la détention de matériel de propagande communiste. Si ce fait tombe également sous le coup de ce texte, c'est toutefois à la condition très vague que le détenteur de ce matériel ait l'intention de le diffuser. Il appartient donc aux magistrats du siège et du parquet de vérifier les conditions d'application de ce texte et d'en définir les contours concrets pour ce type de faits.

Ce point est d'ailleurs celui qui conduit principalement le parquet à requérir des non-lieux à l'issue des instructions. À titre d'illustration, Elia Zysman est arrêté le 1er avril 1941 au moment où il vend des gants de peau aux soldats allemands. Il est trouvé porteur de deux tracts communistes. Il déclare aux enquêteurs les avoir ramassés pour emballer ses marchandises. La perquisition de son domicile ne conduit pas à de nouvelle découverte si ce n'est des marchandises contingentées non déclarées. L'instruction ne permet pas d'établir qu'il s'est livré à une quelconque distribution, une ordonnance de non-lieu est donc rendue sur réquisitions conformes du parquet de la Seine et du parquet général près la cour d'appel de Paris[24]. Cette vérification est également effectuée par les juridictions de jugement[25].

Une autre problématique juridique se pose par ailleurs aux magistrats de la cour d'appel de Paris dans l'application des dispositions de ce texte. Elle trouve son origine dans le contexte politique à l'égard des communistes qui s'avère relativement fluctuant au cours de cette période. C'est ainsi que certains prévenus, *via* leurs avocats, n'hésitent pas à recourir à des arguments juridiques pour s'opposer à l'application des dispositions du décret-loi du 26 septembre 1939 compte tenu du contexte de l'armistice. Ainsi, dans le dossier Pierre Bougon, René Bougon, André Lenoble, Lucien Lenoble, André Mechaussie, Lucien Mechaussie et Jean Evezard déjà évoqué, l'avocat de ce dernier remet des conclusions au président de la dixième chambre correctionnelle de la cour d'appel de Paris. Celles-ci tendent à affirmer que le décret du 26 septembre 1939 est tacitement abrogé, « [...] l'ordre des choses pour lequel il avait été promulgué ayant cessé d'exister par le fait de l'entrée en guerre de l'URSS contre l'Allemagne ». L'audience se tient en juin 1941, postérieurement au déclenchement de l'opération *Barbarossa* le 22 juin.

Le président de la chambre et l'avocat général présent à l'audience décident de s'opposer au développement de ces écritures « [...] estimant qu'il aurait inutilement passionné le débat par la discussion d'éléments étrangers à la cause, et ils l'ont invité à limiter sa plaidoirie aux faits retenus par l'inculpation[26] ». Cela est également une manière de refuser le débat dont les conséquences feraient peser, en cas de décision favorable de la cour sur ce point, un risque pour toutes les procédures non encore définitivement jugées à la fin juin 1941. Il est certain que ces deux magistrats n'ont pas voulu encourir un tel risque. Dans son rapport au garde des Sceaux, le procureur général approuve leur décision, considérant que dans les faits le décret du 26 septembre 1939 n'est pas abrogé. Il ajoute que dans la majorité des cas, si ce texte venait à être abrogé, cela ne modifierait pas la répression de ces actes de propagande communiste. Ceux-ci pourraient être poursuivis sur le fondement des décrets des 1er septembre 1939 et 20 janvier 1940, base de la répression des délits d'opinion. Le magistrat chargé de la direction des services du ministère de la Justice à Paris transmet ce rapport au garde des Sceaux à Vichy avec une copie de ces conclusions.

La seule réaction de la direction des Affaires criminelles et des Grâces est de classer le dossier et d'attendre l'arrêt rendu par la cour d'appel de Paris. Même sans se fonder sur cette difficulté juridique, la dixième chambre correctionnelle de la cour d'appel de Paris infirme la condamnation de Jean Evezard à trois mois d'emprisonnement et le relaxe. Certes, sa participation était discutée (ses coïnculpés s'étant rétractés de leurs aveux affirmant sa participation) mais il ne fait pas de doute que les conclusions déposées par son avocat ont pu jouer un rôle dans cette décision.

Cette relative autonomie des magistrats se retrouve dans la gradation des peines prononcées. À titre préliminaire, il convient de signaler que le taux de condamnation des prévenus jugés pour activité communiste est extrêmement élevé. À l'échelle de la zone occupée, il s'élève à 89 %. Dans le ressort de la cour d'appel de Paris, il est même de 90 %. À titre de comparaison toutes infractions confondues, il est de 87,9 % en moyenne pour tous les tribunaux correctionnels français au cours de cette période[27] et de 87,4 % au sein de la cour d'appel de Paris[28].

S'agissant de la question de la sévérité, trois sous-périodes peuvent être définies entre septembre 1940 et septembre 1941. À la suite de l'été 1940, les tribunaux correctionnels de la zone occupée et du ressort de la cour d'appel de Paris sont relativement cléments au cours des mois de septembre et d'octobre 1940. Les peines d'emprisonnement prononcées sont faibles, ne dépassant que rarement quelques mois et étant le plus souvent assorties d'un sursis. À la suite de la circulaire du garde des Sceaux en date du 22 octobre 1940, l'usage du sursis est plus parcimonieux et la teneur des peines est plus importante, avec des condamnations plus nombreuses de prévenus à des peines d'emprisonnement supérieures à un an. Enfin, à partir du mois de mars 1941, la sévérité s'accroît significativement avec un plus grand nombre de ce type de peines, en valeur tout d'abord puis, à compter de mai 1941, en pourcentage du nombre total des condamnations pour activité communiste. Elles constituent même les trois quarts des peines en septembre 1941, le contexte répressif ayant totalement changé.

La propagande anglaise, source d'attention particulière

Les faits de propagande anglaise et gaulliste sont peu nombreux et ne font d'ailleurs l'objet d'aucune sous-catégorie dans les statistiques établies tant à l'échelle centrale de la Chancellerie qu'à celle de la première présidence et du parquet général près la cour d'appel de Paris. Ces affaires ne vont toutefois pas sans difficulté dans leur appréhension par les magistrats qui doivent les juger. Il s'agit en effet des premiers contacts entre l'institution judiciaire et la future Résistance, constituant ainsi des faits et des actions totalement inédites à juger.

De façon assez analogue avec la répression de la propagande communiste, les juridictions du ressort de la cour d'appel ont à connaître d'affaires de propagande anglaise sur le fondement du décret-loi du 24 juin 1939[29]. Celui-ci vise à l'origine une lutte contre la propagande d'origine étrangère, jusqu'alors pas incriminée, et ce dans un but d'intérêt d'ordre public et de défense nationale. L'État français le détourne de cette finalité pour s'en servir dans sa lutte contre les premiers opposants politiques.

Dans plusieurs affaires, il semble difficile pour les parquets de faire la distinction entre propagande étrangère anglaise ou gaulliste, l'infraction justifiant les poursuites étant la même, à savoir le décret-loi du 24 juin 1939. La qualification juridique des faits s'avère de ce fait difficile, même si en pratique cela n'a pas énormément de conséquences s'agissant d'une infraction identique. Toutefois, l'homogénéité de la répression politique des juridictions du ressort interroge. Il n'en existe aucune, les magistrats étant livrés à eux-mêmes dans ce type d'affaires.

Le 11 août 1941, le parquet de Pontoise ouvre une information contre X du chef de propagande gaulliste. Cette affaire trouve son origine dans un tract adressé au secrétaire d'État à l'Intérieur, l'amiral Darlan, visant à dénoncer le fait que la France se range aux côtés de l'Allemagne pour combattre l'Angleterre et la France Libre. À l'issue de l'enquête diligentée, cinq personnes résidant à Aulnay-sous-Bois et au Blanc-Mesnil sont arrêtées, dont les époux Guinebault à l'origine de cette diffusion[30]. Par jugement en date du 20 mars 1942, le tribunal correctionnel de Pontoise condamne les époux Gaston et Aline Guinebault à huit mois d'emprisonnement et 1 000 francs d'amende chacun, Jeanne Bertrand, épouse Naze, à six mois d'emprisonnement et 1 000 francs d'amende, Adolphine Gagneux, épouse Dubray, à six mois d'emprisonnement avec sursis comme Charlotte Picard, épouse Rivière, qui reçoit en outre une peine de 1 000 francs d'amende. Un appel est interjeté par la plupart des prévenus.

En parallèle, au cours d'une perquisition effectuée au domicile du baron Charles Gigault de Crisenoy (rue de Rennes à Paris), accusé de tenir des réunions « suspectes », trois feuilles de papier carbone sont saisies où apparaissent des reproductions de ce tract, dénonçant la présence de la France aux côtés de l'Allemagne contre l'Angleterre et la France Libre. Il reconnaît les avoir adressées aux collaborateurs de Fernand de Brinon, délégué général du gouvernement français dans les territoires occupés. Le parquet de la Seine le poursuit pour infraction à la propagande étrangère[31]. Il est jugé par la douzième chambre correctionnelle du tribunal de la Seine le 17 novembre 1941, qui le relaxe. La juridiction estime que le fait incriminé ne tombe pas sous le coup du décret-loi du 24 juin 1939 qui constitue la base légale des poursuites. Le parquet de la Seine se satisfait de cette décision comme le parquet général près la cour d'appel de Paris et la Chancellerie.

Si les faits paraissent identiques, la matérialité du dossier Guinebault semble plus avérée que celle du dossier Charles Gigault de Crisenoy. Les enquêteurs n'ont en effet retrouvé que des papiers carbone et ne semblent pas avoir été en possession des tracts adressés. L'absence de réaction du parquet et de la Chancellerie tend à laisser croire qu'il s'agit d'une difficulté propre à ce dossier et non pas d'une problématique juridique nécessitant une intervention de leur part.

Une autre affaire est intéressante pour percevoir le parallélisme des répressions entre propagande étrangère et propagande communiste. Le 27 août 1941, la douzième chambre correctionnelle du tribunal de la Seine condamne Jeanne Herbert à trois mois d'emprisonnement pour détention de tracts d'origine étrangère. Le 24 juin 1941, elle est trouvée porteuse à Paris de 150 lettres *V* et de 36 lettres *H* découpées dans des tracts et journaux ainsi que de petits drapeaux à croix gammée servant à indiquer les fronts des opérations sur les cartes militaires. Les forces de l'ordre trouvent également sur elle un tract d'inspiration anglaise dont le titre est « la chaîne brisera nos chaînes » et les mots d'ordre sont « collaborer, c'est augmenter notre misère » et « la victoire des alliés est certaine »[32]. Elle se défend en indiquant avoir trouvé lesdits tracts dans sa boîte aux lettres et n'avoir pas eu le temps de les détruire. Son casier judiciaire vierge, de bons renseignements sur sa personnalité et sa moralité et un anticommunisme avéré semblent avoir convaincu les magistrats de la condamner à une peine clémente. Le parquet estime pour sa part que le tribunal a fait une juste application de la loi ne nécessitant pas d'interjeter appel. La Chancellerie partage cet avis en classant le dossier.

Dans l'esprit des magistrats apparaît une dichotomie dans le traitement et la répression des opposants. Le tribunal de la Seine fait preuve ici d'une certaine clémence à cette prévenue du fait notamment de son anticommunisme. Il y a tout lieu de penser que, dans l'hypothèse contraire, une peine plus sévère aurait pu être prononcée. Cela revient à estimer que la propagande communiste est plus durement sanctionnée que la propagande anglaise. Les communistes sont donc perçus comme plus particulièrement dangereux que des propagandistes étrangers qui bénéficient d'une approche judiciaire beaucoup plus bienveillante. Cela ne sera d'ailleurs pas sans conséquence sur la manière dont sera appréhendée l'activité résistante par la suite.

Les dossiers liés à la Résistance et/ou propagande gaulliste sont peu nombreux au sein de la cour d'appel de Paris au cours de cette période. En matière judiciaire, seules peuvent être poursuivies les actions visibles des opposants. La dissidence, embryon de la future résistance gaulliste, est à cette époque beaucoup plus dans une phase de réflexion que d'action.

Une affaire démontre l'activité des autorités d'occupation en matière de répression de la résistance gaulliste. Les Renseignements généraux apprennent, selon la dénonciation d'un des serveurs du café-tabac Pelleport situé avenue Gambetta (Paris XXe), que dans le courant du mois de septembre 1941, le chef de la station du métropolitain Pelleport, Lucien Noël, a, au sein de cet établissement, tenu des réunions secrètes en vue de la constitution d'une organisation gaulliste. Une enquête est diligentée qui aboutit à plusieurs arrestations, dont la sienne, le 9 octobre 1941. Sur les conseils d'une personne dont il tait l'identité, Lucien Noël a tenté d'organiser ce groupement clandestin intitulé « La France Libre ». Il a en outre reçu d'une personne inconnue une somme de 400 francs, grâce à laquelle il a fait imprimer 2 000 cartes d'adhérents et 2 000 tracts par René et Henri Palmier. René Rivart et sa maîtresse, Madeleine Nouvel, ont reçu Lucien Noël et ont conservé, en vue de leur distribution, une centaine de tracts et de cartes. Marcel Lharour a pour sa part mis en relation Lucien Noël avec le sous-brigadier des gardiens de la paix de la préfecture de police Llorca. Celui-ci a commencé à procurer des armes à Lucien Noël[33]. Le parquet de la Seine les inculpe d'infraction au décret-loi du 21 avril 1939 visant à réprimer la propagande étrangère. Le motif d'inculpation évolue vers une infraction au décret-loi du 24 juin 1939 qui assure plus particulièrement la répression de la distribution et de la circulation des tracts venant de l'étranger.

Cette procédure est presque immédiatement transmise aux autorités d'occupation. Les prévenus, ainsi livrés aux Allemands, sont traduits devant les tribunaux allemands le 15 ou le 16 décembre 1941. Ayant des doutes sur la réalité des contacts des inculpés avec les services gaullistes, un supplément d'enquête est ordonné et confié au commissaire divisionnaire André Baillet chargé du service des Renseignements généraux et qui conduit l'enquête initiale. Cette affaire est de nouveau appelée le 15 janvier 1942. Le commissaire certifiant à la barre du tribunal que les prévenus appartiennent bien au mouvement gaulliste, ils sont condamnés à mort pour intelligence avec l'ennemi, à l'exception de Madeleine Nouvel qui est acquittée. Ils sont fusillés comme plus d'un millier d'otages et de résistants dans la forteresse du Mont-Valérien le 24 juin 1942[34], Une plaque à la station de métro Pelleport rappelle le souvenir de Lucien Noël.

Pour autant, tous les dossiers liés à la propagande/résistance gaulliste n'intéressent pas les autorités d'occupation. Si elles sont immédiatement avisées de l'enquête diligentée, elles ne se saisissent pas de toutes les affaires, considérant sans doute qu'il s'agit d'une affaire franco-française ne portant pas atteinte aux intérêts allemands.

Des femmes en colère

D'autres formes d'opposition ou de manifestations apparaissent également dans les prétoires. Vichy n'apprécie pas le désordre, qu'il soit engendré par des femmes en colère, instrumentalisées par le Parti communiste pour la plupart, ou par des membres du Parti populaire français, qui se retrouvent occasionnellement dans les prétoires.

Dans la matinée du 18 février 1941, une trentaine de femmes se présentent à la mairie d'Argenteuil pour se plaindre de la dureté du rationnement et de l'insuffisance des rations de pain allouées par les cartes d'alimentation. Le même jour et le lendemain, une centaine de femmes manifestent devant le gymnase municipal d'Argenteuil affecté à la distribution des cartes et feuilles de ticket d'alimentation. Elles viennent réclamer des tickets supplémentaires de pain. Cinq d'entre elles sont arrêtées et déférées par la police aux autorités d'occupation. Des manifestations similaires ont lieu le même jour à Bezons. Deux manifestantes y sont arrêtées et mises à disposition du parquet de Versailles en flagrant délit. Le procureur général rapporte ces faits au garde des Sceaux en faisant part de sa vive inquiétude :

> Des manifestations de cette nature sont graves pour ce qu'elles paraissent traduire un état de mécontentement et de malaise de la population dû à l'insuffisance des approvisionnements à moins qu'elles ne soient le résultat de manœuvres d'ordre politique.
> Si la première hypothèse est exacte, il semble que les efforts des pouvoirs publics devraient surtout tendre, par une information préventive de l'administration à une meilleure organisation du ravitaillement dans ces localités[35].

Le magistrat chargé de la direction des services du ministère de la Justice à Paris assure en effet une large diffusion de ces rapports auprès de l'ambassadeur de France, délégué général du gouvernement français dans les territoires occupés, du préfet représentant le ministre de l'Intérieur à Paris et du secrétaire d'État au Ravitaillement à Paris. Quelques jours plus tard, le procureur général semble satisfait des mesures prises en transmettant de nouvelles informations à la Chancellerie reçues du parquet de Versailles. Les deux personnes arrêtées à Bezons ont été traduites devant le tribunal correctionnel de Versailles. Cette juridiction les condamne respectivement à dix jours d'emprisonnement avec sursis et 30 francs d'amende et quinze jours d'emprisonnement avec sursis et 30 francs d'amende. Le procureur de la République près le tribunal de Versailles considère que ces peines sont suffisantes, une des prévenues étant mère de deux enfants en bas âge.

Il profite de ce rapport à son supérieur hiérarchique pour évoquer également les résultats de l'enquête qu'il a fait diligenter pour savoir si ces manifestations ont été ou non inspirées « [...] par des agitateurs politiques, ou uniquement motivées par l'insuffisance des ressources alimentaires de la population ». Selon un rapport du commissaire de police d'Argenteuil, ces manifestations ne sont pas spontanées mais « [...] auraient été préparées de longue date par le Parti communiste qui avait mobilisé à cet effet toutes les femmes adhérentes ou sympathisantes du parti avec le mot d'ordre "Aller à la Mairie demander du pain" ».

L'objectif du Parti communiste à la faveur de ces manifestations est de rapporter la preuve de son existence, de regrouper ses forces et de rallier de nouveaux membres. Par là même, il assure également sa cohésion. Le commissaire de police d'Argenteuil nuance quelque peu son propos en indiquant que des personnes qui n'ont aucune sympathie avec ce parti ont dû se retrouver mêlées à cette manifestation. Il précise sur ce point qu'il a effectué une enquête dans les classes les plus populaires et a constaté que le pain alloué est faible. Il termine son rapport en critiquant ouvertement l'insuffisance du service de ravitaillement d'Argenteuil et en exprimant sa crainte de nouvelles manifestations à venir.

En parallèle, les autorités militaires allemandes se rapprochent du procureur de la République près le tribunal de Versailles afin de connaître en vertu de quel texte les cinq femmes arrêtées à Argenteuil peuvent leur être déférées et pourraient être jugées. Elles précisent également leur souhait de laisser cette affaire à la justice française. En définitive, à la suite d'une intervention du parquet de Versailles, la justice militaire allemande se saisit de ce dossier et condamne les cinq femmes à des peines allant de six à neuf mois d'emprisonnement. Une telle sévérité conduit à une diminution de ces manifestations.

Toutefois, ces peines donnent lieu à un certain effroi à Vichy. Le ministre secrétaire d'État à la Guerre qui assure la direction des services de l'armistice se plaint avec véhémence au garde des Sceaux :

> [...] Cinq des principales manifestantes ont été livrées à la Justice Allemande par la Police Française, et ont, de ce fait, été condamnées à des peines, à première vue excessives, allant de 6 à 9 mois

> d'emprisonnement, bien que l'affaire en cause eût été entièrement du ressort de la Justice Française et malgré les évidentes conséquences d'ordre psychologique d'une telle mesure [...].

Dans sa réponse, le garde des Sceaux semble vouloir avant tout éviter toute polémique, en s'abstenant de rappeler l'intervention du procureur de la République près le tribunal de Versailles auprès des autorités d'occupation pour qu'elles jugent ce dossier. Ainsi, il se borne à rappeler « [...] que les faits qui ont motivé des poursuites de la part de la justice militaire allemande ont été commis sur la voie publique à l'occasion de manifestations qui, en raison de leur importance et de leur nature devraient nécessairement parvenir à la connaissance des autorités d'occupation et par là même étaient susceptibles de provoquer leur intervention ».

Cette réponse ne convient pas au général Huntziger qui dans un nouveau courrier défend sa position :

> Sans méconnaître la possibilité de cette intervention, je persiste à penser qu'il eût été préférable que la Police n'allât pas au-devant d'elle [la justice allemande] en prenant l'initiative de livrer aux autorités militaires allemandes des délinquantes non moins justiciables des tribunaux français que de ceux de l'armée d'occupation.
> [...] J'ajoute que ces dessaisissements spontanés apparaissent de nature à susciter à la longue, tant chez les autorités allemandes que parmi la population, une impression, d'ailleurs parfaitement injustifiée, de faiblesse et d'abandon de la part de la justice française.

À titre de conclusion, il appelle le garde des Sceaux à attirer l'attention des magistrats de la zone occupée sur cette situation. Afin de donner à cette réponse une portée qui dépasse le simple échange interministériel, la lettre est adressée en copie à l'amiral Darlan, ministre secrétaire d'État à l'Intérieur, au président de la délégation française auprès de la Commission allemande d'armistice à Wiesbaden et à l'ambassadeur de France, délégué général du gouvernement français dans les territoires occupés. L'incident se clôt sur ce dernier courrier. D'autres suivront par la suite au détour de nouvelles affaires.

Dans les semaines qui suivent ces grands rassemblements, d'autres événements se tiennent. Cette fois, la participation du Parti communiste dissous y est beaucoup plus visible. Ainsi, le 23 mars 1941, une petite manifestation féminine se déroule devant la mairie de Bagnolet. L'information concernant cet événement est relayée par des tracts. Une des participantes, Germaine Trespyuch, épouse Duduga, est arrêtée. Une perquisition est faite à son domicile. Plusieurs tracts annonçant la manifestation y sont trouvés ainsi qu'une liste de souscriptions à son nom. Une autre au nom de son mari, Théodore Duduga, est également découverte, conduisant à son arrestation. Lors de son interrogatoire, Germaine Trespyuch indique avoir reçu un certain nombre de tracts à distribuer mais avoir refusé de le faire. Au contraire, un autre protagoniste, Robert Douey, reconnaît avoir été rendu destinataire de tracts et les avoir adressés à plusieurs personnes. Ce matériel de propagande est fourni par Ernest Lienard et Marthe Mangin, épouse Coutereau, suivant les accusations de Germaine Trespyuch, qui se rétracte par la suite. Ils sont tous deux également arrêtés. Lors de l'arrestation d'Ernest Lienard, Raymond Piffla, ancien dessinateur de journaux communistes, est également appréhendé. Des stencils sont retrouvés à son domicile provenant de son bureau. Seule l'infraction de propagande communiste est retenue. La douzième chambre correctionnelle du tribunal de la Seine statue le 9 juin 1941. Robert Douey est condamné à six mois d'emprisonnement, Germaine Trespyuch, à trois mois d'emprisonnement, son mari à deux mois d'emprisonnement compte tenu de son état de santé. Ernest Lienard est condamné par défaut à un mois d'emprisonnement. Raymond Piffla et Marthe Mangi sont acquittés faute de charges suffisantes. Le procureur de la République considère cette décision comme satisfaisante. Le procureur général et la Chancellerie se rangent à cet avis[36].

Le 25 avril 1941 devant la mairie de Boulogne[37] ou le 9 août 1941 rue de la Roquette à Paris[38] ont lieu de nouvelles manifestations suivies de nouvelles poursuites et condamnations. Une autre a lieu le 13 août 1941 sur les Grands Boulevards à Paris, au cours de laquelle un sergent de l'armée allemande est blessé. Plusieurs arrestations ont lieu, dont celle d'Henri Gautherot[39], Abraham Crazover, Joseph Birbra et Abraham Lichtig. La procédure établie à la suite de la manifestation est remise aux autorités allemandes ainsi que l'ensemble des prévenus.

La lutte contre l'ultra-collaboration

La répression des oppositions politiques ne se limite toutefois pas à cette époque à ces seules affaires impliquant des communistes ou, moins souvent, des gaullistes. L'État français combat aussi les ultras collaborateurs. Ainsi, le Parti populaire français de Jacques Doriot se retrouve de manière indirecte dans le prétoire. Le 4 août 1941, la quatorzième chambre correctionnelle du tribunal de la Seine a à juger Albert Delacour pour offense envers le chef de l'État. L'inculpé, qui tient une cordonnerie, a disposé dans sa vitrine, non loin d'un portrait du chef de l'État, un pot de chambre et un seau hygiénique. Lors de l'audience, il affirme n'avoir eu aucune intention désobligeante et outrageante pour le maréchal Pétain. Son souhait est de protester contre le marché noir qui a cours dans le commerce de la chaussure, en réalisant une exposition dans sa devanture. Si le portrait du chef de l'État s'est retrouvé au-dessus du seau et du pot de chambre, ce n'est dû qu'au hasard. Le tribunal ne retient pas cette version et le condamne à trois mois d'emprisonnement. Cette peine paraît justifiée au parquet de la Seine. Dans son rapport au parquet général, il prend soin de rappeler que « les renseignements recueillis sur [Albert] Delacour sont bons, il n'est pas membre de groupement d'opposition mais fait partie au contraire du PPF[40] ». L'absence de dossier de procédure ne permet pas d'apprécier les raisons de cette condamnation et l'importance de cette dernière information. Il est néanmoins fort probable que cette appartenance politique ait joué pour une part non négligeable, Vichy détestant le désordre même s'il est issu du camp collaborationniste, qui plus est quand la personne du chef de l'État est visée. À réception du rapport du procureur général, la direction des Affaires criminelles et des Grâces se borne à classer l'affaire tout en indiquant « outrage au chef de l'État qui manifeste un peu d'originalité ». Il s'agit toutefois d'un cas isolé dans le ressort de la cour d'appel de Paris.

Entre l'été 1940 et 1941, les juridictions ordinaires en particulier le tribunal correctionnel sont au centre du dispositif visant à assurer la défense et le maintien de l'ordre avec toutefois de larges exceptions. La police française n'hésite pas à livrer aux autorités militaires allemandes de nombreux opposants politiques. À compter de l'été 1941, une rupture s'opère, avec l'instauration de deux juridictions d'exception chargées des dossiers les plus symboliques et qui vont assurer une répression exemplaire. Le tribunal correctionnel devient alors la juridiction sanctionnant en masse les désobéissances, les déviances ou les personnes jugées comme telles par l'État français.

CHAPITRE 6

Au service du maintien de l'ordre et de la Révolution nationale

Août 1941

Le mois d'août 1941 constitue un tournant. En une quinzaine de jours s'opère le basculement d'une justice « ordinaire » à une justice d'exception à grande échelle. Instaurées le 14 août, les sections spéciales se mettent en place. La première audience de la section spéciale de la cour d'appel de Paris le 27 août détermine la suite de son existence. Compte tenu de l'insatisfaction de l'État français et de l'occupant, une nouvelle juridiction est créée, le tribunal d'État, totalement inféodé au pouvoir politique.

Pour autant, il ne faut pas occulter que, même avec une participation moindre à la répression politique, le tribunal correctionnel demeure un rouage essentiel de l'arsenal répressif vichyste, en particulier s'agissant du maintien de l'ordre social que l'État français installe. Cela conduit à une véritable « mise au pas » de la justice ordinaire et à une redéfinition du rôle du tribunal correctionnel. Dans le même temps, une justice d'exception à grande échelle avec des compétences élargies se met en place.

La « mise au pas » de la justice ordinaire

Cette deuxième quinzaine du mois d'août 1941 ne va pas modifier le quotidien de l'immense majorité des magistrats du ressort de la cour d'appel de Paris. En effet, les deux nouvelles juridictions d'exception créées ne concernent en réalité qu'un nombre réduit de magistrats choisis par la Chancellerie. Cela est d'autant plus vrai pour le tribunal d'État, section de Paris, qui est composé très largement de personnalités ne faisant pas partie de la magistrature.

Néanmoins, si cette présentation est particulièrement vraie pour les juges, elle mérite d'être nuancée pour les magistrats du parquet, garant de la bonne application de la loi.

Les parquetiers doivent dorénavant procéder à une analyse plus poussée des dossiers en vue de les orienter et de les ventiler vers la juridiction idoine. Si, en définitive, cela est facile compte tenu des compétences distinctes et bien délimitées de certaines d'entre elles, pour d'autres, comme le tribunal d'État par exemple, cela s'avère beaucoup plus complexe. Seules la nature de l'affaire, son importance et ses conséquences politiques ou sociétales permettent au parquet de décider d'un éventuel signalement à la Chancellerie pour que l'affaire soit orientée vers le tribunal d'État. À défaut elle demeurera de la compétence des juridictions ordinaires. Les parquetiers se voient donc dotés d'un rôle encore plus politique que lors du premier Vichy.

Cela va de pair avec un processus plus profond et qui est en germe depuis l'instauration du nouveau régime : la nécessité pour les magistrats de s'adapter à la pensée et au programme de la Révolution nationale. La Chancellerie et les gardes des Sceaux successifs sont là pour les encadrer et les conduire dans cette voie. Pour ce faire, l'État français exige la loyauté de ces derniers.

Le serment de fidélité constitue un marqueur clivant dans toute évocation de l'attitude des magistrats sous l'Occupation[1]. Tout se cristallise autour de l'attitude du seul magistrat qui a refusé de prêter serment au chef de l'État, Paul Didier, juge au tribunal de la Seine. En effet, par acte constitutionnel n° 9 en date du 14 août 1941, « nul ne peut exercer les fonctions de magistrat s'il ne prête serment de fidélité au chef de l'État ». Ce serment de fidélité à la personne du chef de l'État est prescrit le même jour aux militaires[2] et fait suite à celui du 27 janvier 1941 imposé aux secrétaires d'État, hauts dignitaires et hauts fonctionnaires de l'État[3].

Depuis juillet 1940, les magistrats ont perçu le tournant autoritaire, et par là même répressif, instauré par le nouveau régime. Concernant les juridictions, deux signes sont particulièrement perceptibles de cette évolution : l'inflation législative et surtout une hausse déjà sensible du nombre d'affaires pénales qui leur sont confiées. Ce serment exigé en août 1941 doit être perçu tout à la fois comme un acquiescement de l'institution judiciaire à l'État français mais aussi, et peut-être surtout, comme la volonté de l'État français d'obtenir l'allégeance de la Justice au pouvoir politique. Il ne fait déjà pas de doute dans l'esprit des hauts dignitaires du gouvernement de Vichy et de la Chancellerie que les magistrats devront être utilisés massivement dans les semaines qui suivent pour maintenir l'ordre social et assurer la défense des fondements mêmes du régime et sa légitimité. La magistrature ayant déjà été épurée en 1940 puis à nouveau en juin 1941[4] et quelques jours avant cet acte constitutionnel[5], il ne s'agit clairement pas d'une nouvelle tentative de la débarrasser d'éléments jugés comme nuisibles et/ou incompatibles avec l'État français. Il s'agit bien au contraire de faire valider ces exclusions par le corps dans son ensemble.

Les chefs de juridiction organisent la prestation du serment au cours des audiences solennelles de rentrée, prévues au début du mois de septembre 1941. Entre-temps, les sections spéciales ont été instituées[6] et celle de la cour d'appel de Paris a même prononcé trois condamnations à mort lors de sa première audience le 27 août 1941. Les exécutions ont lieu le lendemain. Ce contexte éclaire peut-être l'état d'esprit des magistrats parisiens.

En réalité, si ces derniers ont parfaitement perçu la finalité du serment d'allégeance à la personne du chef d'État, ils sont pragmatiques. Pour beaucoup, en particulier ceux qui seront actifs dans la résistance judiciaire, cet acte est perçu comme n'ayant aucune conséquence réelle. Il n'existe dès lors aucune raison de ne pas y souscrire. Dans le cas contraire, le magistrat réfractaire s'oppose à des sanctions, ce qui annihilerait son action. Il convient d'ailleurs de rapprocher cet état d'esprit avec celui de Paul Didier pour s'apercevoir qu'en réalité ils ne sont nullement contradictoires. Déjà rétrogradé par Vichy, Paul Didier choisit de s'opposer sans pour autant vouloir résister. À la lecture de son dossier de carrière conservé aux Archives nationales, Liora Israël émet l'hypothèse suivante :

> [...] On peut supposer que Paul Didier, radical-socialiste connu et récemment rétrogradé par Vichy, choisit l'opposition de principe au

régime en refusant de prêter serment, sans doute parce qu'il n'envisageait pas de résister dans le cadre professionnel (repéré comme opposant politique, dans un poste où il disposait de peu d'autonomie). Cette solution était susceptible de rencontrer un certain écho, ce qui fut vérifié dans la presse dès le lendemain, puisque de nombreux articles stigmatisèrent cette position, assurant par là même une certaine publicité au refus de Didier[7].

Il s'agit donc ici d'une initiative qui s'inscrit dans une perspective et un contexte personnels. Cela explique d'ailleurs pourquoi de nombreux magistrats résistants n'ont pas eu ce même comportement. Si Paul Didier ne paraît pas devoir constituer l'icône de la résistance judiciaire, il ne faut surtout pas faire de cet épisode le symbole de la compromission de la magistrature, le contexte de l'été 1941 étant une nouvelle fois très particulier.

L'activité répressive du tribunal correctionnel modifiée en profondeur

Logiquement, l'apparition des juridictions d'exception et en particulier de la section spéciale de la cour d'appel de Paris modifie la typologie des affaires jugées par les tribunaux correctionnels du ressort de la cour d'appel de Paris et notamment du tribunal correctionnel de la Seine. Celui-ci se voit du jour au lendemain dépossédé d'un nombre important de dossiers liés aux affaires communistes, de même que l'on constate une baisse drastique du nombre de délits d'opinion.

Il convient toutefois de distinguer les juridictions de la zone occupée de celles de la cour d'appel de Paris. Dans les premières, la baisse du nombre de prévenus et de condamnés entre les périodes septembre 1940-septembre 1941 et septembre 1941-septembre 1942 n'est que de 27,8 %. La répression demeure en effet à un niveau important jusqu'en mars 1942 avant de s'écrouler ensuite. Dans le ressort de la cour d'appel de Paris, entre ces mêmes périodes la baisse est de 72,9 %. Il n'existe quasiment aucune affaire liée à des propos défaitistes à partir de novembre 1941 (sept en dix mois). La répression de ces infractions demeure constante et globalement clémente.

Au sein du tribunal correctionnel de la Seine, le nombre d'affaires est lui aussi infime comparé à la hausse massive du contentieux correctionnel en général. Il s'élève à une vingtaine d'affaires[8]. Seules quelques-unes sont intéressantes de par les problématiques factuelles ou juridiques qui se posent.

L'affaire Lucien Godmer est de celle-ci. À la suite d'une procédure de flagrant délit, ce dernier est condamné à un mois d'emprisonnement et 50 francs d'amende par le tribunal correctionnel de la Seine le 6 octobre 1941 pour « propos de nature à exercer une influence fâcheuse sur l'esprit des populations ». Le 3 octobre 1941, il dit à haute voix, dans un débit sis 123, avenue Victor-Hugo à Paris, à des personnes peu connues de lui à propos des explosions dans certaines synagogues parisiennes : « Ce ne sont probablement pas les Allemands qui ont fait le coup, mais des Français qui travaillent pour eux ; d'ailleurs les Allemands qui avaient été avertis par ceux qui habitaient juste derrière dans l'avenue Henri-Martin n'y sont plus[9]. »

À réception de l'information de cette condamnation, la Chancellerie sollicite du parquet général de la cour d'appel qu'il interjette appel de la décision. Cette décision est motivée non par la faiblesse de la peine d'emprisonnement mais par le montant de l'amende. Le tribunal correctionnel n'a en effet pas fait application des nouvelles dispositions de la loi du 26 juillet 1941[10], qui porte le montant de l'amende à 200 francs pour ce type d'infraction. Le procureur général préconise un appel à l'encontre de tous les jugements où cette omission a été relevée, estimés à environ 250. Si le magistrat chargé de la direction des services du ministère de la Justice à Paris approuve cette conclusion, la Chancellerie considère pour sa part ce problème clos, le parquet ayant déjà obtenu la rectification de ces décisions. Cet exemple est particulièrement significatif des difficultés d'application par les juridictions des dispositions plus répressives mises en œuvre par l'État français. Cela conduit à rappeler que, loin d'être des simples exécutants, les magistrats du siège disposent d'une marge de manœuvre plus ou moins importante en fonction des affaires dans l'appréhension des textes auxquels ils doivent se référer.

Un autre dossier mérite d'être signalé. Carme Arbez est condamnée le 13 mai 1942 par la douzième chambre correctionnelle du tribunal correctionnel de la Seine pour propos alarmistes à deux mois d'emprisonnement et 1 200 francs d'amende, outre 60 francs d'amende pour ivresse publique. Le 8 mai à 22 h 30, le service de propagande a requis des agents de la paix pour procéder à l'arrestation d'une femme qui, en état d'ivresse, chantait *L'Internationale* dans un café. Carme Arbez a été arrêtée. Elle a déclaré le lendemain ne se souvenir de rien. À l'audience, elle a nié avoir chanté *L'Internationale* mais une chanson d'étudiant. Déjà triplement condamnée pour outrage à agent, elle a aussi été régulièrement interpellée pour état d'ivresse[11]. Cela explique la peine prononcée mais également sans doute la raison pour laquelle ce dossier n'a pas été transmis à la section spéciale de la cour d'appel de Paris, la prévenue étant plus proche d'une délinquante de droit commun que de l'auteur d'une infraction politique. Le rapport du procureur général n'appelle aucun commentaire de la Chancellerie, confirmant ainsi que la position retenue par le parquet de la Seine est la bonne. Plusieurs affaires jugées par cette juridiction sont relatives à des faits similaires, qui relèvent logiquement de sa seule compétence.

Le délit d'offense au chef de l'État connaît une évolution identique à celui de propos défaitistes. Sa répression est globalement un échec au vu du faible nombre de prévenus jugés depuis sa création.

À l'échelle du tribunal correctionnel de la Seine et de la cour d'appel de Paris, huit affaires sont jugées en un an de septembre 1941 à septembre 1942[12]. Il n'existe presque aucune différence par rapport à la période précédente, notamment s'agissant des faits réprimés et des peines prononcées. Cette situation trouve son origine, comme pour les propos défaitistes, dans un contexte intérieur qui a évolué et dans des priorités répressives qui ont changé. Le délit d'offense au chef d'État disparaît logiquement à la fin de l'été 1942, mais de nouvelles infractions apparaissent dans les prétoires, notamment celles visant les Juifs.

Même s'il existe une tradition antisémite française, terreau de la politique antijuive de Vichy, il faut attendre le contexte particulier de la défaite et de l'Occupation pour qu'elle se concrétise juridiquement[13]. La propagande vichyste[14] considère les Juifs « [...] comme "antinationaux" au sens originel du terme, c'est-à-dire étrangers à la communauté nationale[15] ». Une idée similaire ressort de nombreux ouvrages où « la conception politique du Juif fait de celui-ci un non-citoyen, ce qui se traduit par un statut d'infériorité par rapport aux Français "véritables[16]" ». Cette politique d'exclusion des Juifs de la société française prend une tournure judiciaire bien plus tardivement que le premier statut des Juifs édicté le 3 octobre 1940[17]. Ce dernier définissant le Juif et l'excluant de certains postes de la fonction publique ou de certaines professions ne prévoit aucune sanction pénale ou mesure de police. L'intervention des magistrats n'a lieu qu'à compter du second statut issu des lois du 2 juin 1941[18] pour réprimer l'exercice d'une activité professionnelle interdite[19] et les éventuels manquements au recensement des Juifs. En cas de non-réalisation de ce dernier, sont prévues une peine d'emprisonnement pouvant aller d'un mois à un an et une amende de 100 à 10 000 francs. Le préfet peut également prononcer l'internement dans un camp spécial, que l'intéressé soit français ou non.

Ce mélange entre sanction du juge et de l'administration est symbolique de cette double répression. Il convient toutefois dès à présent d'en mesurer la portée. Si la répression policière et administrative a sans nul doute conduit aux pires extrémités, celle menée par la justice est d'une nature différente. Il s'agit avant tout de marginaliser le Juif et ainsi de l'exclure de la communauté nationale[20]. Dès lors, le Juif dispose d'une place particulière dans la répression judiciaire. Victime de toute une législation d'exception, il ne bénéficie pas pour autant d'un statut propre comme les opposants politiques. Il est en effet perçu comme un délinquant de droit commun et réprimé comme tel, et ce peu importe sa nationalité.

Les statistiques réalisées mensuellement par la Chancellerie pour établir un état des lieux de la répression pénale aux autorités d'occupation ne contiennent aucune rubrique liée à ces nouvelles infractions. Il en est de même pour celles rédigées par la première présidence et le parquet général près la cour d'appel de Paris. À l'échelle du tribunal de la Seine, entre août et septembre 1941, dix-huit condamnations sont prononcées. Les peines sont relativement faibles, allant d'une simple amende à deux mois d'emprisonnement. Cela conduit le Commissariat général aux Questions juives à intervenir et à demander au procureur général de faire usage de sa faculté d'appel. Xavier Vallat sollicite même l'intervention du garde des Sceaux pour qu'une application plus ferme de la répression pénale visant les Juifs soit mise en œuvre[21].

Dorénavant ce sera la douzième chambre correctionnelle du tribunal de la Seine qui sera chargée de cette infraction, celle-là même qui vient de se faire déposséder des affaires communistes par la création de la section spéciale de la cour d'appel de Paris. Le nombre de dossiers jugés pour « infraction à la loi sur les Juifs », suivant la dénomination retenue dans les jugements, demeure relativement stable tout au long du second semestre 1941, même si une hausse apparaît en décembre 1941. Ce sont ainsi une dizaine de personnes qui sont jugées mensuellement, une vingtaine à partir de décembre 1941.

Depuis que la répression de cette infraction a été confiée à la douzième chambre correctionnelle du tribunal de la Seine, les peines sont plus élevées, allant généralement de 1 200 francs d'amende[22] à trois mois d'emprisonnement ferme, avec toutefois une décision à un an d'emprisonnement ferme[23]. L'amende est clairement privilégiée[24]. Dans de rares cas, les peines d'amende et d'emprisonnement sont cumulées[25], même si cet usage semble se généraliser dans la deuxième quinzaine du mois de décembre 1941. Les prévenus n'interjettent pas appel de ces décisions de condamnation sauf en de très rares exceptions[26].

En 1942, et en particulier au cours des trois premiers trimestres, le nombre de prévenus jugés et condamnés augmente de manière importante, avec près d'une trentaine de personnes en moyenne présentées mensuellement devant le tribunal de la Seine, avec toutefois de fortes disparités. Si les rafles de l'été 1942, dont celle du Vél' d'Hiv ayant conduit à l'arrestation de plus de 13 000 personnes, permettent d'expliquer la baisse drastique du nombre de personnes jugées par le tribunal de la Seine[27], il est plus difficile d'expliquer les diminutions des mois de mai et juin 1942 et la très forte hausse de juillet 1942.

La sévérité des peines paraît demeurer relativement constante au cours du premier semestre de l'année 1942[28]. L'emprisonnement demeure réservé à certains dossiers les plus graves[29]. Il semble que la peine d'amende soit privilégiée par les juges à partir de la deuxième quinzaine du mois de juin 1942. Elle est fixée habituellement à 1 200 francs d'amende. Elle diminue dans certains dossiers en septembre 1942 à 600 francs[30], la répression de cette infraction ne paraissant plus à cette époque une priorité. Dans l'hypothèse où le prévenu n'est pas présent, les peines sont généralement plus lourdes[31] même si un tel comportement des juges se retrouve dans des situations identiques pour d'autres infractions.

Les acquittements sont relativement nombreux, ils concernent un dossier sur dix, en moyenne. Pour parvenir à une telle décision, les juges se livrent à une véritable étude généalogique des prévenus. Par exemple, Julien Houlette est acquitté le 2 juin 1942 par la douzième chambre correctionnelle du tribunal de la Seine. L'homme se prétend catholique. En l'absence du dossier de procédure, il n'est pas possible de connaître les éléments probatoires présentés, vraisemblablement un certificat de baptême, une attestation d'un religieux ou de paroissiens, et d'autres documents sur la situation de ses ascendants. Le tribunal relève en effet : « Attendu qu'il résulte des renseignements fournis au tribunal que Julien Houlette est né de père catholique et de mère juive et qu'il a seulement deux grands-parents juifs du côté de sa mère ; que lui-même appartient à la religion catholique ayant été baptisé [...][32]. » Il n'est dès lors pas considéré comme juif et acquitté. Malheureusement, en l'absence des dossiers de procédure relatifs à ces prévenus/condamnés, il est difficile de percevoir le processus répressif et de déterminer l'origine de ces affaires.

La nécessité d'un nouveau paradigme répressif

La mise en place des sections spéciales auprès des cours d'appel de la zone occupée et plus particulièrement celle de la cour d'appel de Paris bouleverse les fondations mêmes de l'édifice judiciaire. Les événements qui se déroulent du 13 au 27 août 1941 sont décisifs. Les conséquences de ces journées dépassent très largement ce cadre géographique puisqu'elles marqueront en réalité toute l'institution judiciaire et la manière dont s'opérera dorénavant la répression politique et pénale. Elles mettent également en évidence la vision de l'État français sur l'emploi de la justice pour enrayer les résistances, assurer le maintien de l'ordre public et permettre la survie même du régime.

Le 13 août 1941, une manifestation communiste se déroule à Paris, porte de Saint-Denis. Des altercations ont lieu entre les militants et la Wehrmacht, entraînant plusieurs arrestations dont celles de Samuel Tyszelman et d'Henri Gautherot. L'occupant aussi bien que l'État français prennent l'initiative de sa répression. Par une proclamation en date du 15 août, le *Militärbefehlshaber* von Stülpnagel met en garde la population contre l'hostilité des communistes en rappelant qu'une répression sévère touchera tout à la fois les militants et la population dans son ensemble :

> Le Parti communiste français a été frappé d'interdiction. Quiconque participe à une activité de nature communiste, se livre à une propagande communiste ou tente de le faire, ou bien favorise de quelque façon que ce soit des tentatives communistes, soutient de la sorte les ennemis de l'Allemagne. Il doit s'attendre à être condamné à mort par les tribunaux militaires allemands.
> Quiconque se trouve détenir des tracts anti-allemands doit les porter aussitôt au poste militaire allemand le plus proche. S'il néglige de le faire, il est passible d'une peine de travaux forcés dont la durée peut aller jusqu'à 15 ans.
> Faisant confiance à la sagesse et au bon sens de la population, je compte sur chacun pour détourner les éléments irresponsables de toute tentative d'aide aux ennemis de l'Allemagne.

> Je mets en garde la population contre les sévères condamnations qu'aurait non seulement pour les coupables eux-mêmes mais pour l'ensemble des territoires occupés toute manifestation d'hostilité de la part des communistes[33].

Avec ce document, les autorités allemandes s'emparent du traitement judiciaire de l'ensemble de l'activité communiste, dans une logique de maintien de l'ordre et en réaction aux jugements des tribunaux correctionnels français perçus comme trop cléments. Cette juridiction ne dispose pas de l'arsenal répressif du tribunal militaire allemand pouvant condamner à mort. Ensuite, le *Militärbefehlshaber* von Stülpnagel met en garde la population française contre toute manifestation hostile des communistes envers les troupes d'occupation.

Le PCF répond immédiatement à la répression allemande. Les communistes de la banlieue nord éditent un avis le jour même, intercepté par la gendarmerie de Saint-Denis et qui conduit le parquet de la Seine à ouvrir une information le 23 août[34]. Ils assurent que cette menace n'aura aucun effet sur le parti et que la propagande et la lutte vont s'intensifier. Le tract présente également les représailles auxquelles se livreront les communistes dans le cas où l'un des leurs viendrait à être fusillé et plus généralement tout patriote y compris gaulliste[35].

Le *Militärbefehlshaber* von Stülpnagel adresse au délégué général auprès de lui copie de cette proclamation, rappelant la recrudescence de la propagande communiste dans les territoires occupés et la multiplication des actes de sabotage, en particulier sur les installations ferroviaires dans la région parisienne. Il invite par ailleurs le « Gouvernement Français à lutter de son côté avec tous les moyens dont il dispose contre le péril communiste, soutenant ainsi les efforts de nos services, pour le bien du peuple français[36] ». Le *Militärbefehlshaber* von Stülpnagel fait de nouveau état de cette situation au délégué général le 19 août 1941, indiquant que « la répression allemande serait impitoyable et qu'il attendait une collaboration complète à tous les degrés de l'administration[37] ».

Le 19 août, le *Militärbefehlshaber* von Stülpnagel, par l'intermédiaire du docteur Best, sollicite également du délégué général qu'il donne instructions aux juridictions répressives de communiquer au tribunal militaire allemand toutes les procédures encore en cours ayant un lien avec le communisme, avec sans doute déjà dans l'idée un traitement par les juridictions militaires allemandes des actes armés commis par les militants communistes. Cette obligation est finalement annulée le 25 août 1941 à la suite de la promulgation de la loi du 14 août 1941 instaurant les sections spéciales[38].

À Vichy, alors que le « vent mauvais se lève » selon le message du maréchal Pétain diffusé le 12 août 1941, une réunion se tient le 14 août à la Chancellerie où un débat oppose le ministère de la Guerre et celui de la Justice[39]. Sont présents le garde des Sceaux Joseph Barthélemy, le directeur de cabinet du ministre de l'Intérieur Yves Paringaux, Henri Chavin, secrétaire général honoraire de la Police, Henri Moysset, ministre d'État, secrétaire d'État à la vice-présidence du Conseil, et un représentant du ministère de la Guerre et du vice-président du Conseil. Georges Dayras, secrétaire général du ministère de la Justice et Henry Corvisy, directeur des Affaires criminelles, y participent également. Le compte rendu de la réunion ne comporte aucune date, ni nom d'auteur. Il y est principalement fait état du débat opposant le ministère de la Guerre et celui de la Justice. Pour ce dernier, il est traditionnel en France que les juridictions d'exception revêtent un caractère militaire. Il n'est pas nécessaire pour faire fonctionner de telles juridictions d'avoir des juges militaires professionnels, dont le ministère de la Guerre ne dispose pas en nombre suffisant. L'idée est alors soumise d'utiliser des officiers en congé. Toutefois, cette proposition ne semble pas emporter l'adhésion du ministère de la Guerre.

La Chancellerie tente alors de trouver une autre juridiction capable de prendre le relais des tribunaux militaires ou maritimes. La cour d'assises est exclue, les arrêts rendus étant incertains. Le tribunal correctionnel ne dispose pas, quant à lui, d'une échelle de peines suffisantes. La Cour suprême limitée aux atteintes à la sûreté intérieure et extérieure n'a pas non plus cette compétence. La cour martiale, qui souhaite pourtant être chargée de cette répression, n'est pas en mesure de l'appréhender localement. Elle ne pourrait en outre fonctionner que très difficilement sur les deux zones du fait du fractionnement du territoire. Il est donc conclu à la nécessité de mettre en place un système commun aux deux zones calqué sur celui de la zone occupée, avec la création de sections spéciales au sein des cours d'appel[40].

Dans une autre note du directeur des Affaires criminelles rectifiée par Georges Dayras, il est prévu une définition très large des faits communistes et une échelle de peines importante, et ce afin d'appréhender le plus d'infractions possible. Ainsi, il ne paraît pas opportun de faire du communisme un crime ou un délit spécial puni d'une peine fixe, qui ne pourrait pas être la peine de mort. Cela conduirait à perdre le caractère d'exemplarité de la peine. Il semble préférable de « réprimer les délits communistes ou anarchistes plutôt que de s'arrêter à une définition de la Troisième Internationale. Les termes communistes ou anarchistes permettent d'atteindre tous les éléments révolutionnaires dont l'action se révélerait néfaste pour la sûreté de la Nation[41] ». Cette terminologie n'est pas sans rappeler la répression des infractions « sociales » née à la fin du XIXe siècle. L'anarchie selon les magistrats de l'époque doit s'entendre comme l'état de désordre et non plus seulement comme l'appartenance à un mouvement politique. Les magistrats de sections spéciales auront donc à juger non pas des politiques, mais des fauteurs de troubles sociaux, acte parmi les plus graves du droit commun français[42]. Si l'acte commis a un mobile communiste ou anarchiste, la peine la plus sévère doit pouvoir être prononcée.

À l'issue de la réunion du 14 août, la version finale du texte de loi est arrêtée sur la base d'un projet établi par le ministère de l'Intérieur remanié par le garde des Sceaux[43]. Il est très proche du texte qui instituera les sections spéciales puisque seule la rétroactivité n'y figure pas. Ce texte est soumis au *Militärbefehlshaber in Frankreich* le 20 août, après une discussion tenue la veille entre le Dr Schmid, chef d'état-major administratif, le colonel Speidel, chef d'état-major militaire du général von Stülpnagel, et le ministre de l'Intérieur Pierre Pucheu[44].

La naissance des sections spéciales

Le 19 août, les autorités allemandes fusillent en forêt de Verrières deux participants à la manifestation communiste du 13 août, Szmul (ou Samuel) Tyszelman et Henri Gautherot[45]. Le lendemain, elles procèdent à l'arrestation de 4 000 Juifs français parmi lesquels des personnalités notoires du monde judiciaire comme Pierre Masse, ami du garde des Sceaux[46]. Dans un élan de vengeance, des jeunes communistes des Bataillons de la jeunesse décident de commettre des attentats contre des officiers allemands. Après un premier échec gare de Lyon, Pierre Georges, plus connu dans la suite du conflit sous le nom de Colonel Fabien, exécute le 21 août à 8 heures du matin, à la station Barbès-Rochechouart, l'aspirant Moser, afin de montrer l'exemple aux autres membres des Bataillons de la jeunesse et de faire de cet acte symbolique l'indiscutable signal de la lutte armée[47].

Le *Militärbefehlshaber in Frankreich* décide à la suite de cet attentat que tous les Français détenus de quelque façon que ce soit par des services allemands ou pour le compte des services allemands sont considérés comme otages à partir du 23 août[48]. S'il est dorénavant question d'otages et de leur exécution, cela ne vaut cependant que pour l'avenir. Une note du Dr Schmid à destination des chefs de l'administration militaire et datée du même jour précise les choses : si les prises d'otages peuvent subsister, elles doivent toutefois être soigneusement réfléchies, la décision des exécutions relève de la seule compétence du *Militärbefehlshaber in Frankreich* et seuls des otages de la même catégorie que celle de l'auteur de l'attentat peuvent être exécutés[49]. Cela contredit la déposition que fera Jean-Pierre Ingrand, représentant du ministère de l'Intérieur en zone occupée, au moment de l'épuration qui indique :

> [...] L'attentat de la veille avait provoqué une violente réaction de la part des autorités d'occupation qui étaient décidées à prendre d'énergiques mesures de représailles, consistant en l'arrestation d'une centaine d'otages dont cinquante seraient exécutés. Il parla même de la

possibilité d'exposer les corps sur la place de la Concorde. Il ajouta qu'il ne serait possible de renoncer à ces mesures que si le gouvernement français procédait lui-même à des mesures de répression comportant des exécutions capitales devant avoir lieu avant le 26 août[50].

Fernand de Brinon fait état dans sa déposition au moment de l'épuration d'une rencontre le jour de l'attentat avec le major Beumelburg, officier de liaison du *Militärbefehlshaber in Frankreich*, au cours de laquelle ce dernier aurait envisagé de faire fusiller 100 ou 150 otages mais « espérait éviter ces représailles en acceptant des propositions qui lui avaient été faites concernant l'institution des cours spéciales françaises qui prononceraient des condamnations à mort[51] ». En réalité, l'officier de liaison fait savoir au cours de cette réunion à Fernand de Brinon et Jean-Pierre Ingrand que l'amirauté allemande exige l'exécution de six otages[52], la décision n'étant toutefois pas définitive si les autorités françaises se chargent de la répression[53].

Si le *Militärbefehlshaber in Frankreich* profite de la situation pour accentuer la pression, l'initiative de la répression est bien française. Le 22 août, le gouvernement français propose notamment par le biais de Jean-Pierre Ingrand et de Fernand de Brinon la mise en place de la juridiction spéciale visée par le projet de loi sur la répression communiste et anarchiste. Il est demandé, par les représentants français, la possibilité de rendre rétroactive la loi nouvelle créant la juridiction spéciale et l'assurance que l'occupant n'entende pas contester cette mesure par la suite. Ils précisent également que six communistes seront jugés et condamnés à mort, leur exécution se déroulera par guillotine et en place publique[54]. Les autorités allemandes donnent leur réponse le jour même, en atteste le compte rendu d'un entretien téléphonique entre le secrétariat d'État à la Marine et Fernand de Brinon daté du même jour : les autorités d'occupation ne font aucune objection à la promulgation de la loi concernant les communistes et les anarchistes, ladite loi portant effet rétroactif, et l'accueillent très favorablement. Elles attendent les noms des six personnes qui doivent être traduites devant le tribunal extraordinaire. Le jugement doit être exécuté au plus tard le 28 août[55].

Une note en date du 22 août 1941 du major Beumelburg, officier de liaison du *Militärbefehlshaber in Frankreich* auprès de Fernand de Brinon, délégué général du gouvernement français dans les territoires occupés, commente que selon lui « cette loi prouve que le Ministre est prêt à attaquer avec toutes ses forces le communisme et qu'il est prêt à abandonner les conceptions juridiques les plus traditionnelles et les plus sacrées des Français[56]... ».

Le 23 août, Fernand de Brinon confirme les intentions précisées la veille par les autorités d'occupation, à la suite d'une nouvelle réunion en son cabinet en présence de l'officier de liaison allemand et de Jean-Pierre Ingrand[57]. Les autorités allemandes attirent alors « l'attention du gouvernement français, sur la nécessité de ne pas donner à la répression un sens réactionnaire et anti-ouvrier. On considère que la juridiction exceptionnelle dont le fonctionnement est désormais autorisé en territoire occupé doit avoir le caractère d'un tribunal révolutionnaire de défense du nouvel État français[58] ».

Enfin, une note de l'inspection générale des services des Renseignements généraux français en date du 8 septembre 1941 rapporte aussi qu'« un journaliste a déclaré tenir d'une personnalité qui touche de près un ministre, que le Gouvernement avait envisagé la création de ces Tribunaux, non seulement par souci de maintenir l'ordre dans le pays, mais surtout de soustraire les délinquants aux cours martiales allemandes[59] ». Pierre Audiat, observateur avisé de cette époque, évoque également cet argument à propos des magistrats qui ont accepté de siéger au sein de la section spéciale de la cour d'appel de Paris « [...] croyant peut-être qu'il leur serait permis d'épargner, relativement, leurs compatriotes en les soustrayant aux tribunaux militaires allemands[60] ».

S'il ne fait ainsi quasiment aucun doute sur le fait que l'initiative de la future loi du 14 août 1941 est française, la question de sa paternité au sein de l'État français est moins tranchée. Jean-Pierre Ingrand, dans sa déposition lors de l'épuration, évoque les instructions reçues de Pierre Pucheu, son ministre. À l'issue d'un Conseil des ministres restreint qui s'est tenu le 22 août ou le 23 août, il a été décidé de faire droit aux exigences allemandes d'obtenir des condamnations à mort. Il a reçu à cette occasion instructions de donner connaissance de cette décision à l'officier de liaison et de se mettre en contact avec le représentant de la Chancellerie et d'aviser les magistrats que « le gouvernement avait décidé de procéder à une répression comportant des exécutions capitales avant l'expiration du délai fixé par les Allemands » et de leur demander « de compléter un texte répressif en préparation de façon à le rendre applicable aux procédures en cours », cette tâche incombant aux magistrats eux-mêmes et non à Vichy[61].

Un rapport du président de la commission d'épuration de la magistrature au garde des Sceaux en date du 20 novembre 1944 confirmé par Louis Rousseau laisse à penser une nouvelle fois que l'initiative en ces jours d'août 1941 est du côté du ministère de l'Intérieur :

> Messieurs Werquin et Dupuich, représentant respectivement les deux chefs de Cour, furent, ainsi que Monsieur Rousseau, représentant du garde des Sceaux alors à Vichy, et Monsieur Gabolde, Procureur de la République, convoqués le 22 août 1941 à l'Hôtel Matignon où ils se trouvèrent en présence de l'amiral Bard, préfet de police, et de Monsieur Ingrand, représentant en zone occupée du Ministère de l'Intérieur. Ces deux fonctionnaires leur firent connaître qu'à la suite du meurtre d'un officier allemand à la station Barbès, les autorités allemandes avaient décidé de fusiller cinquante otages, à moins que six condamnations à mort ne fussent prononcées par le tribunal français et exécutées le 28 août, jour fixé pour les obsèques de l'officier tué [...]. Il s'agissait, ajoutèrent-ils, de satisfaire aux exigences allemandes, et c'est pourquoi ils exhortèrent les magistrats, en même temps qu'ils leur communiquaient un texte élaboré à Vichy édictant la peine de mort pour de simples menées communistes. Mais le texte présentait une lacune, tant au point de vue du caractère rétroactif que ses auteurs entendaient donner à la loi qu'à celui du dessaisissement des juridictions déjà saisies[62].

Les magistrats présents à cette réunion refusant de compléter l'article 10 du projet de loi sur ces deux derniers points, les représentants du ministère de l'Intérieur téléphonent à la Chancellerie qui leur confirme la nécessité pour eux de le compléter. Devant les hésitations des autres magistrats, Maurice Gabolde s'en charge. Cela est confirmé par Louis Rousseau, participant à cette réunion[63].

Le témoignage d'Alexandre Werquin, représentant le premier président en vacances, est intéressant pour percevoir l'état d'esprit d'un autre magistrat. Il estime pour sa part « qu'il était impossible d'imposer à des magistrats ordinaires, gardiens des principes de justice, d'appliquer rétroactivement un texte pénal ; que si le Gouvernement avait pris une décision définitive en ce sens, il lui appartenait de créer des Cours martiales ou des tribunaux révolutionnaires, mais qu'en aucun cas il ne pouvait en charger la magistrature sans risquer de la discréditer[64] ». Ses collègues sont unanimes[65]. Sur le déroulement des faits, Alexandre Werquin reprend ceux déjà exposés. Toutefois, il apporte sur la question de la rédaction de l'article 10 un éclairage nouveau. Aucun des autres magistrats présents n'avait la possibilité de déférer à l'injonction de Jean-Pierre Ingrand en leur qualité de simples représentants sans mandat à cette fin, à l'exception de Maurice Gabolde alors seul magistrat titulaire de la fonction.

Bien qu'ayant donné son accord préalable sur la question de la rétroactivité, le ministère de la Justice ne serait donc intervenu qu'au moment de l'écriture de l'article 10 de la loi instaurant les sections spéciales. Le garde des Sceaux va même plus loin en affirmant dans son interrogatoire lors de l'épuration que la seule participation de son ministère au projet de loi se limite à celle de Maurice Gabolde, qui a agi de sa propre initiative[66]. S'il est vrai que les services de la Chancellerie à Paris ne sont pas intervenus[67], Joseph Barthélemy est pourtant contredit par une note établie par la direction des Affaires criminelles et des Grâces du ministère de la Justice à la Libération. Bien que l'initiative demeure celle du ministère de l'Intérieur, en juin 1941, il a été demandé à la Chancellerie d'intervenir. Un projet aurait été élaboré par le conseil d'administration du ministère de la Justice dès le mois de juillet 1941. Le 11 ou le 14 août 1941, Joseph Barthélemy réunit dans son cabinet une conférence[68] à laquelle participent Henri Moysset, secrétaire d'État à la vice-présidence du Conseil, des secrétaires généraux et des représentants des départements ministériels concernés. Au cours de cette séance, Joseph Barthélemy a lui-même rédigé une partie de certains articles (2, 8 et 9), la loi ne contenant alors aucune disposition rétroactive. Le projet, semblant correspondre aux attentes de l'amiral Darlan, a été arrêté à cette occasion[69]. Les mémoires du garde des Sceaux sont donc inexacts[70].

Il est dès lors possible de conclure à une initiative du ministère de l'Intérieur avec une pleine collaboration de la Chancellerie au moins antérieurement au 21 août. À cette date, le rôle de cette dernière est limité à la mise en place de la section spéciale pour qu'elle puisse tenir sa première audience. L'initiative de la rédaction de l'article 10 ne semble pas lui revenir, celle-ci étant effectuée à Paris par Maurice Gabolde. Au contraire, le caractère rétroactif de la loi constitue la seule réelle objection portée par Joseph Barthélemy car il le sait contraire aux principes juridiques français. L'interrogatoire de Fernand de Brinon à la Libération apporte un éclairage intéressant sur ce point : il rappelle une conversation tenue en son cabinet en présence de MM. Pucheu et Barthélemy, ce dernier étant hostile à l'accord trouvé avec l'occupant, craignant de ne trouver aucun magistrat pour l'exécuter[71]. Il est vrai que l'avenir lui donne en partie raison. Le garde des Sceaux rencontre de multiples difficultés lors de la désignation des magistrats de la section spéciale de la cour d'appel de Paris.

CHAPITRE 7

La première audience de la section spéciale de la cour d'appel de Paris et ses conséquences

Août 1941-septembre 1942

La première audience de la section spéciale de la cour d'appel de Paris est sans nul doute la plus déterminante. Sa mémoire est particulièrement vive, préservée par l'ouvrage d'Hervé Villeré et le film de Costa-Gavras *Section spéciale.*

Rapidement, les sections spéciales sont opérationnelles sur tout le territoire. Celle de la cour d'appel de Paris revêt une importance toute particulière, devant être à la fois l'aiguillon et le symbole de la nouvelle répression anticommuniste. De ce fait, tant l'occupant que l'État français tentent de faire pression sur les magistrats désignés pour obtenir des peines à la hauteur de leurs attentes.

L'influence de la personnalité du premier président Michel Benon est centrale pour comprendre l'évolution de cette juridiction.

Le traumatisme de la première audience

Le 26 août, la section spéciale est installée en présence de MM. Villette et Cavarroc, respectivement premier président et procureur général[1]. Le même jour, l'avocat général Léon Guyenot est convoqué à 10 heures à la Chancellerie pour un entretien avec Georges Dayras. Ce dernier étant absent, Joseph Barthélemy lui indique alors qu'il est désigné pour prendre la tête du parquet général de la section spéciale. Ce nouveau parquet sera indépendant du parquet général et ne dépendra que de la Chancellerie. Il lui explique en outre que l'occupant est prêt à fusiller 150 otages si une répression exemplaire n'a pas lieu contre les communistes initiateurs des attentats contre la Wehrmacht. Une allusion à des condamnations capitales aurait peut-être été faite au cours de cet entretien, mais sans fixer un nombre précis[2]. Dans un interrogatoire lors de l'épuration, Léon Guyenot est plus affirmatif en indiquant que Joseph Barthélemy lui a demandé de requérir des peines de mort mais toujours sans donner de chiffres[3]. À cette fin, le décret du 26 septembre 1939 a été aggravé par une loi nouvellement promulguée[4]. Le procureur général affirme qu'il n'a jamais donné la moindre instruction à Léon Guyenot qui s'était vu confier sa mission par le garde des Sceaux, ce dernier s'étant abstenu de lui demander quoi que ce soit, connaissant son hostilité à l'égard de cette juridiction qui l'aurait empêché de transmettre de tels ordres[5].

Léon Guyenot rapporte que, en sortant de la Chancellerie, il est allé rencontrer le président de la section spéciale, Michel Benon désigné lui aussi par Joseph Barthélemy. Ancien avocat, Michel Benon a occupé différents postes de parquetier avant la Première Guerre mondiale. Son comportement lors du conflit lui a valu plusieurs décorations. Il a rejoint en 1928 le parquet de la Seine avant de devenir juge d'instruction au sein de ce même tribunal. En 1937, il a été promu conseiller à la cour d'appel de Paris. Quelques jours avant sa nomination en qualité de président de la section spéciale de la cour d'appel de Paris, il est devenu vice-président de chambre le 22 juillet 1941. Puis, sans doute comme remerciement pour avoir accepté cette fonction, il a été promu président de chambre en décembre 1941 après bien entendu avoir prêté serment de fidélité à la personne du chef de l'État.

Michel Benon a déjà consulté les dossiers adressés par le procureur de la République Maurice Gabolde dans l'antichambre du procureur général[6]. Michel Benon aurait considéré lors de cette rencontre que quatre dossiers étaient susceptibles d'entraîner « des sanctions très graves si les débats ne modifiaient pas l'ambiance des dossiers[7] », ce que l'intéressé réfute pour sa part[8]. Léon Guyenot en a pris trois et Lucien Guillot, autre avocat général près la cour d'appel de Paris, un, celui de Lucien Sampaix. Lucien Guillot ne souhaitait pas requérir la peine de mort. Il en a référé à l'avocat général Dupuich[9], qui est allé dans son sens[10].

Dans son bureau au palais de Justice, le bâtonnier de l'ordre des avocats de Paris, Jacques Charpentier, réunit une dizaine d'avocats (parmi lesquels Odette Moreau, Guillaume Hanoteau, Alex Mellor, Roger Lafarge et Jacques Isorni). Il livre le récit de sa convocation par le premier président de la cour d'appel de Paris qui vient de lui dresser un état des lieux à la suite de l'installation de la section spéciale et des risques encourus par les prévenus jugés lors de la première audience. Il est chargé de commettre d'office des avocats pour assurer la défense de treize prévenus. Après avoir rappelé l'historique de la loi, le bâtonnier indique à ceux présents dans la salle qu'il s'agit d'épargner la vie de beaucoup d'innocents que les autorités d'occupation menacent de fusiller à titre de représailles. Il est fait mention de l'exécution de 50 magistrats et de 50 avocats. Il conclut que trois condamnations à mort seront prononcées à la première audience et que trois autres suivront. Il est alors interrogé par ses confrères sur les raisons qui l'ont poussé à ne pas refuser de commettre des avocats. Présent dans son bureau, Jacques Isorni nous livre ses souvenirs :

> Il avait pensé que, si notre rôle ne devait être que la couverture d'un simulacre, nous serions au moins une présence auprès d'hommes promis à la mort, que durant le bref moment d'existence qu'ils auraient encore devant eux, ceux-ci sentiraient qu'ils n'étaient pas abandonnés. Nous serions aussi le dernier lien possible entre eux et ceux qu'ils aiment. Nous étions libres d'accepter ou de refuser. Le bâtonnier avait les larmes aux yeux. « Confiance mes enfants », nous dit-il. En le quittant nous avions la tête basse. Je me souviens de ces derniers mots qu'il prononça : « Rappelez-vous que de toute façon votre robe noire sera plus facile à porter que la robe rouge de ceux qui jugeront[11]. »

La première audience a lieu le 27 août 1941 au matin. Il semble que les autres magistrats composant la section spéciale aient appris le matin même que des peines de mort allaient être requises et prononcées lors de la première audience. Maurice Cottin affirme avoir appris, alors qu'il était en robe et qu'il se disposait à monter à l'audience avec ses collègues, que six condamnations à mort seraient demandées par le ministère public[12]. Celles-ci seraient nécessaires pour éviter « l'exécution le lendemain même de 150 otages au nombre desquels étaient susceptibles de figurer les chefs de la Cour. Connaissant les méthodes barbares habituelles des Allemands, j'étais fondé à penser que cette menace dont je ne pouvais douter de l'authenticité ne serait pas vaine[13] ». On retrouve le même sentiment chez Paul Larricq, « angoissé par la tragique alternative de prononcer des peines capitales ou de savoir que de nombreux otages innocents seraient fusillés si aucune peine de mort n'était prononcée[14] ».

Lucien Guillot, autre parquetier, affirme pour sa part que cette information lui a été donnée à la suite d'une confidence de Victor Dupuich, sans déterminer dans quelles circonstances elle aurait été faite ni à quel moment[15]. Le procureur général l'a pareillement appris de Victor Dupuich qui avait reçu cette information au cours de la réunion tenue à l'hôtel Matignon le 21 août avec Jean-Pierre Ingrand et l'amiral Bard[16]. Louis Tetaud, le dernier parquetier de la section spéciale, indique pour sa part qu'il « ne fallait pas compter sur moi pour requérir des peines de mort et m'étant élevé au surplus contre la loi elle-même[17] ». Celui-ci a pris en conséquence, sur proposition de Léon Guyenot, « parquetier en chef », d'autres dossiers dans lesquels il a requis les peines prévues par la loi de 1939[18].

Louis Tetaud nous renseigne par ailleurs sur la position du parquet lors de cette première audience, en particulier sur l'attitude de Lucien Guillot. Pour lui, il n'était animé d'aucun sentiment sordide. Son comportement a été guidé par ses seules qualités d'ancien combattant mutilé et de magistrat du parquet scrupuleux. René Linais, un autre juge composant la section spéciale, aurait été pareillement stupéfait et indigné selon Louis Tetaud, à qui il aurait confié son trouble en apprenant que des peines de mort allaient être demandées.

Les dossiers sur lesquels la section spéciale de la cour d'appel de Paris a dû statuer lors de cette première audience sont l'illustration parfaite de la hâte dans laquelle cette juridiction a été mise en place.

Aucun élément ne permet de déterminer avec certitude qui a choisi les dossiers soumis à l'audience. Léon Guyenot indique toutefois dans un interrogatoire que Maurice Gabolde aurait procédé à la sélection avec les autorités allemandes[19]. Pour Victor Dupuich, le rôle de la première audience a été établi conjointement par Michel Benon et Léon Guyenot[20]. En effet, c'est le parquet général qui s'est chargé de rassembler les dossiers venant des 10e et 18e chambres correctionnelles. Il ne fait pas état d'une participation de Maurice Gabolde[21]. Les sources allemandes sont, quant à elles, plus explicites sur ce point, indiquant très clairement une participation des autorités d'occupation dans la sélection de ces dossiers[22].

Le rôle d'audience, qui définit l'ordre de passage des affaires, n'a pas été suivi : il est vraisemblable que toutes les affaires où la peine de mort devait être requise ont été appelées d'abord[23].

Trois sont ainsi prononcées à l'encontre d'Abraham Trzebrucki, André Bréchet et Émile Bastard. Il convient de préciser qu'à chaque fois cette peine a été librement appréciée par la section spéciale, le parquet ayant dans son réquisitoire laissé la juridiction apprécier si la peine capitale devait être prononcée[24]. Les sept autres dossiers conduisent à deux emprisonnements d'un et deux ans (soit des peines inférieures au maximum pouvant être prononcé sous l'ancien régime du décret-loi du 26 septembre 1939) et cinq peines de travaux forcés allant de sept ans à la perpétuité, notamment à l'encontre de Lucien Sampaix qui devait être condamné à mort. Compte tenu de la diversité des peines prononcées, il est possible de penser, hormis les dossiers où la peine de mort a été ou devait être prononcée, que les magistrats de la section spéciale ont décidé des peines en conscience après étude des dossiers et des scellés, comme en atteste Léon Guyenot[25].

Après les trois premières condamnations à mort, les juges décident de ne pas prononcer la peine capitale à l'encontre de Lucien Sampaix. Ce tournant dans l'audience est suivi d'une suspension d'audience. Pour Louis Tetaud, l'absence de condamnation à mort à l'encontre de Lucien Sampaix a rendu « plus difficile, peut-être impossible de prononcer de nouvelles peines de mort[26] ».

Louis Tetaud apporte d'ailleurs une précision importante à cet égard : les affaires Woog et Guyot, initialement prévues au rôle de la section spéciale, ont été retirées, sans précision sur l'auteur de cet acte[27]. Le rôle de l'audience du 27 août 1941 porte la mention « non jugé sera fixé ultérieurement[28] ». Léon Guyenot croit quant à lui se souvenir que ces deux dossiers n'étaient pas en état d'être jugés[29]. En outre, aucun membre du ministère public ne les avait étudiés ni ne devait les soutenir[30]. Cette version est également présentée par Michel Benon[31] qui croit se souvenir que ces dossiers ont été retirés en début d'audience. Il revient toutefois sur ce dernier point dans un autre interrogatoire en indiquant qu'ils ont été radiés du fait de l'heure tardive. Il était déjà 19 h 30 quand la première audience a été levée[32].

René Linais rapporte qu'à la suite de la suspension d'audience qui a suivi l'affaire Lucien Sampaix, le président Benon a annoncé qu'aucune nouvelle condamnation à mort ne serait prononcée, vraisemblablement après instructions de la Chancellerie. Il ajoute que c'est le ministère public qui a reçu l'ordre de retirer, par crainte de l'indépendance de la section spéciale dans le dossier Sampaix, les deux dernières affaires pour lesquelles la peine de mort devait être requise, à savoir les dossiers Woog et Guyot[33].

Robert Baffos confirme ce point en ajoutant que, après la suspension d'audience, le président Benon a dit à son retour qu'« on se contente de trois têtes[34] ». Michel Benon conteste dans sa déposition à la Libération tant avoir été en contact avec la Chancellerie qu'avoir indiqué qu'il n'y aurait plus de condamnations à la peine de mort. Il réfute également que six dossiers aient été désignés à l'avance dans lesquels des peines de mort devaient être prononcées.

Maurice Cottin livre pour sa part une tout autre explication sur le retrait des dossiers Woog et Guyot, donnant la part belle aux juges siégeant lors de cette audience. Après que la section spéciale a renoncé à prononcer la condamnation à mort de Lucien Sampaix, les magistrats ont fait savoir au président Benon qu'ils ne voulaient plus être saisis d'affaires pour lesquelles la peine de mort serait requise[35]. Cette version est confirmée par Paul Larricq[36].

Le lendemain, René Linais fait part de son indignation devant les procédés utilisés pour le faire siéger à la section spéciale et menace le premier président de démissionner. Ce dernier tente de le rassurer en indiquant que la section spéciale ne sera plus amenée à prononcer des condamnations à mort[37].

S'il ne fait aucun doute que les magistrats de la section spéciale de la cour d'appel de Paris ont subi une pression manifeste avant la première audience, il n'en demeure pas moins qu'ils semblent avoir renoncé, pour certains d'entre eux, à tout le moins aux règles et conduites de magistrats professionnels. L'état de nécessité et la menace relayée par la Chancellerie ont pu très certainement avoir une grande influence sur leur état d'esprit. Dès lors, on assiste au moins lors de cette première audience à un basculement vers l'arbitraire. Un revirement semble cependant s'opérer à partir du dossier de Lucien Sampaix, qui aboutit à des peines certes très lourdes mais plus cohérentes et justifiables au vu des affaires traitées le 27 août 1941. S'il est indéniable que ces sanctions sont sans commune mesure avec celles prononcées quelques jours auparavant par le tribunal correctionnel de la Seine notamment, les temps ont changé et la logique répressive également, ce qui explique, un tant soit peu, le comportement des magistrats gardiens de l'ordre établi. Faut-il y voir pour autant une compromission de ces derniers ? Les audiences suivantes permettent de nuancer cette idée.

En dépit de quelques éléments divergents (l'absence du président Benon lors de la suspension d'audience après le jugement de Lucien Sampaix, l'origine de l'ordre de retrait au parquet s'il y a vraiment eu retrait) impossibles à trancher avec certitude[38], les témoignages sont cohérents. À compter de l'affaire Sampaix, l'indépendance de la section spéciale et de certains des magistrats la composant semble actée par la Chancellerie qui doit trouver une autre juridiction plus à même de satisfaire ses desiderata. Lucien Guillot considère également que l'arrêt Sampaix est « un arrêt de principe » par lequel la section spéciale a décidé de ne plus prononcer de condamnations à mort. « Cette attitude fut portée à la connaissance de la Chancellerie et c'est alors que le tribunal d'État fut créé et que cet organisme fut saisi par la suite des grosses affaires d'activité communiste[39]. »

Des affaires banales conduisant à la peine de mort

La plupart des dossiers retenus pour cette première audience peuvent être qualifiés de relativement banals dans leur matérialité. Ils sont toutefois assez représentatifs de la globalité des procédures que la section spéciale de la cour d'appel de Paris aura à connaître durant son existence.

Léon Redondeau est arrêté le 21 juillet 1941 vers 22 heures alors qu'il refuse de circuler. Pris de boisson, il oppose une résistance lorsqu'un brigadier veut le conduire au poste. Il se laisse traîner sur le sol et profère des insultes à l'encontre des forces de l'ordre qu'il qualifie de « bande de cons ». Fouillé, le prévenu est trouvé porteur dans la poche intérieure droite de son veston d'un tract communiste intitulé « La Vie ouvrière » plié en quatre parmi d'autres papiers. Une perquisition à son domicile antérieurement à cette arrestation, à la suite d'une dénonciation, avait déjà permis la découverte sur le buffet de sa salle à manger de cinq tracts communistes[40]. Il est condamné à sept ans de travaux forcés par la section spéciale.

André Laithier, André Leygnac et André Coin sont poursuivis pour distribution de tracts à Malakoff en mai 1941[41]. André Laithier, ancien membre des Jeunesses communistes et militant communiste actif, est arrêté porteur d'un lot d'environ 80 tracts, brochures et cartes diverses. À son domicile sont retrouvés encore une vingtaine de tracts et brochures récentes, une liste de souscriptions, un projet de tract et divers opuscules communistes, ainsi qu'une feuille de papier sur laquelle il s'est exercé à imiter la signature de l'adjoint au maire de Malakoff. Du matériel pour fabriquer de faux certificats est également découvert et saisi à son domicile. André Leygnac et André Coin sont accusés de lui avoir fourni le matériel de propagande. Devant le magistrat instructeur, André Leygnac nie les faits et André Laithier modifie les informations qu'il a communiquées au cours de l'enquête de police. Il reconnaît toutefois devant le juge d'instruction qu'il a remis à son collègue de bureau André Leygnac une brochure et deux tracts communistes en niant toute implication de ce dernier. Il précise par ailleurs n'avoir jamais tenu de réunion. Cette assertion est intéressante à double titre. L'interrogatoire démontre la volonté du juge instructeur de s'assurer qu'il n'est pas en présence de quelques membres d'un réseau plus vaste. Ensuite, les réponses mettent en exergue une organisation communiste spontanée et non organisée fondée sur les relations anciennement développées au sein du parti ou des organisations affiliées. André Coin a, quant à lui, reconnu avoir passé des tracts à André Laithier. Il prétend toutefois n'avoir servi d'intermédiaire que deux fois entre un inconnu et ce dernier. André Laithier est condamné à dix ans de travaux forcés, André Leygnac et André Coin respectivement à un an et deux ans d'emprisonnement.

Bernard Friedmann est jugé lui aussi lors de cette première audience. Il est de confession juive mais n'a jamais milité au Parti communiste. Il est arrêté le 8 août 1941 alors qu'il colle des papillons communistes sur un poteau télégraphique. Fouillé, il est trouvé porteur de papillons et de tracts en langue yiddish tendant à la propagande communiste, ainsi que de tickets de rationnement pour du pain dont il n'a pas pu justifier la provenance[42]. Les faits qui lui sont reprochés étant relativement minimes, sa présence lors de cette audience paraît avoir été dictée par sa confession juive. Il est condamné à dix ans de travaux forcés.

Lucien Sampaix a été pour sa part arrêté fortuitement lors d'une perquisition au domicile de Lucien Coone[43]. Il a d'abord déclaré s'appeler Vanaret mais, pressé de questions par les enquêteurs, il avoue finalement son identité. Il reconnaît également qu'il s'est évadé du camp de séjour surveillé d'Oraison (situé dans les actuelles Alpes-de-Haute-Provence) et qu'il habite depuis un certain temps déjà chez Lucien Coone clandestinement. Il prétend n'avoir aucune part dans l'activité communiste actuelle. Le réquisitoire est particulièrement intéressant en ce qui concerne la volonté répressive du parquet à l'encontre de Lucien Sampaix. Plusieurs chefs d'inculpation sont en effet possibles, vol et usurpation de papiers d'identité, évasion et/ou infraction au décret-loi du 26 septembre

1939. Le parquet ne retient que les qualifications pénales d'évasion et d'infraction au décret-loi du 26 septembre 1939. Ce faisant, la répression prend un tournant politique majeur. Il a également lieu de s'interroger sur l'opportunité de cette disqualification pénale eu égard à la création concomitante de la section spéciale. Si le ministère public avait retenu à titre principal les qualifications pénales de vol et d'évasion, ce dossier échappait à cette juridiction.

André Bréchet est un militant du Parti communiste au sein de la région Paris-Ville depuis 1935. Après avoir rempli les fonctions de trésorier d'une cellule, il est désigné secrétaire de Prosper Môquet, alors député communiste de la 3e circonscription du XVIIe arrondissement de Paris. Dès novembre 1940, après un séjour sous les drapeaux où il a cessé toute activité politique, il rejoint le Parti communiste clandestin. En décembre 1940, une perquisition à son domicile à Clichy, qu'il a déserté sous le prétexte de mésentente conjugale, a permis de découvrir une machine à écrire et un jeu de lettres en caoutchouc servant à la confection de tracts. Il réside depuis plusieurs semaines 20, rue de Thorigny dans le IIIe arrondissement de Paris sous l'identité d'Émile Courtois. Il est à cette époque activement recherché par les services de police. Ces derniers ont acquis la conviction qu'il occupe un poste important dans l'organisation communiste clandestine de la région parisienne, notamment en ce qui concerne la confection et la répartition du matériel de propagande. Après de nombreuses surveillances de militants communistes avec lesquels les services de police le soupçonnent d'être en relation, il est appréhendé le 1er juillet 1941 alors qu'il rentre à son domicile porteur d'un paquet d'environ 400 tracts. Une perquisition effectuée immédiatement permet de découvrir de nombreux autres tracts récemment édités ainsi qu'un duplicateur et six toiles à duplicateur, neuf carrés de papier comportant diverses indications et qui, lus à l'aide d'une grille, ont révélé l'organisation de tout un réseau de dépositaires de tracts, dont certains membres seront également jugés par la section spéciale de la cour d'appel. Il est condamné à mort.

Émile Bastard a milité au Parti communiste de 1933 jusqu'à sa dissolution. Il a repris son activité communiste à la fin du mois de juillet 1940 en se livrant à la fabrication et à la distribution de propagande dans le XIIIe arrondissement de Paris. Il est appréhendé le 10 janvier 1941. Une perquisition effectuée le jour même permet la découverte d'un très grand nombre de tracts, affiches et papillons communistes, de manuscrits de projets de tracts, d'une machine à ronéotyper, des tubes d'encre et de tout le matériel nécessaire pour la reproduction de tracts, ainsi que d'un stencil pour le tirage du numéro *L'Humanité* en date du 12 décembre 1940. Il reconnaît lors de son interrogatoire qu'il a été chargé de la reproduction des tracts qui lui étaient remis[44].

Quant à Abraham Trzebrucki, artisan casquettier, il est accusé d'usage de faux papiers et d'avoir collecté des fonds pour un organisme contrôlé par la Troisième Internationale communiste. Il est poursuivi pour infraction à un arrêté d'expulsion et pour militantisme communiste[45]. Sans nul doute, il se trouve choisi pour cette audience du fait de son appartenance à la communauté juive et de sa nationalité étrangère. Il est un des symboles de l'arbitraire de la nouvelle juridiction.

Les peines prononcées par la section spéciale de la cour d'appel de Paris le 27 août 1941 sont très lourdes par rapport aux sanctions habituellement infligées en première instance par le tribunal correctionnel de la Seine. Elles peuvent de ce fait être qualifiées d'arbitraires. Abraham Trzebrucki est condamné en première instance à cinq ans d'emprisonnement. En appel, il est finalement condamné à mort. Le tribunal correctionnel du département de la Seine juge coupable Émile Bastard d'activité communiste le 12 mars 1941 et fixe sa peine à deux ans d'emprisonnement. Cette sanction est conforme aux réquisitions du ministère public. Le 27 août 1941, le parquet de la section spéciale de la cour d'appel de Paris vers lequel ce dossier est renvoyé sollicite la peine de mort, qui est obtenue de cette juridiction.

Ce même jour, plusieurs dossiers sont déférés à la section spéciale de la cour d'appel de Paris qui intervient en qualité de juridiction de premier degré. Il s'agit d'affaires très récentes des mois de mai ou juillet 1941 pour la plupart. Bien qu'instruites selon les modalités prévues par le Code d'instruction criminelle, elles sont jugées suivant la procédure prévue par la loi du 14 août 1941.

Il ne fait aucun doute que les sanctions prononcées par la section spéciale de la cour d'appel de Paris lors de sa première audience ont avant toute chose valeur de symbole. Elles apparaissent totalement dénuées de réalité juridique. Les deux affaires mentionnées ci-dessus qui ont déjà été jugées par le tribunal correctionnel de la Seine en sont l'exemple parfait. Le traitement des autres dossiers ne correspond également pas à l'échelle de peines habituellement utilisée par le passé par les juridictions chargées de la lutte anticommuniste. Même pour les prévenus fraîchement arrêtés et détenus, le choc est rude avec des condamnations à des peines de travaux forcés. Les deux peines d'emprisonnement prononcées sont quant à elles plus sévères qu'antérieurement mais demeurent dans l'échelle des peines correctionnelles, avec une et deux années d'emprisonnement.

Vers une nouvelle fonction de la section spéciale de la cour d'appel de Paris

Après cette première audience, la section spéciale va connaître, sous la présidence Benon, une fonction évolutive qui ne modifiera toutefois pas fondamentalement son approche répressive. À la suite de sa première audience, la section spéciale doit juger essentiellement des dossiers de propagande communiste car l'occupant se réserve les dossiers relatifs aux actes de résistance et aux attaques contre ses membres[46]. Afin de satisfaire les exigences de vengeance des autorités allemandes à la suite de l'attentat de l'aspirant Moser, une nouvelle juridiction, le tribunal d'État est créé, qui sera chargé de prononcer les trois condamnations à mort restantes. L'État français renvoie donc les dossiers les plus sensibles au tribunal d'État. Les rapports et les points mensuels adressés par le parquet de la section spéciale au garde des Sceaux nous renseignent sur son activité[47].

Sur l'ensemble de la période, la section spéciale statue en moyenne dix fois par mois. La section spéciale connaît un calendrier similaire à celui des autres juridictions avec de courtes vacances judiciaires en avril et de longues en août et septembre. Seules des auditions de vacation ont lieu au cours de cette période. D'une manière générale, la section spéciale statue environ trois fois par semaine, ce qui constitue un rendement relativement important pour une juridiction. Le nombre moyen d'affaires jugées mensuellement sur la période est de vingt-cinq soit en moyenne deux affaires et demie par audience. Ce chiffre relativement faible laisse à penser que les magistrats jugent avec un certain soin en prenant le temps d'étudier les dossiers et les scellés. Selon nous, il n'y existe pas une volonté « de faire du chiffre ». Le nombre d'affaires jugées doit donc être mis en relation avec le nombre d'individus déférés pour refléter la réelle activité de la section spéciale. Il ressort de ces données que même dans l'hypothèse où le nombre d'affaires jugées est plus faible, le nombre d'individus jugés demeure relativement constant.

À partir du 1er janvier 1942, le parquet général de la section spéciale établit des données statistiques pour justifier auprès de la Chancellerie de son activité en amont des arrêts rendus. Il est ainsi fait état dans les rapports mensuels adressés au garde des Sceaux du nombre d'affaires en cours d'information et de celles en attente d'être jugées. Ces données sont relativement constantes au cours de l'année, avec toutefois une baisse du nombre de dossiers en cours d'information durant la période estivale.

Dans un premier temps, cette nouvelle juridiction d'exception se voit transférer des procédures encore en cours. À ce titre, elle intervient exclusivement dans les premiers mois de son existence, entre approximativement août 1941 et mars 1942, en qualité de juge d'appel des décisions rendues en première instance par le tribunal correctionnel ou le tribunal militaire permanent[48] de Paris. La section spéciale a en effet compétence, en qualité de juridiction de second niveau, sur les appels interjetés par les prévenus ou le ministère public s'agissant des décisions rendues par les tribunaux correctionnels et sur les oppositions formées à l'encontre des jugements par défaut (autrement dit par contumace) du tribunal militaire permanent.

L'instauration de la section spéciale n'est pas sans poser des difficultés d'ordre juridique sur les procédures en cours du fait des chevauchements de compétence. Ainsi, la cour d'appel de Paris doit statuer en novembre 1941 sur un appel interjeté par le parquet le 16 octobre 1941 à la suite d'une décision de la douzième chambre du tribunal correctionnel de la Seine en date du 20 août 1941. Deux prévenus qui avaient tenu et distribué des écrits tendant à propager les mots d'ordre de la Troisième Internationale communiste ont été condamnés par cette chambre à deux peines d'emprisonnement de six et huit mois, jugées trop clémentes par la Chancellerie. Il importe de rappeler que, dans cette affaire, ni le procureur de la République ni le procureur général n'ont estimé nécessaire d'interjeter appel. Cette décision de la direction des Affaires criminelles et des Grâces du ministère de la Justice paraît avoir été prise du fait qu'un des prévenus ait été naturalisé français. La cour d'appel de Paris se trouve donc à devoir juger à nouveau une affaire dont la compétence relève de la section spéciale. Par une application stricte de la loi du 14 août 1941, elle décide de déclarer irrecevable l'appel du ministère public, la cour d'appel étant incompétente dans cette affaire, et rend définitif de ce fait le jugement du tribunal correctionnel de la Seine[49].

Par une certaine ironie, cette décision est rendue sous la présidence de Jean Cournet qui a refusé de siéger et de présider la section spéciale de la cour d'appel de Paris. Faut-il y voir un nouvel acte de bravoure/résistance de ce dernier à l'égard de cette juridiction d'exception qui contrevient aux règles les plus élémentaires du droit pénal français ? Rien n'est moins sûr.

Après avoir été informée de cet arrêt par le procureur général, la première réaction de la Chancellerie est de demander des explications à ce dernier par le biais du magistrat chargé de la direction des services du ministère de la Justice à Paris. Les suites données à cette affaire demeurent inconnues.

Sur la période d'août 1941 à mars 1942, il est très difficile d'apprécier l'impact de la section spéciale de la cour d'appel de Paris en cette qualité de juge d'appel. Si, globalement, les peines prononcées augmentent sensiblement, cela n'est pas vrai dans tous les dossiers. Cette amplification se mesure en effet à la hausse comme à la baisse en fonction du rôle joué par le prévenu dans l'organisation clandestine du Parti communiste[50]. Cela conduit à acquérir une certitude, les magistrats de cette juridiction rationalisent les peines. Pour autant, certaines peines prononcées sont discutables. Les prévenus, quant à eux, renoncent pour beaucoup à leur appel ou se désistent de leur opposition de peur que la peine soit alourdie.

Au fil du temps, cette position de juge d'appel va se tarir. La section spéciale connaît, à partir du mois de mars 1942, « ses » propres dossiers instruits suivant la méthode accélérée prévue par la loi du 14 août 1941. La manière de juger des magistrats ne semble pas avoir fondamentalement changé même si les peines prononcées sont généralement moins sévères qu'antérieurement. Les premiers dossiers instruits suivant les nouvelles règles issues de la loi du 14 août 1941 sont d'ampleur très modestes. Même si la nature des affaires transmises n'est pas modifiée, puisqu'il s'agit toujours de faits de propagande ou assimilés, elles apparaissent plus simples, plus insignifiantes que celles déjà jugées. Par exemple, le nombre de tracts distribués ou détenus est globalement plus faible que lors de la période précédente.

La création d'une nouvelle juridiction : le tribunal d'État

La genèse de la création du tribunal d'État demeure relativement floue, faute de documentation. Le rapport au chef de l'État précédant l'adoption de la nouvelle loi nous éclaire néanmoins. L'amiral Darlan, Pierre Pucheu et Joseph Barthélemy justifient la création d'une nouvelle juridiction d'exception : « La paix intérieure est menacée à la fois par le complot permanent de certains groupes occultes et par les gestes isolés de quelques exaltés ; enfin les souffrances du pays peuvent être accrues par l'action des accapareurs. »

Concrètement, la nouvelle juridiction vise à réprimer trois catégories d'individus :

> Les agissements criminels d'une infime minorité de Français dont certains se sont placés aux ordres de puissances étrangères, dont d'autres sont abusés par une exaltation fanatique, et dont d'autres

> encore cherchent à tirer un profit personnel des privations imposées à l'ensemble du pays, risquent de compromettre votre œuvre de redressement national.

La première catégorie comprend les personnes ayant rejoint la résistance gaulliste et communiste. Si la création des sections spéciales permet de réprimer les militants et sympathisants du Parti communiste, des limites à son action sont déjà perçues :

> La loi du 14 août 1941 a permis déjà de frapper rapidement un certain nombre de criminels et de délinquants. Les termes mêmes du texte qui l'a créée imposent à son action des limites. Il convient aujourd'hui de n'être pas arrêté par les restrictions d'un texte, mais de pouvoir frapper partout où il se manifeste des actes qui risquent de porter atteinte à la sécurité du pays et à l'unité matérielle et morale de la nation[51].

De manière plus prosaïque, cela offre à la nouvelle juridiction la possibilité de juger :

— les derniers prévenus communistes qui auraient dû être condamnés à mort par la section spéciale de la cour d'appel de Paris ;

— la résistance gaulliste dont la répression par la cour martiale de Gannat est peu importante et peu efficace.

La deuxième catégorie de personnes pouvant être déférées devant le tribunal d'État est sans doute la plus difficile à percevoir. Une hypothèse peut toutefois être avancée. Le 30 août 1941, un attentat est commis contre Pierre Laval et Marcel Déat à Versailles, soit quelques jours seulement avant la promulgation de cette loi. Devant le retentissement de l'acte commis à titre personnel et de manière autonome par Paul Collette, il y a lieu de penser que c'est ce type de comportement qui est visé. Enfin, le troisième et dernier groupe de personnes correspond aux affaires qui étaient du ressort de la cour criminelle spéciale.

Devant la multiplicité de ces différents cas, la compétence de la nouvelle juridiction est ainsi voulue extrêmement vaste.

Le Conseil des ministres peut déférer au tribunal d'État les auteurs, coauteurs ou complices de tous actes, menées ou activités qui, quels qu'en soient la qualification, l'intention ou l'objet, ont été de nature à troubler l'ordre, la paix intérieure, la tranquillité publique, les relations internationales ou, d'une manière générale, à nuire au peuple français[52].

Cette dernière notion a donné lieu à des discussions doctrinales[53] ou commentaires[54]. Il s'agit vraisemblablement d'une référence à une notion de droit allemand, ce qui ne serait pas surprenant compte tenu du rôle omniprésent des autorités d'occupation dans la création de la juridiction. Dès le 3 septembre 1941, le *Militärbefehlshaber in Frankreich* rappelle en effet au délégué général du gouvernement français dans les territoires occupés que les engagements pris le 22 août ne sont pas tenus et qu'il est profondément déçu des décisions de la section spéciale de la cour d'appel de Paris. Il appartient en conséquence à l'État français de mettre en œuvre, dans le plus bref délai, les promesses données[55]. Il ne faut pas pour autant assimiler le tribunal d'État aux tribunaux du peuple allemand, qui restent bien plus sévères[56].

La faculté de saisir le tribunal d'État appartient au Conseil des ministres, dans la lignée traditionnelle des plus pures juridictions d'exception. Celui-ci désigne les membres dont la plupart n'appartiennent pas au personnel judiciaire. Bien que l'article 3 de la loi du 7 septembre 1941 prévoie une désignation de six juges, ils ne sont en définitive que quatre à être nommés. Cela conduira à de nombreuses difficultés par la suite, puisque le quorum nécessaire pour pouvoir siéger est fixé à cinq membres minimum. L'installation de la nouvelle juridiction a lieu dès le lendemain de la promulgation de la loi. Le règlement de procédure est arrêté à cette occasion[57]. Celui-ci fixe les modalités de la phase d'instruction, les diligences nécessaires avant et pendant l'audience et *a posteriori* dans la rédaction de l'arrêt avec un modèle prédéfini.

Le ministère de l'Intérieur paraît être la pièce centrale dans la constitution de la nouvelle juridiction. Il semble également jouer un rôle important dans le choix des premières affaires qui devront lui être soumises :

> Les premières affaires soumises seront les dossiers Péri et Guyot. Pour l'affaire de marché noir, les 3 dossiers les plus importants de la zone occupée [...] ont été transmis à Vichy, pour être soumis à la Cour criminelle spéciale. Il y aurait intérêt à les renvoyer d'urgence, d'accord avec le garde des Sceaux, pour qu'ils soient soumis au Tribunal d'État[58].

Aucun document n'indique que la Chancellerie ait été consultée en amont ou qu'elle ait participé à la détermination des affaires qui seraient jugées lors des audiences des 20 et 21 septembre 1941.

Les audiences des 20 et 21 septembre 1941 sont ainsi consacrées au jugement des affaires Woog et Guyot, qui ont été retirées du rôle d'audience de la section spéciale de la cour d'appel de Paris le 27 août 1941[59]. Ces deux affaires sont liées à la mise en place de réseaux visant à assurer la distribution de tracts communistes à Colombes (affaire Guyot) et à Boulogne-Billancourt[60] (affaire Woog).

Dans la première[61], la gendarmerie de Colombes surprend, au cours d'une ronde dans la soirée du 8 février 1941, plusieurs individus en train de placarder des papillons sur les murs et de distribuer des tracts communistes polycopiés, dans les principales rues de cette ville. Des gardiens de la paix découvrent également, au cours de cette même soirée, des banderoles de tissu rouge et blanc ornées de l'insigne de l'Internationale communiste, qui sont accrochées à des fils téléphoniques bordant les principales voies publiques. Trois arrestations en flagrant délit sont opérées, celles d'Émile Vallée, Modeste Delauffre et Louis Cocu. À la suite de leurs interrogatoires au commissariat de Colombes, d'autres individus sont appréhendés. Blanche Boulogne, épouse Delauffre, Antoinette Pradel, épouse Ballouard, Léon Delhaye, Ernest Guegen, Gabriel Royer, Henri Poncelet, Adolphe Guyot, Yvon Bernard, Arthur Lepetit, René Germon, Marc Valette, Roger Avenel, Maurice Conrad, Pierre Piquois et Raoul Bertrand.

Adolphe Guyot a joué un rôle déterminant dans la mise en place de ce réseau. Membre du Parti communiste, il travaille comme plombier couvreur à la ville de Colombes où il réside. Il est arrêté le 29 novembre 1938 alors qu'il distribue des tracts appelant à une grève deux jours plus tard. Cela lui coûte son emploi. Il rejoint alors une entreprise de métallurgie dans la ville voisine de Courbevoie. Au début de la guerre, il est « affecté spécial » à l'entrepôt de l'armée de l'air de Saint-Cyr-l'École[62]. Il est surveillé de près par les Renseignements généraux et arrêté le 25 février 1940 pour être mis à disposition de l'autorité militaire.

Après sa démobilisation, il reprend une activité militante clandestine en distribuant des tracts. Présenté par une connaissance à un responsable de la région ouest du Parti communiste, il est rapidement pressenti pour organiser une des cellules de Colombes. Tout en étant agent de liaison avec la direction régionale du parti, il est désigné organisateur politique pour un secteur, Modeste Delauffre étant responsable politique, Antoinette Pradel, responsable de la diffusion et Émile Laurent, trésorier. Devant le succès de cette première organisation, les responsables de la région ouest du Parti communiste lui demandent d'organiser les autres secteurs de Colombes.

Renvoyés pour la plupart devant le tribunal correctionnel de la Seine, les prévenus sont jugés par la douzième chambre le 4 juin 1941. Ils interjettent appel de cette décision, ce qui les conduit logiquement compte tenu de la loi du 14 août 1941 à être rejugés devant la section spéciale de la cour d'appel de Paris puis en définitive par le tribunal d'État, section de Paris. Cela permet d'établir un comparatif entre les peines prononcées en première instance et en appel. La logique répressive semble suivre celle de la section spéciale de la cour d'appel de Paris. D'une manière générale, les peines sont amplifiées pour les responsables jusqu'à la peine de mort pour Adolphe Guyot et aux travaux forcés à l'encontre notamment de Modeste Delauffre et d'Antoinette Pradel. Les autres prévenus ne voient pas leurs condamnations augmenter, elles diminuent même dans un cas. Les contumax sont, comme à l'accoutumée, plus lourdement sanctionnés puisqu'ils disposent d'une éventuelle voie de recours, l'opposition à cette décision.

Assisté de Charles Bourquin et Achille Noullez, Jacques Woog assure la direction de la diffusion de la propagande communiste dans le secteur de Boulogne-Billancourt et des arrondissements de l'Ouest parisien. Avec plusieurs membres de son réseau, il est interpellé le 23 mars 1941 et renvoyé devant le tribunal d'État, section de Paris, le 20 septembre 1941. Il est condamné à mort. Charles Bourquin est également lourdement sanctionné à dix années de travaux forcés. Les autres peines sont relativement faibles, allant de l'acquittement à trois années d'emprisonnement, soit les standards de condamnation en vigueur au sein du tribunal correctionnel de la Seine. Une autre peine mérite d'être signalée, celle de dix ans de travaux forcés prononcée à l'encontre de Mireille Salou. Une sanction aussi sévère est surprenante dans la mesure où cette dernière participe activement au travail des enquêteurs et au démantèlement de cette cellule. Cela lui vaut d'être condamnée à la Libération aux travaux forcés à perpétuité par la cour de justice du département de la Seine[63].

Le 21 septembre 1941, le tribunal d'État, section de Paris, poursuit son œuvre répressive en condamnant à son tour l'ancien député communiste, Jean Catelas, à mort. Celui-ci est arrêté le 14 mai 1941 par le commissariat d'Asnières-sur-Seine[64], alors qu'il vit au 23, rue de Bretagne, chez Jules Rouveyrolis, ancien conseiller municipal communiste d'Arcueil. À cette date, une perquisition est opérée à son domicile, qui amène à la découverte de tracts, de brochures et de livres communistes ainsi qu'à des documents appartenant à Jean Catelas. Ce dernier est également arrêté ainsi que deux autres personnes, Lucie Vanhille, maîtresse de Jules Rouveyrolis, et Jean Arrachart, gendre de Jean Catelas. Après de multiples interrogatoires, ils avouent héberger Jean Catelas[65], ce qui conduit à son arrestation. Lors de son audition au commissariat, il reconnaît exercer une activité clandestine pour le compte du Parti communiste dissous. Il fait déjà l'objet d'une condamnation par défaut, prononcée le 3 avril 1940 par le troisième tribunal militaire de Paris, à cinq ans d'emprisonnement pour propagande. Il forme opposition à ce jugement, ce qui conduit à une jonction des deux procédures. Lors de la perquisition opérée au domicile de Jules Rouveyrolis, les papiers découverts, notamment des fiches de militants, amènent à de nouvelles investigations et à de nouvelles arrestations de propagandistes communistes.

Une nouvelle fois, les responsables communistes ou estimés comme tels par les forces de police sont les plus lourdement réprimés. Ainsi, Jean Catelas est condamné à mort[66]. Pierre André, qui reconnaît avoir poursuivi son action militante clandestinement et avoir distribué de nombreux tracts (1 000 sont retrouvés lors de la perquisition de son domicile), est également sévèrement jugé avec une peine de dix ans de travaux forcés. Quatre peines de cinq ans de travaux forcés sont en outre prononcées à l'encontre de Lucie Vanhille qui a organisé la clandestinité de Jean Catelas, Maurice Smith, responsable de cellules locales à Saint-Ouen, André Charé, militant très actif du XIIIe arrondissement de Paris et enfin Odette Janvier, agent de liaison de Jean Catelas. Les autres condamnations des militants s'étant livrés à des actes de propagande communiste demeurent à un niveau « raisonnable », équivalant aux peines prononcées par le tribunal correctionnel de Paris avant son dessaisissement de compétence au profit de la section spéciale de la cour d'appel de Paris.

Les exécutions d'Adolphe Guyot, Jacques Woog et Jean Catelas se déroulent le 24 septembre 1941 au matin dans la cour de la prison de la Santé. Ils sont inhumés le jour même au carré des suppliciés dans le cimetière d'Ivry-sur-Seine[67]. Très vite, la propagande communiste s'empare de ces trois condamnés à mort et de ceux de la section spéciale de la cour d'appel de Paris. Une lutte de plus en plus radicale s'instaure entre les militants du Parti communiste et plus généralement entre la Résistance, qui ne cesse de prendre de l'ampleur, et le régime de Vichy.

CHAPITRE 8

Une radicalisation juridique sans effet

Septembre 1942-septembre 1943

À partir de la fin de l'année 1942 et plus encore au début de l'année 1943, l'État français ne cesse de durcir sa politique répressive devant des opposants et une Résistance dont il n'arrive pas à contrecarrer l'action et la propagande. Le nouveau garde des Sceaux, Maurice Gabolde, instaure à son arrivée un véritable état d'urgence répressif. Les juridictions d'exception constituent à cette époque le pilier de la répression politique. Des peines encore plus sévères à l'encontre des prévenus sont attendues des magistrats qui les composent.

Pourtant, au vu de l'évolution du conflit, ceux-ci semblent de plus en plus enclins à une certaine clémence, comme en témoigne Pierre Audiat[1]. Un autre témoin, Jacques Isorni, qui a plaidé à plusieurs reprises devant la section spéciale de la cour d'appel de Paris, va même plus loin en relatant une certaine connivence entre magistrats et avocats sur la peine à prononcer dans l'intérêt même du prévenu[2]. Durant cette période, la répression politique peut apparaître vacillante et ce en dépit d'un arsenal répressif qui ne cesse de croître.

Ce contexte conduit également à des évolutions répressives au niveau des juridictions ordinaires comme le tribunal correctionnel de la Seine. La répression des Juifs qui ne se sont pas soumis à l'obligation de recensement prévue par la loi du 2 juin 1941 se poursuit à un rythme toutefois moindre. Au contraire, la lutte contre les déserteurs et autres auteurs d'évasion s'amplifie.

L'état d'urgence répressif

Les derniers mois de l'année 1942 constituent au niveau international un tournant dans l'évolution du conflit et de son issue. Les retournements militaires à Stalingrad et en Afrique du Nord bouleversent le contexte intérieur français. L'opération *Torch* qui débute dans la nuit du 7 au 8 novembre 1942 permet aux Alliés de s'implanter en Afrique du Nord française sans rencontrer de réelle opposition. Cette situation provoque l'ire des Allemands qui traversent la zone de démarcation et envahissent la zone libre. L'État français perd aux yeux des autorités d'occupation tout atout. Associé à une incapacité à mettre en œuvre sa politique « régénératrice » issue de la Révolution nationale, le gouvernement de Vichy « [...] se maintient au pouvoir, mais ce fut pour y tenir, plus vite qu'il ne l'avait prévu, le rôle de "syndic de faillite". La collaboration qui attelait étroitement la France au char d'une Allemagne sur le déclin, était désormais unanimement rejetée par l'opinion[3] ». Dans le même temps, la Résistance française a su profiter des premiers succès militaires des Alliés et représente désormais la première menace de Vichy. Les actions de la Résistance, qui n'est plus perçue par l'État français comme le reflet d'une simple opposition qui peut être refrénée voire annihilée, ne peuvent plus être réprimées comme de simples délits d'opinion. Un recentrage de la politique répressive en matière politique est donc inévitable. Il favorise davantage les juridictions d'exception et en particulier les sections spéciales des cours d'appel dans une logique plus générale de maintien de l'ordre. L'institution judiciaire doit œuvrer pour la survie même du régime.

À la fin de l'année 1942, le garde des Sceaux, Joseph Barthélemy, est de plus en plus affaibli politiquement. En réalité, dès avril 1942 et le retour au pouvoir de Pierre Laval, les oppositions se font de plus en plus grandes avec le chef du gouvernement. Deux camps se dessinent : d'un côté le chef de l'État apporte son soutien à Joseph Barthélemy, qu'il renouvelle encore en novembre ; de l'autre Pierre Laval appuie la candidature de Maurice Gabolde, dévoué à la cause de la collaboration, qu'il finit par nommer garde des Sceaux en mars de l'année suivante.

Si Maurice Gabolde apparaît comme l'instigateur d'un grand bouleversement accordant la prééminence à la police au détriment de l'institution judiciaire, le processus est en réalité engagé dès novembre 1942. À cette date, Joseph Barthélemy fait des juridictions d'exception le cœur de la lutte contre les oppositions et résistances, au détriment d'une justice ordinaire au rôle de plus en plus limité. Il ouvre la voie à la politique ultra-répressive qui sera parachevée par son successeur.

C'est dans ce contexte qu'est promulguée la loi « concernant la répression des activités subversives et des crimes ou délits contre la sûreté extérieure de l'État » le 18 novembre 1942[4]. Si cette loi ne constitue pas, à proprement parler, une aggravation de la répression anticommuniste, elle prévoit une uniformisation du régime des sections spéciales à travers la France métropolitaine. En réalité, la Chancellerie tire les conséquences de l'envahissement par les autorités allemandes de la zone libre. Au-delà de cette transposition, elle modifie la loi du 14 août 1941 « afin de mettre fin à l'interprétation restrictive qu'avaient adoptée certaines sections spéciales », qui s'étaient refusées à considérer comme communistes les tenants d'organisations subversives indépendantes de la Troisième Internationale mais ayant des buts analogues. En outre, la nouvelle loi défère aux sections spéciales, dans la plupart des cas, les crimes et délits contre la sûreté extérieure de l'État.

Le flagrant délit étant exceptionnel, il faut la plupart du temps recourir à une information préalable, qui devra se dérouler le plus rapidement possible avec le contrôle vigilant du parquet. La détention provisoire doit être la règle. Aucune mise en liberté ne doit être autorisée sans consultation préalable de l'autorité préfectorale. Si lors du règlement de la procédure par les sections spéciales, des réquisitions tendant à l'acquittement doivent être prises, elles sont soumises aux procureurs généraux, qui exercent un contrôle plus vigilant à cet égard. Le parquet dispose en outre toujours de sa faculté d'interjeter appel des ordonnances de non-lieu rendues contrairement à ses réquisitions. La défense devant la juridiction d'instruction et de jugement ne peut être assurée que par un avocat désigné d'office.

Il importe de préciser que le texte a fait l'objet d'une opposition du commandant de la police de sûreté et du service de sûreté du territoire occupé en France (*Befehlshaber des Sicherheitspolizei und des SD im Bereich des Militärbefehlshabers in Frankreich*) qui se ravise le 21 juin 1943.

Une circulaire explicative du ministre de la Justice en date du 2 juillet 1943 justifie le durcissement de la répression compte tenu de la recrudescence des attentats et les évasions de prévenus ou de condamnés réalisées soit en cours de transfèrement, soit à l'intérieur des prisons. Afin de faciliter la tâche des magistrats dans l'instruction et la répression des affaires terroristes, cette circulaire leur offre un véritable commentaire juridique et pratique des dispositions législatives qui viennent d'être prises. Elle rappelle également que les magistrats du parquet conservent un contact étroit en matière de répression des actes antinationaux avec les représentants de l'autorité administrative. En guise de conclusion, le garde des Sceaux indique « qu'il est indispensable que les magistrats chargés par la loi d'assurer la répression du terrorisme apportent à cette œuvre un concours entier et dévoué. Le sentiment élevé au devoir professionnel qui est de tradition dans la magistrature inspirera, j'en suis convaincu leur action. Il contribuerait ainsi à protéger la vie et les foyers gravement menacés de leurs concitoyens[5] ». Le ton de la radicalisation est donné.

En dépit de ces nouvelles dispositions répressives, les menées anticommunistes ne diminuent pas. Bien au contraire, elles ne cessent de prendre de l'ampleur avec de plus en plus d'actions de résistance et de propagande. À partir de l'été 1943, l'État français bascule ainsi dans une logique de répression totale de maintien de l'ordre. C'est ainsi qu'une nouvelle circulaire datée du 23 juillet prescrit de veiller en matière de répression du communisme à ce que les inculpés ou prévenus ne soient pas rendus à la liberté avant que l'autorité préfectorale, avisée de la décision intervenue, n'ait été à même de prendre à leur encontre toute mesure administrative qu'elle estimerait convenable[6]. Même si dans les faits, la coopération police/justice préexiste, ce rappel paraît symbolique d'une volonté de la Chancellerie que l'institution judiciaire prête un concours plein et entier aux forces de l'ordre.

Parallèlement, une loi promulguée le 17 juillet 1943 est venue compléter celle du 5 juin, s'agissant de la composition des sections spéciales : dans l'hypothèse d'une infraction criminelle dirigée contre un agent de la force publique ou un fonctionnaire chargé du maintien de l'ordre, deux magistrats et trois juges choisis parmi des officiers de la gendarmerie, des officiers de la garde ou des fonctionnaires de la police ayant qualité d'officier de police judiciaire doivent siéger. Cette radicalisation répressive va s'avérer un échec.

Une répression politique vacillante au sein de la cour d'appel de Paris

À compter de septembre 1942, la section spéciale de la cour d'appel de Paris voit s'ouvrir une nouvelle ère. Son président, Michel Benon, qui a joué un rôle déterminant au cours de la première audience et des mois qui suivent, quitte la juridiction au 1er septembre. La présidence est confiée à Paul Larricq, magistrat ayant déjà une forte expérience et activité au sein de la section spéciale. Il est à son tour remplacé en octobre 1943 par un magistrat, inconnu de cette juridiction, Georges Normand. Si la présidence Larricq aurait dû être propice à une sévérité et à une répression accrue de l'activité communiste, il n'en est rien. La section spéciale de la cour d'appel de Paris s'enlise peu à peu dans une routine judiciaire avec une activité moindre.

Par rapport à la présidence Benon, la section spéciale de la cour d'appel de Paris connaît sous son successeur une légère baisse du nombre d'audiences mensuelles (10,8 audiences en moyenne par mois d'août 1941 à août 1942, contre 9,6 de septembre 1942 à septembre 1943). De manière corollaire, cette situation engendre une diminution par audience du nombre d'affaires (19,5 contre 25,7 affaires par audience sur la période précédente) et d'individus jugés (48,6 contre 57,9 sous la présidence Benon).

Deux périodes de la présidence Larricq se dégagent. De sa prise de fonction au début de l'année 1943, l'activité de la section spéciale de la cour d'appel de Paris se maintient à un niveau relativement élevé. Le premier trimestre de l'année 1943 marque déjà un fléchissement sur le nombre d'individus traduits devant cette juridiction et c'est à partir de mars 1943 que l'activité de la section spéciale ralentit drastiquement, notamment au deuxième trimestre de l'année 1943, avant de remonter quelque peu au troisième trimestre. La situation s'explique principalement par des dossiers occupant plusieurs audiences à cause d'un nombre important de prévenus et des difficultés de transfèrement.

Une cassure s'opère nettement entre les présidences Benon et Larricq. Au cours du premier semestre de l'année 1943, le nombre d'affaires en cours d'information chute assez brutalement. Il ne remonte pas après, diminuant à nouveau en 1944. Cela explique dès lors la faible activité de la section spéciale de la cour d'appel de Paris à partir de mars 1943. Pour autant, il convient de relativiser ce propos au vu du nombre de prévenus concernés par les informations en cours. Ces changements laissent à penser que des dossiers ont bien été instruits au titre de la lutte anticommuniste dans le ressort de la cour d'appel de Paris mais que les prévenus n'ont pas été traduits devant la section spéciale de la cour d'appel de Paris. Si aucune autre juridiction française ne semble être intervenue dans la lutte anticommuniste (hormis le tribunal d'État section de Paris mais de manière marginale), les tribunaux militaires allemands ont été plus actifs à partir d'avril 1943[7], ce qui pourrait expliquer ces chiffres.

La loi du 5 juin 1943 et les textes suivants régissant la répression menée par les sections spéciales ne semblent avoir eu qu'un impact limité sur l'activité de la section spéciale de la cour d'appel de Paris. À compter de cette date, les dossiers déférés à la section spéciale de la cour d'appel de Paris ne diffèrent pas de ceux anciennement transmis. Il n'existe, de juin à octobre 1943, aucun fait de terrorisme ou en lien avec la lutte armée appréhendé par la section spéciale. Cette dernière poursuit le jugement des dossiers de propagande qui lui ont été antérieurement confiés.

Le dossier des ouvriers de l'usine Ford à Poissy est particulièrement significatif. Après une longue enquête et de nombreuses investigations, les inspecteurs de la police d'État de Seine-et-Oise ont acquis la certitude que des ouvriers de l'usine se livrent à la propagande communiste et distribuent des tracts dans la ville. Ils ont identifié Louis Maurice, Jean Ferres, André Lebrun et Michel Martin. Louis Maurice, autrefois affilié au Parti communiste, reconnaît s'être livré à la propagande communiste en 1941 et 1942 mais avoir cessé toute activité après le bombardement de l'usine le 8 mars 1942[8]. Il précise que, en novembre 1941, il a rencontré sur place un individu qui l'a mis en rapport avec un autre ouvrier de l'usine. Ce dernier l'a chargé d'y remplir la mission de chef de groupe. Louis Maurice a alors versé ses cotisations de novembre et décembre 1941. En janvier suivant, ce même individu l'a chargé de remplir la mission de chef des Jeunesses communistes clandestines de Poissy. Il a reçu sous cette nouvelle casquette les cotisations de deux membres du groupe et, du 1er janvier au 8 mars, il a assuré la diffusion de tracts à l'intérieur de son groupe. Il reconnaît même que toutes les semaines il recevait 50 ou 60 tracts dans les toilettes de l'usine des mains d'un inconnu, en remettait 20 à chacun des membres de son groupe et en gardait 20 qu'il lançait soit dans l'usine soit dans la rue. Jean Ferres, autrefois affilié au Parti communiste, précise quant à lui au cours de son interrogatoire que fin 1941 ou début 1942 son ancien camarade André Lebrun l'a décidé à assumer une nouvelle activité au sein du Parti communiste clandestin. Il a alors été présenté par André Lebrun à un prénommé « Charles » et a été admis dans le Parti communiste clandestin de Poissy. Sur les ordres de « Charles », il s'est rendu trois fois à Paris fin février et début mars 1942 à la gare Saint-Lazare pour aller chercher des tracts qu'il a remis à Michel Martin. Ce dernier lui avait d'ailleurs confié un sac pour transporter les tracts à la gare de Poissy ou dans un restaurant. À chaque fois, il ramenait 400 à 500 tracts qu'il recevait d'un inconnu. À la suite de ces opérations, Michel Martin remettait ces tracts aux différents distributeurs, lesquels devaient en assurer la diffusion. Après plusieurs interrogatoires, il finit par reconnaître que les brochures en sa possession lui ont été données par André Lebrun et qu'il en a ramassé d'autres dans l'usine. Michel Martin nie pour sa part les affirmations de Jean Ferres, il est tout de même arrêté, porteur d'une imprimerie portative et d'une note dactylographiée servant de modèle à un référendum de protestation.

Par arrêt du 23 novembre 1942, Jean Ferres est condamné par la section spéciale de la cour d'appel de Paris à un an d'emprisonnement et 1 200 francs d'amende, Louis Maurice à deux ans d'emprisonnement et 1 200 francs d'amende et Michel Martin à trois ans d'emprisonnement et 1 200 francs d'amende. Le dossier d'André Lebrun, toujours en fuite, est disjoint[9]. De très nombreuses affaires pour des faits similaires sont présentées à la section spéciale de la cour d'appel de Paris au cours de l'année 1942.

Ainsi, en dépit d'une législation qui devrait en toute logique conduire à une répression et à une sévérité accrues, il n'en est rien. Tant le parquet que les juges de cette juridiction paraissent demeurer fidèles aux principes régissant leurs pratiques professionnelles traditionnelles.

Bien que la qualité des dossiers déférés à cette section spéciale soit forcément liée à une appréciation subjective, il est néanmoins possible d'affirmer qu'elle ne cesse de se dégrader. Deux hypothèses peuvent être avancées pour l'expliquer. D'une part, le parquet décide, dans sa logique répressive de plus en plus totale, surtout à compter de l'arrivée de Maurice Gabolde à la Chancellerie, de poursuivre les faits même les plus insignifiants qui sont finalement jugés moins durement. D'autre part, cela peut être la conséquence du comportement « réfractaire » des magistrats de cette juridiction d'exception.

L'analyse des dossiers de procédure déférés au cours de cette période permet néanmoins de penser qu'il convient non pas d'en privilégier un par rapport à l'autre mais au contraire de les considérer globalement. Si les dossiers transmis sont assez banals, il s'agit avant tout de la conséquence de la défiance de la Chancellerie et de l'occupant à l'égard de la section spéciale et ce de longue date. Les affaires les plus importantes sont vraisemblablement appréhendées par l'occupant, notamment celles liées à la résistance armée. Il ne reste dès lors qu'une activité marginale aux juridictions françaises.

Cette situation conduit à des peines moins importantes que celles des débuts de la section spéciale de la cour d'appel de Paris. Sur les 649 prévenus ayant fait l'objet d'un arrêt de cette juridiction sur toute la période, 213 ne sont pas condamnés. 99 sont acquittés avec ou sans discernement, soit 14,8 % des décisions rendues, et 104 font l'objet d'une disjonction (tous motifs confondus) et d'un renvoi *sine die*, soit 16 % des arrêts. Il n'y a que cinq désistements d'instance sur toute la période, ce qui signifie qu'il s'agit dans la plupart des cas de dossiers nouveaux. L'action publique est éteinte dans cinq cas.

Les condamnations concernent 436 personnes dont une par contumace aux travaux forcés à perpétuité[10]. Neuf prévenus sont condamnés aux travaux forcés en octobre-novembre 1942, soit au tout début de la présidence Larricq, avant que cette peine ne disparaisse quasiment et ne soit plus utilisée qu'à deux reprises dans les premiers mois de l'année 1943.

Les peines d'emprisonnement prononcées par la section spéciale de la cour d'appel de Paris sont également beaucoup plus faibles qu'auparavant. Un emprisonnement à trois années et plus n'intervient que dans 28 % des cas des peines d'emprisonnement. On retrouve la même proportion pour les peines d'emprisonnement d'un an : 27,5 % des peines de prison. Cette sanction est, il convient de le rappeler, la plus basse que peut prononcer la juridiction, à défaut elle est obligée d'acquitter le prévenu. Ces chiffres sont sans commune mesure avec sa première année d'existence : entre août 1941 et août 1942, sur 824 prévenus ayant fait l'objet d'une décision, 561 sont condamnés[11] : trois à la peine de mort (moins de 1 % des condamnations), 175 à des travaux forcés (toutes durées confondues) (soit 31,2 % des condamnations), 197 à un emprisonnement de trois ans et plus (soit 35,1 % des condamnations) et 185 à un emprisonnement de moins de trois ans (soit 32,9 % des condamnations contre 69,9 % entre septembre 1942 et septembre 1943).

La faible contribution du tribunal d'État, section de Paris, à la répression politique

À l'issue des audiences des 20 et 21 septembre 1941, le tribunal d'État, section de Paris, a déjà jugé trois des cinq affaires politiques qu'il aura à connaître durant son existence. Elles sont toutes liées à l'activité communiste, qualifiées comme telles et réprimées sur le fondement des dispositions du décret-loi du 26 septembre 1939.

Le 13 octobre 1942, le gouvernement décide de lui déférer l'affaire de la rue Daguerre, une quatrième affaire d'activité communiste. Les prévenus sont également poursuivis des chefs d'assassinat, tentative d'assassinat, recel de malfaiteurs, association de malfaiteurs et complicité.

Le 1er août 1942, vers 16 h 30, une foule assez dense attend devant les magasins Potin, sis rue Daguerre à l'angle de l'avenue d'Orléans (Paris XIVe). Soudain, Élisabeth Ricol[12], vêtue d'un ciré, portant des lunettes noires et coiffée d'un béret vert, monte sur une des tables de l'étalage et harangue le public. Selon les forces de police présentes sur place, elle aurait hurlé : « Révoltez-vous. Les Américains l'ont dit. Il faut piller les magasins », ce qui ne semble pas correspondre à ses souvenirs[13]. Dans le même temps, trois jeunes femmes communistes lancent des tracts. Deux agents de police interviennent aussitôt. L'un d'eux réussit à rattraper Élisabeth Ricol avant qu'un militant ne se précipite sur lui pour le frapper. Simultanément, un autre tire sur ce policier et le blesse à deux reprises au ventre. Un autre membre du service d'ordre communiste le touche d'un troisième projectile. L'autre agent poursuit Élisabeth Ricol, qui prend la fuite vers la station de métro de l'avenue d'Orléans. Alors qu'il la rejoint, il est à son tour pris à partie par un autre quatrième communiste qui lui tire dessus et le blesse grièvement. Un caporal allemand, qui passe à ce moment-là, tente de porter secours au policier français et est lui aussi touché grièvement. Au cours de la fusillade, un passant est atteint d'une balle au thorax. Il décédera lors de son transfert à l'hôpital. Six autres personnes sont également blessées plus ou moins grièvement. Les deux agents de police survivent à leurs blessures. Tous les individus ayant tiré des coups de feu sont réclamés aussitôt par les autorités allemandes.

Élisabeth Ricol réussit à prendre la fuite pour se diriger vers la place Denfert-Rochereau (Paris XIVe) où elle abandonne son ciré, qui est remis aux forces de police par un passant. Elle se réfugie au 16, rue d'Odessa (Paris XIVe), où habite une camarade communiste, Joséphine Olszanski, épouse Nicot, mais celle-ci est en vacances. Elle appelle la concierge de l'immeuble, Marie Declaron, veuve Meurice, et lui demande des vêtements pour échapper à la police. Marie Declaron monte à l'appartement du couple Nicot et y trouve Gabriel Nicot qui prête des vêtements de son épouse. À la demande d'Élisabeth Ricol, Gabriel Nicot l'accompagne jusqu'à la station de métro Châtelet. Elle descend à la station Concorde où elle retrouve une autre militante qui la loge à son domicile, sans doute Odette Dugué, épouse Reglait, qui par ailleurs restitue le lendemain les vêtements empruntés à Gabriel Nicot. Élisabeth Ricol et son compagnon Artur London sont appréhendés le 12 août au 22, rue Copernic à Paris (XVIe). Après avoir nié lors des interrogatoires menés par les enquêteurs, elle reconnaît ensuite les faits. Il en est de même des autres inculpés arrêtés.

Le tribunal militaire du Gross Paris se saisit des membres chargés par le Parti communiste clandestin d'assurer la protection de la manifestation et qui ont échangé des coups de feu avec les forces de l'ordre, à savoir les frères Jean et Maurice Cadet, Eugène Dion, Marc Lainé, Raymond Muller et Antoine Thomas. Ils sont jugés les 11 et 13 novembre 1942 et tous condamnés à mort pour activités de francs-tireurs. Ils sont fusillés les 21 et 24 novembre et inhumés au cimetière d'Ivry-sur-Seine. Les autres participants arrêtés sont détenus pour le compte des autorités d'occupation qui donnent l'autorisation de les traduire devant les juridictions françaises.

Le réquisitoire définitif du commissaire du gouvernement près le tribunal d'État, section de Paris, retient à l'encontre d'Élisabeth Ricol, d'Alberto Barrachi, de René Sevi, de Blaise Gouzien, d'André Aurillon, de Maurice Dupic, d'Henri Coulombeix et de Simone Lainé épouse Mage, la qualification d'association de malfaiteurs pour avoir fait « [...] partie d'une association fermée dans le but de commettre ou de provoquer des crimes contre les personnes et les propriétés en l'espèce incitation à la révolte au pillage et au trouble à l'ordre public, attentats à la vie d'agents de l'autorité ou de toutes personnes s'interposant, faits constituant un crime contre la paix publique[14] ». Gabriel Nicot et Marie Declaron sont, quant à eux, poursuivis pour recel de malfaiteurs, comme Odette Dugué pour avoir donné asile à Élisabeth Ricol et Arthur London. Toutes ces personnes, ainsi que Joséphine Olszanski, sont, en outre, poursuivies pour activité communiste. Les charges d'assassinat sont abandonnées. Seule la tentative d'assassinat sur des agents des forces de l'ordre est retenue à l'encontre d'Alberto Barrachi, de Maurice Dupic et d'Henri Coulombeix. Élisabeth Ricol et René Sevi sont, quant à eux, également poursuivis pour complicité de tentative d'assassinat, la première pour avoir tendu un guet-apens aux forces de police, le second pour avoir fourni les armes nécessaires. Enfin, Artur (Arthur dans cette procédure) London se voit également poursuivi pour utilisation d'une fausse carte d'identité.

Par arrêt du 17 mai 1943, le tribunal d'État, section de Paris, condamne, seulement pour activité communiste et recel de malfaiteurs, Artur London à dix années de travaux forcés, Marie Declaron à quatre ans d'emprisonnement et Gabriel Nicot à cinq années de prison. Son épouse est acquittée, étant absente au moment des faits[15]. La dichotomie entre leaders/responsables lourdement condamnés et acteurs mineurs bénéficiant de peines certes lourdes mais moins sévères demeure.

Cette logique se retrouve au cours de la seconde audience du tribunal d'État consacrée à l'affaire, qui a lieu le 16 juillet 1943[16]. Élisabeth Ricol y est condamnée, cette fois pour activité communiste, aux travaux forcés à perpétuité[17] et Simone Lainé, épouse Mage[18], son agent de liaison, à quinze années de travaux forcés. Elles sont toutes les deux emprisonnées à la Petite Roquette, puis à Fresnes, Rennes, Romainville et finalement déportées à Ravensbrück et Neue Bremm où elles sont libérées en mai 1945.

Les autres prévenus ne se sont pas jugés par le tribunal d'État, section de Paris, les autorités d'occupation paraissant les avoir maintenus en détention pour leur compte. Le sort de plusieurs d'entre eux est toutefois connu. René Sevi, considéré comme juif par les Allemands, est interné au camp de Drancy avant d'être déporté à Auschwitz où il meurt le 15 août 1943[19]. Blaise Gouzien est déporté par les autorités d'occupation le 24 janvier 1943 au départ de Compiègne pour rejoindre le camp de Sachsenhausen en Allemagne, où il meurt le 30 mars 1943[20], comme André Aurillon, le 22 avril 1945[21]. Henri Coulombeix fait également partie du même convoi de déportation. Il est toutefois, à la différence de ses camarades, transféré en juillet 1944 à Dachau où il meurt du typhus[22]. Maurice Dupic est, quant à lui, arrêté beaucoup plus tardivement, en août 1943. Il est déporté par les autorités allemandes le 1er avril 1944 au camp de concentration de Mauthausen (Autriche), où il meurt le 12 avril 1945[23].

Au cours de cette période, cette affaire est le seul dossier où une infraction politique ressort précisément comme fondement de la répression. En effet, certains prévenus sont poursuivis et jugés par le tribunal d'État, section de Paris, pour des crimes et délits de droit commun alors même que la finalité de leur action est politique. Cette pratique, qui a cours aussitôt après les premières audiences des 20 et 21 septembre 1941, se retrouve à plusieurs reprises par la suite.

Isidore Grunberg (ou Grinberg) est condamné à mort par le tribunal d'État le 15 juin 1942 pour homicide volontaire avec préméditation[24]. Il est entré dès 1940 dans la résistance communiste, rejoignant les Lycéens communistes puis les Bataillons de la jeunesse. Avec André Biver, le 7 janvier 1942, ils étaient en repérage devant un garage allemand sur le boulevard Magenta (Paris Xe) avec des armes et des explosifs. Alerté par leur comportement suspect, un sous-brigadier des gardiens de la paix, Louis Lécureuil, a interpellé Isidore Grunberg[25]. Pour se libérer, ce dernier a tiré sur le policier, qui est décédé à son arrivée à l'hôpital[26]. Ce décès a causé beaucoup d'émoi chez ses collègues et dans la presse collaborationniste[27]. Après une messe à Notre-Dame de Paris, ses obsèques ont lieu le 12 janvier 1942 dans la cour de la préfecture de police en présence des autorités de Vichy. Le 9 mai, Isidore Grunberg est arrêté près de la station du métropolitain Porte-de-la-Chapelle à la suite des aveux d'un de ses camarades. Il comparaît devant le tribunal d'État, section de Paris, le 15 juin où il reconnaît être l'auteur des coups de feu tout en indiquant regretter son geste car il ne souhaitait pas tirer sur un Français. Il est condamné à mort et guillotiné le 8 août suivant dans la cour de la prison de la Santé pour le plus grand plaisir de la presse collaborationniste[28]. Ce contexte médiatique n'est sans doute pas étranger à la qualification juridique retenue.

Il en est de même d'une autre affaire jugée le même mois par le tribunal d'État, section de Paris : l'affaire dite « de la rue de Buci ». Le 31 mai 1942, vers 10 h 30, des gardiens de la paix aperçoivent un attroupement devant la maison Eco, sise 77, rue de Seine à l'angle de la rue de Buci à Paris (VIe). Des tracts communistes sont jetés à la volée, dénonçant la précarité, les difficultés d'approvisionnement et invitant à agir. De nombreuses militantes communistes sont présentes, dont Madeleine Marzin, Marguerite Bonnier, épouse Bronner, Jeanne Eber, épouse Chauviré, Raymonde Berthelet, épouse Vanden Branden, Norma Nicoletti, épouse Bléron, Louise Berthelet, épouse Sézille de Mazancourt. Certaines pénètrent à l'intérieur du magasin et se saisissent de boîtes de sardines qui y sont vendues. Elles les jettent à des femmes massées devant la porte avant de prendre la fuite, protégées par un service d'ordre communiste. Des gardiens de la paix accourent et arrêtent André Dalmas, franc-tireur et partisan (FTP). Ce dernier est conduit au poste de police de Saint-Germain-des-Prés. Sur le parcours, d'autres FTP tentent de le libérer, une bagarre puis une fusillade éclatent. Trois policiers sont grièvement blessés et deux autres, tués sur le coup. Deux des assaillants, dont Henri Meunier et Edgar Lefébure, sont appréhendés[29]. La presse collaborationniste signale l'événement en une le lendemain pour vilipender l'agitation communiste[30] et se faire l'écho d'un certain émoi de la population au sujet de cet attentat contre des policiers français.

Le 25 juin 1942, le tribunal d'État, section de Paris, juge cette affaire et prononce sur les chefs d'infraction de pillage, de tentative d'homicide volontaire et d'association de malfaiteurs, des peines très lourdes dont plusieurs condamnations à mort[31]. André

Dalmas, Edgar Leféburе et Henri Meunier sont exécutés le 23 juillet 1943 dans la cour de la prison de la Santé. Madeleine Marzin, également condamnée à mort, voit sa peine commuée en travaux forcés à perpétuité par le maréchal Pétain. Elle réussit à s'évader lors de son transfert et poursuit son activité résistante jusqu'à la fin de la guerre[32]. Pierre Benoit, toujours en fuite, est également condamné à mort. Il finit par être arrêté, le jugement est alors confirmé par les autorités allemandes le 15 octobre 1942 et il est fusillé le 8 février suivant[33] comme ses camarades Jean Artus, Lucien Legros et Pierre Grelot, tous membres du service d'ordre, par ailleurs condamnés par contumace à des travaux forcés à perpétuité dans cette affaire. Deux autres membres du service d'ordre, Émile Sézille de Mazancourt, Raymond Estrade et Marguerite Bonnier, épouse Bronner, une des organisatrices de cette manifestation, sont également sanctionnés de travaux forcés à perpétuité. Arthur Lathuilière et Roger Bléron, ayant également protégé les militantes communistes, sont condamnés à vingt ans de travaux forcés. Quatre militantes ayant participé à cette manifestation sont également condamnées.

Louise Berthelet voit sa peine portée à dix ans de travaux forcés. Emprisonnée à la Petite Roquette à Paris, elle est transférée à la prison centrale de Rennes en août 1942. Elle est livrée aux Allemands en mai 1944. Elle rejoint le fort de Romainville avant d'être déportée à Ravensbrück, d'où elle est libérée en mai 1945[34]. Raymonde Berthelet, Jeanne Eber et Norma Nicoletti sont condamnées à cinq ans de travaux forcés. Elles connaissent un sort identique à celui de Louise Berthelet[35]. Trois prévenus sont par ailleurs relaxés en l'absence de preuve, Mayer Kaliski, Léonard Marcellesi et Eugénie Dietrich. Ils sont maintenus en détention et internés administrativement au camp des Tourelles (Paris XXe). Mayer Kaliski, présumé juif, est transféré au camp d'internement de Drancy. Il est déporté le 26 juillet 1942 à Auschwitz[36]. Léonard Marcellesi et Eugénie Dietrich sont jugés à nouveau pour propagande communiste par la section spéciale de la cour d'appel de Paris le 26 février 1943. Ce chef d'infraction n'avait pas été retenu devant le tribunal d'État, ce qui confirme que le commissaire du gouvernement de cette juridiction procède à un véritable choix des infractions. Eugénie Dietrich et Léonard Marcellesi sont de nouveau relaxés mais internés[37].

Le tribunal d'État, section de Paris, juge des assassinats politiques

Cette juridiction doit également juger d'autres affaires politiques sans lien avec l'activité du Parti communiste mais qui font l'objet d'une grande publicité comme la tentative d'assassinat politique commise par Paul Collette[38].

Le 22 juin 1941, l'opération *Barbarossa* et l'invasion de l'URSS par les troupes allemandes débutent, entraînant « une véritable explosion de joie parmi les hommes qui, dès juillet 1940, s'étaient rangés ouvertement sous la bannière nazie[39] ». Dès le 1er juillet, l'État français rompt ses relations diplomatiques avec l'URSS et rappelle son ambassadeur. Quelques jours plus tard, sous la pression de Marcel Déat, Vichy accepte la constitution d'un corps de volontaires pour participer à l'opération et engager les prémisses d'une collaboration militaire. Ainsi, le 7 juillet, la Légion des volontaires français contre le bolchevisme (LVF) est constituée et lancée en grande pompe devant 10 000 à 12 000 personnes le 18 juillet au Vélodrome d'Hiver.

Le recrutement des légionnaires s'annonce plus difficile que prévu en dépit des campagnes massives de propagande orchestrées par les différents partis collaborationnistes. Cela n'entame pas la motivation de ses fondateurs qui obtiennent des autorités d'occupation que la caserne Borgnis-Desbordes à Versailles leur soit mise à disposition pour servir de centre d'incorporation et de dépôt. La Wehrmacht fournit l'ensemble du matériel nécessaire.

Une cérémonie inaugurale d'envergure y est organisée dans le plus grand secret le 27 août. Les premiers légionnaires convoqués y arrivent vers 15 heures. À 17 h 30, Fernand de Brinon, délégué général du gouvernement français dans les territoires occupés, fait son apparition, accompagné du préfet de la Seine-et-Oise. Ils sont suivis des représentants des autorités occupantes et de personnalités françaises, dont Pierre Laval. Les fondateurs de la LVF, parmi lesquels Marcel Déat, Eugène Deloncle, Pierre Constantini et Pierre Clémenti, ferment la marche. La cérémonie qui se limite à envoyer les couleurs et à entonner *La Marseillaise* se termine rapidement. Les officiels allemands proposent, de manière imprévue, à leurs homologues français de visiter la caserne. Quelques minutes avant 18 heures, alors que les officiels commencent à s'en aller, plusieurs coups de feu éclatent. Paul Collette vient de tirer à bout portant sur Pierre Laval, le blessant à la poitrine et aux bras. Présents à ses côtés, Marcel Déat, le colonel Durvy, commandant du dépôt, et deux autres légionnaires sont également touchés. Les gendarmes présents à l'extérieur de l'enceinte réussissent à y entrer en défonçant les portes de la caserne et appréhendent Paul Collette, déjà victime de nombreux coups et blessures occasionnés par des légionnaires. Arrêté l'arme à la main, il reconnaît sans difficulté les faits. Immédiatement, c'est l'emballement médiatique. Dès le 27 août au soir, la BBC annonce l'attentat dans son bulletin d'information. Le lendemain, les unes des journaux français s'emparent également du sujet[40].

Les deux blessés les plus graves, Pierre Laval et Marcel Déat, s'en sortent après de multiples interventions et plusieurs mois de convalescence. La question de savoir qui a armé Paul Collette intéresse beaucoup, en particulier les collaborationnistes. Pour ces derniers, seul le PCF peut être à l'origine de cet attentat[41] ; il est accusé dès le 28 août au matin, par Fernand de Brinon. Le 29 août, ce dernier déclare : « On a l'impression que le meurtrier est un communiste camouflé[42]. » Il n'en est rien, Paul Collette n'est pas communiste, mais un ancien du Parti social français du colonel de La Rocque, section de Caen-Est, dont il est originaire. Engagé volontaire dans la marine comme matelot mécanicien, il a participé à la guerre. Son bâtiment a été coulé près de Dunkerque. Il figurait parmi les rescapés. Après un court passage en Angleterre, il a rejoint Brest. Il a alors bénéficié d'une permission et c'est dans sa famille que l'armistice l'a trouvé. Il a été démobilisé le 26 août 1940. Inactif et choqué par la politique de collaboration qui se mettait en place, il a gagné Marseille, y a trouvé un emploi de chauffeur sur un navire de la Compagnie navale de Caen et a effectué plusieurs traversées méditerranéennes. Au cours de l'une d'elles, il a acquis l'arme qu'il utilisera lors de l'attentat. À la fin juillet 1941, il a décidé de regagner Caen. Sans emploi, on lui a proposé de devenir travailleur volontaire en Allemagne, ce qu'il a refusé catégoriquement, sa haine de l'occupant et des collaborationnistes n'ayant eu de cesse de se développer.

En découvrant les appels à s'enrôler dans la LVF, une envie profonde de tuer un de ses dirigeants l'a gagné. Il a donc choisi de s'engager et a été convoqué pour participer à la manifestation de Versailles le 27 août. En voyant Pierre Laval, il a décidé de tirer sur lui puis sur les personnes à proximité. Il porte seul la responsabilité de cet attentat, même si cette vérité est dure à accepter au sein des milieux collaborationnistes et cause de multiples remous chez les fondateurs de la LVF[43].

Sur le court terme, ceux qui profitent le plus de l'action de Paul Collette sont Pierre Laval et Marcel Déat. Un balai incessant de personnalités françaises et allemandes se presse à leurs chevets. Sur son lit d'hôpital, Pierre Laval informe Pierre Caziot, secrétaire d'État à l'Agriculture, venu lui rendre visite, de sa volonté de faire gracier Paul Collette. Marcel Déat se joint à cette initiative qui présente un double avantage politique. En faisant preuve de mansuétude vis-à-vis d'un opposant, Pierre Laval modérerait le risque de nouvelles initiatives visant à honorer un éventuel martyr en cas de condamnation à mort. En outre, convaincu qu'il n'a pas agi seul, cela pourrait pousser Paul Collette à des aveux plus circonstanciés quitte à utiliser toutes sortes de pressions. En dépit des multiples demandes des autorités d'occupation pour conduire cette procédure, la justice française réussit à la conserver grâce notamment à l'attitude du juge d'instruction qui fait fi de toute pression extérieure pour accomplir sa tâche.

Paul Collette est renvoyé devant le tribunal d'État, section de Paris. À l'issue d'une brève audience, il est condamné à mort le 1er octobre 1941[44]. Aussitôt, et malgré les souhaits de Pierre Laval et de Marcel Déat, le maréchal Pétain refuse de le gracier. Le 3 octobre, il commue néanmoins cette peine en travaux forcés à perpétuité. Après avoir séjourné dans plusieurs prisons françaises, il est remis en janvier 1943 aux autorités allemandes et déporté à Neue Bremm puis à Mauthausen, Passau, Zarnitch et Liemmeritz. Il réussit à survivre avant de revenir en Normandie à la fin de la guerre.

L'affaire Paul Collette trouve d'autres échos dans le ressort de la cour d'appel de Paris. Dès le 5 septembre 1941, une information est ouverte par le parquet de Pontoise pour propagande gaulliste contre Émile Mongin, maître imprimeur, demeurant à Montmorency. La veille, en début de matinée, au cours d'une ronde, un gardien de la paix de Montmorency a constaté la présence d'une inscription « Gloire à Collette » sur une affiche de la Croix-Rouge placardée sur une maison. De nombreux *V* ont également été peints sur les murs. Émile Mongin est arrêté comme en étant l'auteur et immédiatement placé sous mandat de dépôt[45]. Nous ignorons la suite donnée à cette affaire. De la même manière, les communistes rendent hommage à son action même s'il n'est pas l'un des leurs[46].

Une autre affaire du même type est jugée par le tribunal d'État, section de Paris, le 10 septembre 1943, sous le chef d'infraction cette fois de violences ayant occasionné la mort. Ce dossier est plus connu sous le nom d'affaire du Dr Guérin[47]. Président départemental du Parti populaire français pour la Vienne, il rédige quotidiennement dans le journal *L'Avenir de la Vienne* des articles inspirés d'une politique de collaboration franco-allemande. Le 13 mai 1943, il est assassiné par des membres des Jeunesses communistes.

Les accusés sont renvoyés devant la section spéciale de la cour d'appel de Poitiers. Les magistrats de cette juridiction font savoir qu'ils craignent d'être maltraités par les Allemands en cas de peine insuffisante et par les FTP dans l'hypothèse inverse. Ils souhaitent un dépaysement de l'affaire. L'opinion publique locale est en outre en faveur des accusés. Les membres du PPF estiment au contraire que la section spéciale de la cour d'appel de Poitiers ne sera pas en mesure de prononcer la seule peine possible, la peine de mort, à l'encontre de ces assassins. La Chancellerie propose de dépayser le dossier et de le transmettre au tribunal d'État, section de Paris. Le tribunal d'État statue le 10 septembre 1943 et condamne les quatre agresseurs aux travaux forcés à perpétuité et le guetteur, à vingt ans de travaux forcés[48].

La joie de leur avocat Maurice Garçon devant cette décision qui ne prononce pas la peine de mort[49] est de courte durée. Les autorités d'occupation exigent dès le lendemain que les cinq hommes leur soient livrés. Ils sont jugés à nouveau devant le tribunal du Gross Paris le 24 septembre 1943 et cette fois condamnés à mort, à l'exception du guetteur qui est condamné aux travaux forcés à perpétuité, pour actes de francs-tireurs et aide à l'ennemi. Ils sont fusillés le 6 octobre 1943 au Mont-Valérien à Suresnes[50]. Cet épisode démontre une nouvelle fois la surveillance et l'omniprésence des autorités d'occupation dans les affaires judiciaires françaises.

Ces quelques affaires politiques ne doivent toutefois pas cacher la réalité de la répression du tribunal d'État, section de Paris, qui se concentre pour l'essentiel sur des affaires économiques et des dossiers d'avortement. Ainsi, jusqu'à l'audience des agresseurs du Dr Guérin, cette juridiction juge 4 affaires liées à l'activité communiste, 4 affaires de droit commun avec une finalité politique, 63 affaires économiques et 21 dossiers d'avortement. À la suite de la loi du 15 février 1942, les auteurs/complices d'avortement sont assimilés aux individus coupables d'activités de nature à nuire au peuple français et passibles en conséquence d'être déférés devant le tribunal d'État[51]. La section de Paris fait montre d'une particulière sévérité dans les affaires d'avortements par rapport à celle de Lyon[52]. Le nombre d'affaires jugées est toutefois sans commune mesure avec l'activité du tribunal correctionnel de la Seine et de la cour d'appel de Paris en la matière.

D'une manière générale, la sévérité des peines prononcées par le tribunal d'État demeure. Dans les affaires autres que politiques, les travaux forcés à perpétuité sont prononcés dans presque 50 % des condamnations, 72 % avec les autres peines de travaux forcés. L'emprisonnement représente quant à lui 18 % du total des condamnations. Certains prévenus bénéficient d'une relaxe, même si cela demeure rare (7 %). La peine de mort est faiblement retenue (3 % des condamnations). Cette sanction semble réservée aux affaires les plus graves, en particulier politiques. Il n'existe pas de logique répressive particulière dans le prononcé des peines, qui semble dépendre tout bonnement de l'affaire jugée par le tribunal d'État, section de Paris.

Le tribunal correctionnel de la Seine, juge « ordinaire » ?

La fin de l'année 1942 comme l'année 1943 figurent comme le temps de la consolidation de la répression pénale à l'égard de certaines catégories de prévenus avec toutefois des disparités importantes. La répression de la « délinquance » juive commence à s'éroder à partir du mois de janvier et disparaît quasiment en totalité à partir de février 1943. Dans le même temps, le délit de désertion à l'intérieur monte en puissance avant d'atteindre des sommets à partir de novembre 1943. En raison du nombre de ces infractions tout au long de cette période, l'activité pénale qui en résulte peut constituer un phénomène social majeur et confère ainsi à cette répression une dimension politique certaine.

La lutte contre la « délinquance juive », éminemment idéologique, est l'incarnation même du rôle déterminant de la justice ordinaire sous Vichy, et plus particulièrement des tribunaux correctionnels. Ce processus est d'ailleurs relativement inédit dans l'histoire de la répression politique, qui recourt habituellement aux juridictions d'exception. Les tribunaux correctionnels participent à la mise en œuvre de la politique antisémite de Vichy. Les Juifs sont des délinquants hybrides[53], en ce sens qu'ils constituent une cible politique de l'État français tout en étant considérés comme des délinquants de droit commun. De ce fait, ils ne peuvent faire valoir des circonstances politiques devant les tribunaux correctionnels chargés de les juger.

La fin de l'année 1942 est marquée par l'instauration de nouvelles dispositions d'ordre public qui viennent compléter la loi du 2 juin 1941 sur le recensement dit « second statut des Juifs ». Par une loi du 9 novembre 1942[54], les Juifs étrangers sont astreints à vivre dans la commune de leur résidence habituelle et ne peuvent la quitter qu'à condition d'être porteurs d'un titre de circulation. Tout manquement à cette obligation est puni d'une peine d'emprisonnement d'un à six mois et d'une amende de 200 à 10 000 francs. Cette loi est suivie d'une autre en date du 11 décembre 1942[55], imposant l'apposition de la mention « Juif » sur les titres d'identité des Juifs français et étrangers. Ainsi, toute personne juive doit se rendre au commissariat ou à la brigade de gendarmerie de son lieu de résidence pour faire apposer cette mention sur sa pièce d'identité et sur sa carte d'alimentation. Une nouvelle fois, un manquement à cette obligation est constitutif d'un délit puni d'un mois à un an d'emprisonnement et/ou d'une amende de 100 à 10 000 francs. L'autorité administrative peut également interner administrativement le délinquant. Toute fausse déclaration est punie de peines identiques. Ces dernières mesures sont accueillies avec crainte par la communauté juive, compte tenu des risques accrus d'arrestation avec une telle mention sur des papiers officiels.

Cette situation, accompagnée d'une menace accrue de rafles, conduit de nombreux Juifs à entrer en clandestinité[56]. De ce fait, le tribunal correctionnel de la Seine voit son activité répressive en la matière se tarir peu à peu. Celle-ci s'opère toujours principalement sur le fondement de l'obligation de recensement issue de la loi du 2 juin 1941. Si une soixantaine d'affaires est encore présentée devant le tribunal de la Seine de septembre à décembre 1942, il n'y en a plus qu'une trentaine jusqu'en septembre 1943 et un peu plus d'une dizaine à compter de cette date et jusqu'en août 1944[57].

À l'issue de notre dépouillement des rôles du tribunal correctionnel de la Seine, nous avons pu recenser par sondage environ 540 affaires liées à des infractions au recensement des Juifs pour un peu moins de 600 prévenus. Bien que légèrement inférieur, ce chiffre s'approche peu ou prou des 673 noms se trouvant dans la liste établie par le parquet de la Seine en 1947[58]. En effet, les sondages réalisés dans les registres du tribunal correctionnel de la Seine au cours des mois de mars, juin, septembre et décembre de chacune des années du conflit laissent apparaître un certain nombre d'absences de mentions de certains prévenus ou d'affaires dans les rôles correctionnels. Cette situation conduit nécessairement à une sous-évaluation du nombre de prévenus juifs jugés. Seule une étude détaillée, registre par registre, permettrait d'aboutir à un décompte précis.

Quoi qu'il en soit, bien que ce nombre d'affaires soit marginal à l'échelle de l'activité correctionnelle annuelle du tribunal de la Seine, il ne faut pas pour autant en minimiser la place. Pour avoir une vision de l'ampleur de la répression des Juifs par les tribunaux correctionnels, il faudrait encore y ajouter les infractions de droit commun commises du fait des contraintes de la législation raciale. À titre d'exemple devraient être retenues les infractions comme les falsifications d'identité ou les délits relatifs à la police des étrangers, qui sont particulièrement nombreux au cours de la période allant de juin 1941 à la Libération. L'obstacle majeur provient de la difficulté à appréhender la répression de ces délits. Les dossiers de procédure n'ont en effet été conservés que partiellement pour l'année 1943, empêchant dans bien des cas de percevoir la qualité de l'auteur de l'infraction, les circonstances de celle-ci et le circuit répressif utilisé.

S'agissant de l'infraction à la loi du 2 juin 1941, la consultation des dossiers de procédure au titre de l'année 1943 apporte des éléments précieux sur l'origine et le schéma répressif de ces affaires. Dans la très grande majorité des cas, le prévenu est renvoyé devant le tribunal correctionnel à la suite d'une arrestation fortuite par les forces de police ou, ce qui est le cas le plus fréquent, après une convocation.

Herick Jouk, marchand de meubles demeurant au Pré-Saint-Gervais[59], est ainsi poursuivi pour infraction à la loi du 2 juin 1941. Il est arrêté le 31 janvier 1942 dans les locaux de la troisième section de la direction des Renseignements généraux et des jeux de la préfecture de police de Paris. Cette arrestation fait suite, semble-t-il, à une convocation, ce dernier ayant été identifié par les forces de police comme n'ayant pas effectué sa déclaration de recensement. Lors de son interrogatoire, il indique simplement ne pas s'être considéré comme juif[60]. N'étant pas en mesure de fournir de justificatifs, il est néanmoins arrêté et détenu par les autorités d'occupation. Il souscrit alors à cette déclaration.

Après de multiples reports, il est finalement jugé le 21 janvier 1943 et relaxé, l'enquête diligentée n'ayant pas permis de démontrer qu'il était juif. Le fait qu'il ait souscrit à sa déclaration le jour de son arrestation conduit les magistrats à faire preuve de clémence, et ce d'autant plus que les autorités d'occupation l'ont relâché, ce qui laisse à penser soit qu'il n'a pas été considéré comme juif, soit que son activité a été jugée utile par les Allemands.

Le niveau des condamnations diminue à partir de juin 1942 et encore plus le mois suivant où l'emprisonnement ne représente environ que 25 % des peines. Ce déclin se poursuit avec un taux de relaxe qui monte et des amendes le plus souvent prononcées, à l'exception de certains cas jugés plus graves et des contumax qui subissent toujours une sévérité plus importante. Il ne fait guère de doute que ce comportement des magistrats est lié pour partie aux rafles qui se multiplient[61].

Une autre affaire mérite d'être signalée en ce sens où elle permet de mieux comprendre les rouages de la répression des Juifs. Marks Gordon est convoqué le 18 avril 1942 à la troisième section des Renseignements généraux de la préfecture de police de Paris. Il est arrêté le jour même pour avoir refusé de souscrire à la déclaration prévue par la loi du 2 juin 1941 malgré un courrier du Commissariat général aux Questions juives qui le déclare comme juif. Cette lettre intervient en réponse à une demande de la sous-direction des affaires juives de la direction des affaires administratives de police générale de la préfecture de police de Paris, dont nous ignorons la teneur. Le chef de cabinet du Commissariat général aux Questions juives rappelle que Marks Gordon est d'ascendance juive dans la branche maternelle. Il n'est pas en mesure d'apporter la preuve que ses grands-parents paternels ne sont pas juifs et qu'il a été baptisé dans la religion catholique avant juin 1940. Il est en outre circoncis. Bien que nous en ignorions l'origine et la teneur, le Commissariat général aux Questions juives diligente une expertise pour déterminer si Marks Gordon est juif ou non. Elle aboutit à le considérer comme non juif. Il est donc relaxé le 15 janvier 1943[62].

Toutes ces affaires ont en commun d'être relativement anciennes, datant pour la plupart de convocations de juin 1942, ce qui tend à démontrer qu'il n'y aurait pas eu de nouvelles affaires après cette date. Dès lors, la répression est plutôt policière avec la mise en place de rafles. Une réserve mérite toutefois d'être soulevée. En effet, la douzième chambre correctionnelle du tribunal de la Seine connaît encore une activité répressive importante au cours des mois d'octobre et de novembre 1942, ce qui pourrait laisser à penser que l'institution judiciaire a pu être sollicitée pour des dossiers quelque peu postérieurs à juin 1942.

Au contraire, la désertion connaît une forte accélération à partir de septembre 1942 jusqu'à la Libération. Bien que la désertion soit inscrite dans le Code de justice militaire, les tribunaux correctionnels vont avoir à connaître cette infraction du fait de l'armistice. Les tribunaux militaires n'ont en effet pas compétence sur la zone occupée. Par désertion, il convient d'entendre le fait pour un militaire de s'évader, de s'absenter sans autorisation, de refuser de rejoindre sa formation de rattachement ou de ne pas s'y présenter à l'issue d'une mission, d'une permission ou d'un congé. Le tribunal correctionnel de la Seine va juger principalement d'abord d'affaires de désertion en présence de l'ennemi puis de désertion à l'intérieur du territoire national en temps de guerre.

Plus de 160 dossiers sont jugés sur la base de cette infraction au cours de la période, ce qui est loin d'être négligeable. Il s'agit d'un autre exemple d'infraction de droit commun pouvant avoir une finalité politique, ce qui explique qu'elle soit assez lourdement réprimée en général, entre un an et dix-huit mois d'emprisonnement. La sévérité s'atténue à partir du début de l'année 1943. La fin de la guerre approchant, les peines ne dépassent que rarement quelques mois d'emprisonnement avec ou sans sursis.

Deux types de prévenus sont jugés pour cette infraction, ceux qui ont déserté à l'issue de la campagne de France et ceux qui l'ont fait postérieurement à la suite d'un engagement spontané. Ainsi, le 17 mars 1943, Moïse Levy est condamné à trois mois d'emprisonnement avec sursis par la dix-septième chambre correctionnelle du tribunal de la Seine, pour des faits relativement anciens. Il est accusé d'avoir déserté son régiment d'artillerie du 2 au 7 juillet 1940. Une plainte a été déposée par le colonel commandant son régiment le 16 août 1940. L'autorité militaire a désigné un juge d'instruction pour instruire le dossier du chef de désertion à l'intérieur en temps de guerre. Il a fallu attendre janvier 1942 pour que Moïse Levy fût retrouvé à Clichy. Le 5 février, la justice militaire s'est dessaisie de ce dossier au profit du tribunal correctionnel de la Seine. Le parquet de la Seine a requis à son tour l'ouverture d'une information, sans pour autant désigner de juge d'instruction, les faits paraissant relativement simples. Lors de son interrogatoire, Moïse Levy a immédiatement reconnu avoir quitté son régiment sans permission ni autorisation pour se rendre à Marseille, où il souhaitait rencontrer un oncle de sa femme. Aussitôt arrivé dans cette ville, il avait été arrêté et placé au dépôt avant sa démobilisation en août 1940. Le débat se porte alors sur la date précise de son départ et de son arrestation. En effet, un délai de grâce est accordé au prévenu d'une telle infraction. Les dates présentes dans le dossier de la justice militaire étant confirmées, il est condamné[63].

D'autres dossiers ne transitent même pas par l'autorité militaire, les plaintes étant directement transmises au procureur de la République. Ce cas est particulièrement visible s'agissant des sapeurs-pompiers de Paris. Ainsi, Daniel Haeffele entre au corps des sapeurs-pompiers comme engagé volontaire. Le 28 mai 1943, il se rend de la caserne de Ménilmontant, où il est affecté, à l'infirmerie de Port-Royal pour y recevoir des soins. Au lieu de rentrer à sa caserne, il se rend chez une amie où il reste jusqu'au dimanche matin. Devant l'insistance de sa mère, il regagne sa caserne le lundi 31 mai au matin. Comme justification, il invoque son souhait de quitter les sapeurs-pompiers. Puisqu'il est très bien noté, son chef de caserne considère qu'il s'agit d'une erreur de jeunesse et qu'il n'a pas dû se rendre compte de la gravité des faits[64]. Il est directement cité devant le tribunal correctionnel de la Seine. La dix-septième chambre correctionnelle de ce tribunal le condamne le 30 juillet 1943 à deux mois d'emprisonnement avec sursis.

Ces deux exemples soulignent tout à la fois une grande méconnaissance des infractions militaires par des jeunes gens perdus à l'issue de la défaite de 1940 ou qui se sont engagés parce qu'ils n'avaient ni travail ni ressources. Ils se retrouvent dans une vie de casernement qui ne leur convient pas. Leur rêve d'aventure et d'action s'étant évanoui, ils désertent. Ces faits, loin d'être isolés, amènent les autorités militaires à faire preuve d'une sévérité certaine conduisant à solliciter l'intervention de la justice militaire ou civile. Cela conduira d'ailleurs à voir ce délit se multiplier dans les prétoires à la fin de l'année 1943 et ce jusqu'à la Libération. Il constitue une des dernières infractions à finalité politique encore jugées par le tribunal correctionnel de la Seine. Alors que la France s'enfonce de plus en plus dans la « guerre civile », les magistrats ne seront pas plus sévères envers les coupables de ces désertions.

CHAPITRE 9

Les derniers mois tournés vers l'indulgence ?

Octobre 1943-août 1944

À partir de la fin de l'année 1943, en très peu de temps, de nombreux changements s'opèrent dans la politique répressive de l'État français sous la forme d'une radicalisation poussée à l'extrême, compte tenu de l'évolution du contexte intérieur et international. En 1943, la Résistance est mature et perçue comme telle par le régime de Vichy. Elle devient un adversaire sérieux à prendre en compte pour l'État français et les autorités d'occupation.

Des juridictions d'exception moins sévères

À partir d'octobre 1943, la section spéciale de la cour d'appel de Paris commence une nouvelle ère de son existence sous la présidence de Georges Normand. Bien qu'ayant atteint la limite d'âge, il sollicite de Francis Villette sa désignation à cette fonction. Il invoque pour ce faire qu'il agirait dans une logique protectrice des prévenus[1], ce que confirme une étude statistique des délibérés. Il commence au sein du tribunal correctionnel de la Seine puis se voit désigné pour siéger au tribunal d'État, section de Paris, de septembre 1941 à octobre 1943 avant de rejoindre la section spéciale.

Sur 336 décisions rendues entre octobre 1943 et août 1944, une seule peine lourde est prononcée. Les condamnations à des peines d'emprisonnement sont très majoritaires (62,5 % des décisions). Pour près de 81 %, la peine est de deux ans. Ce chiffre est deux fois supérieur à celui de la présidence Larricq. Plus d'un quart d'acquittements sont ordonnés (ce chiffre est de 14,8 % durant la période précédente). La section spéciale de la cour d'appel de Paris apparaît dès lors au cours de ces derniers mois d'existence comme particulièrement clémente. Une nouvelle fois, la moindre importance des dossiers et, fait nouveau, du nombre d'affaires déférées, associée à de nouveaux magistrats n'ayant jamais siégé dans une juridiction d'exception, s'accompagne d'une nouvelle manière de juger. Cette situation conduit à s'interroger, compte tenu de la dérive répressive de plus en plus importante de l'État français, sur le comportement à rebours de cette juridiction. En réalité, à partir d'octobre 1943 et plus encore du début de l'année 1944, la répression des actes de résistance est assurée pour l'essentiel par les tribunaux militaires allemands. Les juridictions d'exception françaises sont dès lors cantonnées à juger des dossiers de moindre importance et de manière corrélative à prononcer des peines plus faibles.

Ce déclin est également perceptible au sein du tribunal d'État. Si, au cours de la période de septembre 1942 à septembre 1943, il juge 71 dossiers, d'octobre 1943 à juillet 1944[2], il se limite à 30. Il est vrai que la dernière affaire politique, le dossier René Quenouille/Pierre Brossard, occupe à elle seule près de seize audiences de jugement entre mars et juillet 1944. La sévérité des peines est également beaucoup moins importante que sur la période précédente. Ainsi, aucune peine de mort n'est prononcée et les peines de travaux forcés diminuent de plus de 81 % pour un nombre de condamnations quasi équivalent.

Au cours de cette période, le parquet et les juges de la section spéciale de la cour d'appel de Paris modifient en profondeur leur vision répressive, dont les jalons ont toutefois été posés dès la présidence Larricq. Les deux phénomènes favorables à une plus grande mansuétude (la baisse de la qualité des dossiers et un parquet moins répressif) se retrouvent une nouvelle fois, sans qu'il soit possible de déterminer lequel d'entre les deux est l'initiateur de ce processus.

Néanmoins, au début de l'année 1944, la section spéciale se voit déférer deux affaires liées à la Résistance. La première se rapporte à trois inspecteurs de police de la direction générale des Renseignements généraux de la préfecture de police. L'un d'eux est soupçonné de transmettre aux groupes de résistance toutes les informations contenues dans les enquêtes des Brigades spéciales afin d'empêcher des arrestations. Un autre est poursuivi pour sa participation à un groupe ayant pour mission de sauvegarder les archives des Renseignements généraux en cas de départ précipité de l'occupant[3]. L'autre affaire concerne les activités de résistance de plusieurs groupes de la section Jeanne Hachette affiliée à l'organisation des FTP[4]. Si la première affaire n'est même jamais appelée au rôle de la section spéciale de la cour d'appel de Paris, la seconde est jugée le 11 mai 1944. Les prévenus ont été arrêtés le 9 janvier, soit quatre mois auparavant. Lors de l'audience, profitant d'une instruction bâclée (peut-être de manière volontaire), la section spéciale ordonne un supplément d'information, gagnant de nombreux mois[5]. La Libération intervenant entre-temps, le dossier ne sera ainsi jamais jugé.

Au-delà de ces deux affaires, non représentatives, de nombreuses autres procédures vont faire l'objet d'un supplément d'information ordonné par la section spéciale de la cour d'appel de Paris, surtout à partir du début de l'année 1944. Cette pratique est utilisée tout au long de l'existence de la juridiction mais la logique n'est plus la même. Si, sous les présidences Benon et Larricq, il s'agit de pallier des incertitudes pesant sur tels ou tels faits, sur la participation ou non d'un inculpé et sur sa culpabilité ou non, sous la présidence Normand, son emploi s'apparente plus à un subterfuge pour gagner du temps et n'avoir pas à juger les affaires les plus embarrassantes.

Le dossier de Léon Giraud en est une bonne illustration. La procédure est importante et remonte à l'année 1941 : elle concerne 23 prévenus. Elle a donné lieu à des peines très lourdes, la plupart des inculpés étant condamnés à des travaux forcés[6]. Toutefois, Léon Giraud, en fuite, n'est jugé qu'en 1944. Lors de son arrestation pour diffusion de tracts communistes, Henri Hennequin reconnaît les avoir reçus de Maurice Rivière. Il en a remis, pour sa part, deux fois à Charles Patillon et a distribué le reste dans la rue. Arrêté le même jour, Charles Patillon confirme les déclarations d'Henri Hennequin et déclare qu'il a lui-même remis un paquet de tracts à Alphonse Chaussivert. Ce dernier est à son tour appréhendé. Il avoue sans difficulté et indique avoir répandu lesdits tracts dans l'usine où il travaille. Maurice Rivière est également arrêté. Il affirme avoir été mis en rapport en septembre 1940 avec René Cazau, qui lui a fourni à sept ou huit reprises des paquets de tracts. Il les distribuait dans la rue. En décembre, René Cazau l'a présenté à Fernand Le Breton, qui devint son fournisseur de matériel de propagande (500 à 600 tracts lui ont été confiés au cours de sept ou huit livraisons). Il en a remis les trois quarts à Henri Hennequin et a gardé le reste pour le distribuer lui-même. Fernand Le Breton, à son tour appréhendé, confirme ces déclarations. Les chiffres diffèrent cependant. Il indique que les distributions avaient lieu une fois par semaine environ par paquet de 1 200 tracts. Lui-même a pris possession dudit matériel auprès de Lucien Fournier, avec qui il avait été mis en rapport par André Frejabue. Ce dernier l'a sollicité en novembre 1940 en vue d'une activité de propagande clandestine. Lucien Fournier est également arrêté. Lors de son interrogatoire, il se présente comme étant chargé de la reproduction et du tirage des tracts grâce à du matériel remis par Léon Giraud. Ce dernier lui apportait les stencils des tracts communistes à imprimer et venait les chercher ensuite. Il en prenait une partie destinée à la région de Puteaux, Fernand Le Breton récupérait l'autre pour la région de Suresnes. À ces arrestations s'ajoutent celles de François Carcedo, responsable politique de Levallois et de son adjoint Kléber Rivière, qui essaient de regrouper la section de Levallois. Celle-ci est particulièrement désorganisée à la suite de l'appréhension par les forces de l'ordre de son ancien responsable. François Carcedo qui devait réorganiser la région de Gennevilliers. Ses adjoints, Jules Mathurin, occupant les fonctions de responsable politique, Hippolyte Genard, chargé de la propagande, Adèle Couillard épouse Ribon, trésorière et Jean Gourdoux, organisateur, sont également arrêtés avec d'autres militants[7].

Léon Giraud est déjà en fuite à cette époque. Il est appréhendé le 15 septembre 1942 et aussitôt écroué à la prison de la Santé. Il n'est déféré à la section spéciale de la cour d'appel de Paris que le 15 janvier 1944, sans qu'il soit possible de discerner la raison de ce retard. Lors de l'audience, un supplément d'information est ordonné afin notamment que le prévenu soit entendu. La commission rogatoire par laquelle le magistrat d'instructeur sollicite l'intervention des forces de l'ordre est rédigée le 10 mai 1944, soit près de quatre mois plus tard. Bien qu'ayant reconnu avoir été membre de l'ancien Parti communiste et avoir été formellement visé par les déclarations d'un autre prévenu, il est acquitté le 29 juin 1944[8], à une date où l'issue de la guerre ne fait plus aucun doute.

Une section spéciale « clémente »

Sous la présidence Normand, le recours au supplément d'information est associé à des peines très faibles lorsqu'un arrêt est prononcé. Ainsi, Eugène Remande[9] est interpellé en compagnie d'un autre individu par des gardiens de la paix, le 1er janvier 1942 vers 1 heure du matin. La personne qui l'accompagne déclare immédiatement aux agents de police qu'Eugène Remande vient de lui remettre des tracts de la main à la main[10]. Au cours de la perquisition opérée au domicile de ce dernier, il est découvert 61 tracts et un opuscule sur la campagne de Russie en 1812. Fouillé, il est trouvé porteur d'une matraque. Lors de son interrogatoire, il tente dans un premier temps de dissimuler l'identité de la personne qui lui a livré lesdits tracts. Il avoue finalement que Georges Lagache l'a pressenti quelques semaines plus tôt pour en distribuer la nuit dans les rues de Boulogne-Billancourt. Il refuse dans un premier temps avant de céder. Il est alors présenté le 30 décembre 1941 à André Devaud qui lui remet les tracts. Il les distribue le soir même et le lendemain, jour de son arrestation. Interpellé à son tour, Georges Lagache prétend qu'Eugène Remande lui a demandé d'aller chercher les tracts chez André Devaud et nie les avoir mis en relation. André Devaud est également appréhendé et assure n'avoir jamais participé à une quelconque entreprise de propagande communiste clandestine.

À la suite d'une confrontation avec les deux autres prévenus qui le reconnaissent formellement, André Devaud finit par avouer leur avoir remis des tracts. Lors de l'instruction, si Eugène Remande et Georges Lagache ne modifient en rien leurs déclarations,

André Devaud, quant à lui, revenant sur ses indications, prétend que ses aveux lui ont été extorqués par le commissaire de police chargé de l'enquête. Les trois individus sont néanmoins déférés devant la section spéciale de la cour d'appel de Paris. André Devaud et Georges Lagache sont condamnés par un arrêt du 17 avril 1942 à respectivement cinq ans de travaux forcés et dix-huit mois d'emprisonnement et 100 francs d'amende. Eugène Remande, malade lors de cette première audience, est jugé à son tour le 11 novembre 1943 et est condamné à un an d'emprisonnement et 1 200 francs d'amende. L'écart entre les peines constitue un parfait exemple de la nouvelle retenue de la section spéciale.

Le dossier de Lucienne Albouze, épouse Goasdoue, Yolande Lamarre, épouse Prieur, Alexis Porte et Marcel Lepas mérite aussi une attention particulière. Il est issu d'une procédure suivie au préalable par le tribunal militaire contre dix inculpés dont quatre sont en définitive jugés par la section spéciale de la cour d'appel de Paris. Le 13 avril 1940, les forces de l'ordre saisissent chez Joseph Goasdoue quatre tracts communistes. Il reconnaît que les tracts lui ont été remis par sa femme. Il avoue également un vol d'électricité[11]. Lucienne Albouze affirme avoir reçu de sa patronne Léontine Pillet, épouse Porte, les tracts saisis qu'elle devait distribuer avec son mari. Cette dernière, arrêtée à son tour, indique que ce matériel de propagande lui a été confié par son mari qui est soldat. Une perquisition domiciliaire permet la découverte de 29 tracts. Elle reconnaît par ailleurs avoir reçu d'Adrienne Repussart, épouse Martenot, par l'intermédiaire de Yolande Lamarre, épouse Prieur, des tracts qu'elle a distribués dans sa boutique à deux autres soldats, Ferdinand Churlet et Marcel Lepas. Adrienne Repussart et Yolande Lamarre confirment les aveux de Léontine Pillet, de Ferdinand Churlet et Marcel Lepas.

Lors de l'instruction, tous les prévenus confirment leurs aveux sauf Joseph Goasdoue, qui prétend n'avoir pas commis le vol d'électricité qui lui a été reproché. Il ressort de cette procédure que Yolande Lamarre, tenancière d'une épicerie-débit-restaurant, reçoit des communistes et que son établissement sert pour la propagation des mots d'ordre du parti clandestin. Elle est la principale instigatrice de ce réseau de distribution. Le tribunal militaire permanent condamne les différents inculpés par jugement rendu par défaut en date du 20 février 1941 : Marcel Lepas à trois ans d'emprisonnement et 300 francs d'amende, Yolande Lamarre à trois ans d'emprisonnement et 300 francs d'amende, Lucienne Albouze à trois ans d'emprisonnement et 300 francs d'amende et Alexis Porte, à cinq ans d'emprisonnement et 300 francs d'amende. Sur opposition formée par les prévenus, le tribunal de la Seine allège les peines le 11 novembre 1941 : celle de Yolande Lamarre est ramenée à huit mois d'emprisonnement, pour Lucienne Albouze à six mois d'emprisonnement et pour Alexis Porte à dix-huit mois d'emprisonnement.

Le parquet interjette appel de cette décision. Compte tenu de la loi du 14 août 1941, il appartient à la section spéciale de la cour d'appel de Paris de statuer. Le 27 novembre 1943. Marcel Lepas est finalement condamné à un an d'emprisonnement et 1 200 francs d'amende et Alexis Porte à deux ans d'emprisonnement et 1 200 francs d'amende. Lucienne Albouze est acquittée et Yolande Lamarre bénéficie d'une disjonction, étant internée au camp de la Lande de Monts[12].

Plusieurs enseignements peuvent être tirés de ces illustrations. Les dossiers au cours de cette période sont globalement plus conséquents que ceux déférés sous la présidence Larricq. Ceci vaut tant dans la matérialité des faits que dans leurs conséquences. Il s'agit beaucoup plus de cellules voire de réseaux de propagande que d'initiatives individuelles. En dépit de cette situation, les peines prononcées sont relativement faibles. Le dossier de Lucienne Albouze, Yolande Lamarre, Alexis Porte et Marcel Lepas est frappant sur ce point avec des condamnations bien en deçà de celles du tribunal militaire permanent mais surtout très proches de celles du tribunal correctionnel. Le dossier d'Eugène Remande est également instructif sur ce point. Le décalage opéré dans le traitement de son dossier vis-à-vis de ses autres coprévenus lui a sans doute bénéficié pour obtenir une condamnation plus faible. Dès lors, l'influence des magistrats, qui semblent avoir plus de latitude sous la présidence Normand, apparaît déterminante.

Cette influence se matérialise sur un autre volet, l'apparition des jugements par défaut. D'octobre 1943 à août 1944, onze condamnations par défaut sont prononcées. Ce chiffre, bien que relativement faible à l'échelle des décisions rendues par la section spéciale de la cour d'appel de Paris, n'en demeure pas moins intéressant quant au nouveau fonctionnement. Jusqu'alors, la juridiction s'était refusée à y avoir recours, sans doute dans un souci d'une plus grande efficacité. Les jugements par défaut sont en effet susceptibles d'opposition, conduisant la juridiction qui a statué à juger deux fois la même affaire.

Au vu du comportement des magistrats de la section spéciale de la cour d'appel de Paris au cours des derniers mois de son existence, il convient de s'interroger sur la nature de son action. S'il est indéniable que la clémence l'emporte sur sa volonté répressive au cours de l'année 1944, elle ne continue pas moins à statuer sur les dossiers qui lui sont déférés et à condamner un certain nombre de prévenus. Il n'est dès lors pas possible de considérer qu'elle s'est engagée dans une démarche globale de résistance. Pour autant, certains comportements moins visibles, comme le recours au supplément d'information, vont au-delà de la seule clémence. Il est indéniablement plus facile pour une juridiction de jouer sur de tels ressorts plutôt que de relaxer un prévenu dont la culpabilité est avérée, d'autant plus qu'une relaxe ne permet pas, en tout état de cause, d'assurer au prévenu sa liberté, ce dernier pouvant faire l'objet d'un internement administratif.

Un tribunal d'État réduit à une très faible activité

La question du comportement « résistant » du tribunal d'État, section de Paris, se pose beaucoup moins et ce même si des parallèles avec l'attitude de la section spéciale de la cour d'appel de Paris existent. Entre octobre 1943 et fin juillet 1944, il connaît une activité réduite, avec seulement trente affaires jugées, soit une chute de plus de la moitié de son exercice par rapport à la période précédente. Une des premières raisons de cette importante diminution est liée à des considérations purement matérielles. Depuis sa création, le tribunal d'État, et encore plus la section de Paris, doit faire face à de sérieuses difficultés pour réunir le nombre de membres nécessaires à la tenue de ses audiences.

Le 27 octobre 1943, le commissaire du gouvernement alerte le garde des Sceaux sur la situation difficile de la juridiction. Le président, Paul Devise, connaît de sérieux problèmes de santé, ce qui conduit à son absence prolongée. Il est finalement remplacé en janvier 1944 par Gaston Rivière, ancien président de chambre à la cour d'appel de Caen. Le tribunal d'État, section de Paris, est quasiment dans l'impossibilité de siéger, pourtant aucune suite n'est donnée à ce courrier à la Chancellerie. Cette situation oblige à une nouvelle communication au garde des Sceaux le 10 novembre 1943. Le magistrat auteur de la lettre dresse un nouveau tableau des effectifs et indique en outre que toutes les audiences ont été renvoyées *sine die* depuis le 9 novembre 1943, le tribunal d'État, section de Paris, n'étant définitivement plus en mesure de siéger[13].

La nature des dossiers transmis a également évolué. Les affaires politiques connaissent une diminution drastique de 87,5 %. Les affaires économiques suivent une logique similaire, avec une baisse de 74,6 %. Elles sont également moins présentes sur le total des affaires jugées avec une baisse de 16 %. Les dossiers d'avortement résistent mieux avec une chute de seulement 38 % et représentent l'essentiel des affaires jugées.

Au cours de cette dernière période, la chute du nombre d'affaires purement politiques s'explique une nouvelle fois par une répression accrue de l'occupant sur les résistants, l'affaire Pierre Brossard et René Quenouille étant alors la seule jugée. Au cours des seize audiences tenues entre mars et juillet 1944, 189 personnes sont jugées dans cette affaire. Le dossier est relativement ancien, les premières arrestations ayant eu lieu le 27 février 1943. À cette date, à la suite d'une filature qui débute en novembre 1942, les inspecteurs de la brigade spéciale n° 1 des Renseignements généraux appréhendent, à Châtillon, Julia Romain et Lucie Gratadoux, au moment où elles s'échangent des sacs à provisions. Une heure plus tôt, Pierre Brossard, responsable national des cadres du PCF, avait remis un des sacs à Julia Romain, qui devait être transmis par Lucie Gratadoux à un membre du comité directeur du parti.

Fouillée, Julia Romain remet aux forces de police une fausse carte d'identité. Lors de la perquisition de son domicile, une quantité considérable de documents intéressant le Parti communiste est saisie ainsi qu'une importante somme d'argent. Il en est de même pour Lucie Gratadoux. Parmi les documents saisis chez elle, plusieurs pièces suscitent la surprise des enquêteurs : un rapport retraçant l'activité de la brigade spéciale n° 2 (chargée de la lutte contre le terrorisme) pour la semaine du 7 au 14 février 1943 ainsi que des photographies des lieux d'attentats et des rapports destinés au juge d'instruction Marquiset, relatifs à des militants communistes incarcérés. Ces documents ne pouvaient émaner que de ce service de police. Un inspecteur, Marcel Quillent, est rapidement appréhendé. Son arrestation amène à la découverte « [...] de toute une série d'organisations gaullistes, dites de résistance, en liaison avec le Parti communiste. Les autorités d'occupation ayant revendiqué cette affaire, dont presque tous les membres sont détenus par elles[14] [...]. Il suffira de savoir que, fidèle à sa tactique, le Parti communiste avait noyauté la plupart de ces organisations gaullistes et que la presque totalité des renseignements recueillis par ces dernières ont été retrouvés dans les documents saisis chez des militants influents du Parti communiste[15] ».

La réalité est quelque peu différente. Marcel Quillent est membre du réseau Patriam Recuperare, réseau de résistance gaulliste dont Robert Masspacher est un des responsables. Ce dernier transmet les rapports récupérés par Marcel Quillent à Londres et en communique un double à un autre commissaire de police, Gaston Pateau, membre du même réseau. Gaston Pateau confie ensuite la documentation au Dr René Quenouille, ancien conseiller municipal communiste de Villeneuve-Saint-Georges, qui est chargé au sein du réseau des relations avec le Parti communiste et le Front national, à qui il communique les rapports. Ce qui explique pourquoi Lucie Gratadoux, agent de liaison du Parti communiste, les détient. Tous les membres du réseau Patriam Recuperare seront jugés par les autorités allemandes. Robert Masspacher est condamné à mort et déporté à Auschwitz où il réussit à survivre[16]. René Quenouille est déporté en octobre 1943 à Mauthausen, où il devient médecin-chef du camp annexe d'Ebensee. Il est transféré au camp de Neuengamme, où il meurt pendu en avril 1945[17]. Gaston Pateau est déporté à Mauthausen, où il meurt en janvier 1944[18].

Le lendemain des arrestations de Julia Romain et Lucie Gratadoux, Pierre Brossard est à son tour appréhendé à son domicile[19]. Lors de la perquisition qui y est menée, plusieurs centaines de documents, dont un très grand nombre de biographies, sont saisis. C'est à la suite de cette découverte que de nombreux militants communistes vont être arrêtés à travers plusieurs enquêtes.

Le 31 mars 1944, vingt prévenus sont présentés devant le tribunal d'État, section de Paris. Trois peines de travaux forcés sont prononcées (sept ans pour Suzanne Lacipière[20] et huit ans pour Léon Kamenney[21] et Robert Weisse[22]). Treize prévenus sont condamnés à des peines d'emprisonnement allant d'un à cinq ans (notamment Suzanne Deguerret, épouse Payen, à cinq ans et Eugène Petit, à trois ans). Quatre personnes dont Yvonne Bertho sont, quant à elles, acquittées. Au cours des audiences suivantes, d'autres peines sont prononcées. Gaston Deleurance[23], militant communiste chargé de l'impression et de la distribution de tracts, est sanctionné des travaux forcés à perpétuité - il est trouvé porteur d'une arme et de cartouches, ce qui explique sans doute sa peine ; de même qu'Édouard Baur[24], qui participe à un sabotage dans une usine où il travaille - il est également un des cadres du parti établissant des rapports pour Pierre Brossard ; ainsi que Renée Berthon, épouse Mestivier[25], militante active dans la distribution de tracts - elle participe également au sabotage de son usine avec Édouard Baur. André Blanchou[26], ancien responsable politique local du Parti communiste clandestin, écope de quinze ans de travaux forcés ; quand il s'agit de dix ans pour Lucienne Bonnet, épouse Laurens[27], ancienne responsable de l'organisation communiste dans le XVIIIe arrondissement de Paris - elle est active dans la diffusion de tracts ; ainsi que pour Pierre Brossard[28], qui est déporté au camp de Neuengamme en mai 1944 et meurt en baie de Lübeck en mai 1945[29]. Lucie Gratadoux, son agent de liaison, est condamnée à huit ans de travaux forcés et est emprisonnée à la Petite Roquette à Paris où elle est libérée en août 1944[30] ; de même que Roger Payen, responsable adjoint sur le plan national de l'appareil technique du PCF – il est interné à la prison de la Santé, où il est libéré en août 1944[31] ; et Pierre Marcherat[32], responsable de la diffusion des tracts au sein de la branche des intellectuels du Parti communiste de la région parisienne. Julia Romain, agent de liaison, est condamnée à sept ans de travaux forcés[33] ; René Piquepaille[34], militant actif dans la distribution de tracts et l'activité communiste, à six ans de travaux forcés – il est trouvé porteur d'une arme et de cartouches ; de même pour René Mergey[35], militant actif dans la distribution de tracts – il est emprisonné à la prison de la Santé et libéré par la Résistance en août 1944[36] ; cinq ans de travaux forcés pour Roger Bosger[37], un des responsables techniques du Parti communiste clandestin pour la région du nord de Paris ; ainsi que pour Gilbert Delhaye, l'adjoint de Pierre Brossard – il est incarcéré à la prison de la Santé avant de rejoindre la prison de Blois, où il est déporté en mai 1944 vers le camp de Neuengamme et il meurt en baie de Lübeck en mai 1945[38] ; pour Gaston Bré, qui achète le papier et le matériel nécessaires à l'impression des tracts – sur instructions de Georges Maranne[39], il participe également à la récupération des marchandises nécessaires au ravitaillement de ses camarades dans l'illégalité. Il est détenu à la prison de la Santé avant sa libération en août 1944[40]. Victor Cohanier aussi est condamné à cinq ans de travaux forcés[41], en raison de son rôle comme responsable de section à Saint-Ouen[42] et participant actif à la distribution de tracts et à l'activité du Parti communiste clandestin ; de même que Roland Piat, chargé de fournir le ravitaillement en viande des militants communistes clandestins – il est interné à la prison de la Santé où il est libéré en août 1944[43] ; et François Breut, membre du Front national et des FTP – il est également emprisonné à la Santé et libéré en août 1944[44] ; ainsi que Gustave Fremont[45], militant chargé de la distribution de tracts au sein de la branche des intellectuels de la région parisienne pour l'organisation communiste clandestine. Dix peines de travaux forcés par contumace allant de dix années à la perpétuité sont également prononcées[46], ainsi que 51 peines d'emprisonnement d'un à neuf ans. 77 personnes bénéficient d'une relaxe ou d'un non-lieu.

Les derniers mois tournés vers l'indulgence ?

À la lecture de ces différentes condamnations, la logique répressive qui prédomine au sein du tribunal d'État demeure toujours identique. Les responsables et les auteurs d'actes de sabotage ou de résistance, qu'ils soient déjà accomplis ou à l'état de projets, sont plus lourdement condamnés que les simples militants distribuant des tracts communistes. Toutefois, le contexte intérieur et international ayant totalement changé, les peines prononcées demeurent globalement moins lourdes que précédemment. À noter que les dernières audiences se déroulent après le débarquement de Normandie.

Si la moindre sévérité de cette juridiction est visible dans l'affaire Pierre Brossard/René Quenouille, elle est en réalité générale. Par rapport à la période septembre 1942-septembre 1943, aucune peine de mort n'est prononcée à partir d'octobre 1943. Les condamnations aux travaux forcés à perpétuité diminuent de 81 %, ne représentant plus que 10 % des peines prononcées entre octobre 1943 et juillet 1944 contre 47 % antérieurement. Les travaux forcés à durée limitée se maintiennent quant à eux dans des proportions quasi identiques. Dans la même logique d'une relative clémence de ces magistrats, les peines d'emprisonnement et les relaxes augmentent fortement (77,5 % pour les premières et 327 % pour les secondes). Leur part dans le total des peines prononcées s'accroît de manière corrélative avec une hausse respectivement de 17 % et de 24 % entre les deux périodes.

Les peines les plus lourdes prononcées par le Tribunal d'État ne paraissent en revanche pas suivre une logique temporelle. Elles sont intimement liées à la nature des affaires soumises et à leur gravité, ce qui démontre une nouvelle fois une réelle marge de manœuvre des magistrats. Cette situation est totalement différente pour les peines les moins lourdes d'emprisonnement et les relaxes. Ces dernières sont omniprésentes au cours des cinq derniers mois d'existence du tribunal d'État. Si le pouvoir décisionnaire des magistrats semble avoir joué, deux autres motifs peuvent expliquer cette différence. Tout d'abord, ces peines sont prononcées majoritairement dans l'affaire Pierre Brossard/René Quenouille, dont les audiences se déroulent justement sur les cinq derniers mois pour les prévenus les moins importants. Ensuite, le contexte intérieur et international n'y est sans doute pas étranger. L'évolution du conflit n'est pas favorable à une répression accrue des résistants communistes ou gaullistes tant l'issue de la guerre paraît de plus en plus certaine. Par ailleurs, même pour les magistrats d'une juridiction d'exception, les représailles de la Résistance ou à l'issue du conflit peuvent être importantes et conduire à la mort. Cet état d'esprit influe forcément au moment de juger un prévenu.

Une répression politique quasi inexistante au tribunal correctionnel de la Seine sur la période

La nouvelle stratégie répressive mise en place par Maurice Gabolde pour faire face à la montée en puissance de l'action résistante n'inclut plus le tribunal correctionnel. Pour le nouveau garde des Sceaux, seule la justice d'exception peut faire face aux opérations menées par la Résistance.

Pourtant, à l'automne 1943, les sections spéciales près les cours d'appel et le tribunal d'État ne semblent pas en mesure d'enrayer ce « terrorisme » et vouloir eux-mêmes agir. La Chancellerie multiplie pour autant ses interventions afin que la magistrature se mobilise encore plus dans la voie de la radicalité. Au début de l'année 1944, l'idéologie ultra-répressive de Maurice Gabolde associée à l'entrée de Joseph Darnand au gouvernement conduit à la marginalisation de l'institution judiciaire au profit du secrétariat général au Maintien de l'ordre, ce qui mène notamment à l'instauration des cours martiales. Ce système répressif radicalisé place inévitablement la justice ordinaire à la marge de la répression politique.

Ainsi, à l'automne 1943, la répression politique est presque inexistante au sein du tribunal correctionnel de la Seine. Les délits d'opinion ont disparu, les infractions « juives » ne représentent qu'une trentaine d'affaires entre octobre 1943 et août 1944. Seules les désertions sont massivement présentes et en forte hausse.

Le tribunal de la Seine, comme tous les tribunaux correctionnels, retrouve une activité « normale » constituée de manière quasi exclusive par les délinquants de droit commun. Même si elles demeurent à des niveaux élevés, les affaires économiques chutent sensiblement par rapport à la période précédente. Il est vrai que l'année 1942 a été particulièrement intense dans la répression de ces infractions. À titre d'exemple, le nombre de hausses illicites des prix, délit particulièrement réprimé par le tribunal de la Seine, diminue, en moyenne, de près de dix affaires mensuelles entre septembre 1942 à septembre 1943 à moins de cinq sur la période suivante. Les vols se maintiennent à un niveau équivalent à la fin de l'année 1943 avant que leur répression ne baisse progressivement au premier semestre 1944 (près de 80 affaires en moyenne en fin d'année 1943 contre une quarantaine à l'été 1944). Les délits visant les personnes demeurent présents à des niveaux élevés. Les adultères, l'entretien de concubine et les attentats à la pudeur se maintiennent entre une dizaine et une vingtaine de dossiers mensuels. Le nombre d'affaires d'avortement est, quant à lui, en hausse. Nous avons référencé approximativement 120 dossiers entre septembre 1943 et août 1944 contre 110 dossiers entre septembre 1942 et septembre 1943. Cette situation s'explique sans doute par un recours plus important à ce type de mesure compte tenu des circonstances économiques et sociales difficiles. Le parquet semble maintenir une politique particulièrement répressive pour les auteurs d'avortement, qui est passible depuis la loi du 15 février 1942 d'un renvoi devant le tribunal d'État.

Dans cette masse d'affaires de droit commun, quelques dossiers plus politiques peuvent toutefois être signalés. Le 25 octobre 1943, la douzième chambre du tribunal correctionnel de la Seine juge Henri Stentzel pour propos anarchistes, provocations de militaires à la désobéissance et refus d'obéissance. Il s'agit en réalité d'une vieille affaire.

Les faits ayant motivé cette condamnation remontent à décembre 1939. Henri Stentzel est alors mobilisé comme soldat de deuxième classe. Le 26 décembre 1939, le lieutenant, commandant sa section, adresse au commandant de la compagnie un rapport particulièrement véhément à l'encontre d'Henri Stentzel, dans lequel il relate plusieurs incidents d'insolence à l'égard de sous-lieutenants et un autre jugé encore plus grave d'appel à désertion. À réception de ce courrier, le commandant de la compagnie dépose une plainte à son encontre et le fait placer en prison dans l'attente de la décision de la justice militaire à intervenir. Une instruction est ouverte par la justice militaire à l'encontre d'Henri Stentzel pour « [...] propagande anarchiste en tenant des propos constituant une provocation à des militaires de l'armée de l'air dans le but de les détourner de leurs devoirs militaires, et de refus d'obéissance[47] ».

Celle-ci fait suite à une enquête déjà diligentée en amont par l'état-major de l'armée de l'air, qui confirme en tout point les dires du lieutenant commandant Henri Stentzel. Henri Stentzel déclare souffrir depuis de nombreuses années de crises très violentes de paludisme. L'état-major estime donc nécessaire de diligenter une expertise sur ce dernier point tout en considérant qu'il s'agit sans doute d'un système de défense. Dans son rapport en date du 28 avril, le Dr Heuyer conclut au fait qu'Henri Stentzel ne souffre d'aucune maladie mentale. En conséquence, il doit rendre compte de ses actes devant la justice. De nouveau interrogé, il maintient néanmoins sa déposition confirmée par de nombreux témoins faisant état de ses difficultés de santé liées au paludisme. À l'issue de l'instruction, il est renvoyé, suivant réquisitions conformes du commissaire du gouvernement devant le deuxième tribunal militaire.

La campagne de France puis l'armistice ont eu provisoirement raison de cette procédure. Elle reprend son cours normal en mai 1941. Le dossier est transmis au procureur de la République. Celui-ci convoque Henri Stentzel pour une nouvelle audience le 17 novembre 1941, ce dernier a toutefois déménagé sans laisser d'adresse. À cette date, il est jugé par défaut et condamné, par la douzième chambre correctionnelle du tribunal de la Seine, à trois ans d'emprisonnement, peine conforme aux réquisitions du parquet.

Henri Stentzel est retrouvé dans le XXe arrondissement de Paris et arrêté le 3 août 1943. Il forme aussitôt opposition du jugement rendu par défaut. Il est jugé à nouveau par le tribunal de la Seine qui le condamne à six mois d'emprisonnement, conformément, une nouvelle fois, aux réquisitions du parquet. Cette relative clémence s'explique sans nul doute par l'ancienneté des faits délictueux. Presque quatre ans après leur commission, le contexte est totalement différent et ne justifie plus une répression sévère. Compte tenu des mois de détention préventive déjà effectués, l'emprisonnement d'Henri Stentzel sera en définitive très limité.

Le délit d'évasion est également du ressort du tribunal correctionnel de la Seine, avec un peu plus d'une dizaine d'affaires jugées d'octobre 1943 à août 1944. Dans ces dossiers relativement simples, les phases d'enquête et d'instruction sont rares, le prévenu, communiste ou juif le plus souvent, étant jugé dans une très grande majorité des cas par citation directe. En novembre 1942, Ida Vitline, épouse Slousky, réfugiée russe, est internée comme étant juive au camp de Mérignac (Gironde). Elle s'en évade un an plus tard. Ayant encore un peu d'argent sur elle, elle séjourne à Libourne et à Angoulême. Elle arrive à Paris le 6 décembre 1943 au soir. À 1 h 40, elle se présente spontanément à deux gardiens de la paix sur la place de la République. Elle est emmenée au commissariat du quartier des Enfants-Rouges et des Arts-et-Métiers (Paris IIIe). Deux jours plus tard, elle est de nouveau interrogée par un substitut du procureur de la République. Elle reconnaît les faits d'évasion et est immédiatement citée devant le tribunal correctionnel de la Seine. À l'audience du 9 décembre, il la condamne à trois mois d'emprisonnement conformément aux réquisitions du parquet[48]. Cette peine constitue la réponse pénale habituelle pour ce type de délit. Même si cela est difficilement démontrable, il y a tout lieu de penser que ce niveau de peine constitue pour les magistrats un parfait compromis. En effet, une peine inférieure pourrait conduire le prévenu à être de nouveau interné administrativement avec un risque accru de déportation. Une peine plus lourde apparaîtrait au contraire totalement démesurée pour le prévenu.

La principale infraction politique poursuivie devant le tribunal de la Seine entre octobre 1943 et août 1944 est la désertion. Le nombre d'affaires de ce type ne cesse en effet de se développer, le contexte intérieur et international n'y étant pas étranger.

À partir de novembre 1943 et jusqu'à la Libération, les délits de désertion et de désertion à l'intérieur par temps de guerre sont particulièrement présents dans les prétoires du tribunal correctionnel de la Seine. Pas moins de 180 affaires de ce type sont jugées entre octobre 1943 et juillet 1944. À partir de décembre 1943-janvier 1944, une première hausse du nombre de dossiers jugés apparaît. Elle est toutefois sans commune mesure avec celle qui a lieu sur les quatre premiers mois de l'année 1944.

Les affaires de désertion suivent la même typologie qu'auparavant, les premières sont liées à la mobilisation générale et aux premiers mois de la guerre, et les secondes font suite à des engagements volontaires plus récents. Ces dernières sont beaucoup plus présentes à partir de décembre 1943 et représentent même la quasi-totalité des dossiers jugés en mars et juin 1944. À cette époque, ce sont principalement des désertions de sapeurs-pompiers de Paris qui sont jugées. La peine prononcée dans la quasi-totalité des dossiers est de six mois d'emprisonnement. Certaines affaires paraissent toutefois avoir eu un caractère politique, certaines décisions ayant été révisées à la Libération par le tribunal militaire ou la chambre de révision de la cour d'appel de Paris[49].

Les dossiers liés aux premiers mois de la guerre sont, quant à eux, principalement visibles jusqu'en décembre 1943, avec toutefois quelques affaires examinées en mars 1944. L'échelle des peines est de trois mois à deux ans d'emprisonnement. Cette dernière condamnation demeure toutefois rare, la plupart oscillant entre trois mois et un an d'emprisonnement. Le sursis est parfois pratiqué à titre exceptionnel.

François Fromond est mobilisé dans la classe 1914. Il est affecté comme infirmier à l'hôpital complémentaire de Deauville, sise au Royal-Hôtel. Le 10 février 1940, il quitte son corps et ne réapparaît pas. Un signalement pour désertion est effectué par son chef de corps le 13 février. Il se présente sur son lieu d'affectation le lendemain. Interrogé par les gendarmes venus l'arrêter, il indique avoir quitté son corps pour retrouver un copain et avoir omis de rentrer[50].

Le 28 février, le commandant d'administration gestionnaire de cet hôpital prend sa défense dans un rapport qu'il adresse au chef du corps des infirmiers pour cette région. Il préconise dès lors une punition disciplinaire plutôt qu'une condamnation par un tribunal militaire, ce qui lui semble totalement disproportionné. Le chef du corps des infirmiers pour cette région ne se range pas à cet avis et dépose une plainte pour désertion à l'encontre de François Fromond le 2 mars. La procédure de la justice militaire suit alors son cours, un ordre d'informer est délivré le 8 mars. Lors de sa première comparution devant le juge d'instruction du tribunal militaire de la troisième région, François Fromond confirme ses premières déclarations selon lesquelles il a croisé fortuitement un de ses anciens camarades. Ils ont pris un verre dans un café, puis, après avoir fait sa course, son ami l'a invité à le rejoindre à un bar-tabac où ils ont consommé jusqu'au 14 février. Il a dormi sur une table et ce n'est que lorsqu'il a vu la date sur le journal qu'il a pris conscience qu'il s'était écoulé quatre jours. Il s'est aussitôt rendu chez le coiffeur et a regagné son poste. Il indique à nouveau regretter son geste, ce qui n'empêche pas le juge d'instruction au tribunal militaire de le placer sous mandat de dépôt.

Cette procédure est stoppée par la campagne de France et l'armistice. Elle redémarre le 29 avril 1941 par une vérification du domicile du prévenu diligentée à la demande du commissaire du gouvernement près le tribunal militaire permanent de la XVIIe division, basé à Toulouse. Ayant pu être retrouvé, François Fromond est convoqué pour une audience devant cette juridiction le 2 juillet. Juridiquement tenu de se dessaisir au profit du tribunal de droit commun compétent territorialement, le tribunal militaire permanent de la XVIIe division s'exécute.

Le parquet de la Seine convoque François Fromond pour une audience le 15 novembre 1941, à laquelle il ne se présente pas, et il est condamné par défaut à trois mois d'emprisonnement, conformément aux réquisitions du ministère public. Arrêté, il forme opposition à cette décision. Le tribunal de la Seine statue à nouveau le 23 octobre 1943 et le condamne à une peine identique. Compte tenu de la détention préventive qu'il a déjà effectuée, il est en réalité libre. Ces deux décisions identiques à près de deux ans d'intervalle conduisent à penser à une certaine automaticité d'une peine plancher pour ce type d'infractions. En effet, en matière de désertion, la matérialité des faits pose rarement de difficultés, seules d'éventuelles circonstances atténuantes peuvent éventuellement être prises en compte par le tribunal pour diminuer la peine prononcée.

Dans plusieurs dossiers liés à des désertions pendant les premiers mois de la guerre, le déserteur n'a jamais regagné son unité. De manière fortuite, il est appréhendé à la suite de sa démobilisation et traduit en justice devant le tribunal correctionnel de la Seine. Ainsi, Antoine Volterra quitte son cantonnement le 23 avril 1940 pour ne plus y réapparaître. Le 25 juillet 1942, il est arrêté par la brigade de gendarmerie de Paris-Exelmans. Lors de son interrogatoire, il indique avoir déserté car on lui « [...] avait refusé [sa] permission. Je voulais aller voir mon fils qui était malade[51] ». Il est remis en liberté et prié de se tenir à la disposition de la justice. Le 1er août, le procureur de la République sollicite le secrétariat d'État à la Guerre pour obtenir la communication du dossier de procédure établi par la justice militaire. Les archives de la formation militaire à laquelle appartenait Antoine Volterra ayant été détruites à la suite de la campagne de France, le secrétariat d'État à la Guerre sollicite le bureau liquidateur de cette unité pour réunir les éléments utiles à la poursuite de la procédure.

De maigres éléments sont adressés au parquet de la Seine qui décide de requérir un juge d'instruction pour désertion à l'intérieur en temps de guerre. Lors de sa première comparution devant le juge d'instruction, Antoine Volterra reprend les mêmes explications en précisant avoir été arrêté par la police à Paris le 3 mai et avoir été incarcéré à la prison du Cherche-Midi pendant neuf jours. Il est alors transféré dans plusieurs prisons, dont celle de Troyes, avant de regagner son unité. Devant l'avancée allemande, celle-ci s'est repliée à Gérardmer (Vosges) qu'elle quitte le 22 juillet 1940. Il est démobilisé par la gendarmerie de Paris-Exelmans à la même époque. La matérialité de la désertion ne posant aucune difficulté, Antoine Volterra est renvoyé devant le tribunal correctionnel de la Seine, conformément aux réquisitions du parquet.

Ne se présentant pas lors de l'audience du 17 mars 1943, il est condamné à un an d'emprisonnement, décision conforme aux réquisitions du parquet. Cette peine est particulièrement lourde à cette époque, sans doute du fait que le prévenu est jugé par défaut. Lors de la signification de cette décision, il forme opposition. Il est rejugé le 13 octobre 1943 où le ministère public se montre plus clément en requérant la même peine assortie cette fois du sursis. La juridiction se range à cet avis. Plus de trois ans après les faits délictueux, leur répression a perdu beaucoup d'intérêt.

Même si cela est moins le cas pour les juridictions ordinaires, les condamnations prononcées, en particulier par les juridictions d'exception, sont contestées par les prévenus, ainsi que ceux qui y ont siégé. Ce phénomène a lieu dès le prononcé de la décision, mais encore plus à la Libération. Il est vrai que, entre 1940 et 1944, les juridictions du ressort de la cour d'appel de Paris ont mené une répression politique importante et plus ou moins sévère en fonction des périodes et des entités qui ont jugé les prévenus, ce qui induit un héritage parfois lourd à porter à partir d'août 1944.

Conclusion

En 1943, Marcel Aymé publie *Le Passe-Muraille* composé de plusieurs nouvelles dont « L'Huissier » dans laquelle il livre un tableau satirique du jugement dernier :

> Il y avait, dans une petite ville de France, un huissier qui s'appelait Malicorne et il était si scrupuleux dans l'accomplissement de son triste ministère qu'il n'eût pas hésité à saisir ses propres meubles [...]. Une nuit qu'il reposait auprès de sa femme, Malicorne mourut et fut aussitôt admis à comparaître devant saint Pierre, qui juge en première instance[1].

En raison de son manque d'empathie devant les souffrances qu'il inflige dans l'exercice de son ministère, il est condamné à être jeté en enfer. « [...] [Il] en appelle à Dieu de ce jugement inique. » En affirmant qu'il ne s'est jamais réjoui du sort de ses victimes mais simplement qu'il a toujours bien accompli ses fonctions et que le travail ne manquait pas, il obtient d'être renvoyé sur terre pour « [...] poursuivre [sa] carrière d'huissier et essayer de ressaisir votre chance de béatitude ». Après moult péripéties, Malicorne se voir ouvrir les portes du Paradis. La finalité de cette réécriture subversive est bien évidemment une critique acerbe de la magistrature. Dans la continuité d'un thème récurrent de la littérature, Marcel Aymé s'en prend au juge injuste et inhumain (juge bourreau) et au procédurier, formaliste à outrance, symbole quant à lui de l'inefficacité et du caractère factice de la justice (juge formaliste)[2]. Sous couvert de cette dimension parodique du jugement dernier, Marcel Aymé se livre en réalité à un véritable réquisitoire à l'encontre de la justice de Vichy et de la justice sous Vichy.

Il est important de rappeler que « L'Huissier » a été publié pour la première fois dans le premier numéro de *Paris-Toujours* en date du 4 juin 1941, c'est-à-dire à une époque où l'État français commence à s'emparer de la magistrature pour imposer la légitimité de son régime. C'est aussi à cette période, suivant une tradition de répression politique de longue date, que les nombreux tribunaux d'exception mis en place par l'État français font leur apparition. Cette critique de Marcel Aymé n'est pas seulement une critique de la justice en général mais aussi et peut-être surtout de ces juridictions d'exception spécialisées dans la répression de certaines infractions, qui peuvent condamner à mort tous ceux qui perturbent l'ordre social.

Marcel Aymé renvoie à de multiples interrogations sur la place du délinquant politique à travers l'histoire judiciaire depuis la Révolution française. La répression politique est mouvante tout au long du XIXe siècle, faute pour la communauté juridique de s'entendre sur une définition précise de l'infraction politique. Cette situation conduit à de nombreuses interrogations sur le régime, sur le fonctionnement, sur les sanctions qui peuvent ou doivent être prononcées contre leurs auteurs. Toutes ces questions et, plus généralement, le concept de justice politique en droit français préexistent donc à Vichy. Pour autant, et cela est une des particularités du régime de Vichy, les termes « justice politique » ou « répression politique » n'ont jamais été utilisés dans les textes législatifs ou administratifs entre 1940 et 1944. Même si l'existence d'une justice politique ne souffre aucune contradiction pour cette période, il n'est pas toujours aisé de distinguer le prévenu politique et par là même les cibles de la répression politique.

Un contemporain nous aide néanmoins dans cette quête. À la Libération, le directeur de l'administration pénitentiaire, Paul Amor, adresse à l'ensemble des directeurs régionaux une note de service en vue d'établir une statistique générale sur les individus arrêtés par l'État français pour motifs « politiques ». Il dresse une liste indicative des personnes qui pourraient être ainsi concernées parmi les prévenus et les condamnés[3]. Cette liste constitue une traduction concrète de l'ordonnance du 20 novembre 1944 « relative à l'annulation de certaines condamnations[4] ». Elle vise tout à la fois des infractions relevant de la compétence des juridictions d'exception ou du tribunal correctionnel, qui peuvent être qualifiées de droit commun ou sociales suivant la qualification utilisée à la fin du XIXe siècle. Cette vision très large du contenu de l'infraction politique est particulièrement remarquable à la Libération où l'intérêt se porte principalement sur les juridictions d'exception à travers notamment l'épuration de la magistrature.

Le premier Vichy est globalement bien admis par la magistrature, qui ne fait que poursuivre son œuvre répressive antérieure principalement à l'égard des communistes. Il est important de rappeler que l'État français n'est nullement l'instigateur de la lutte contre les communistes mise en place de longue date par un État républicain. Le moteur de la répression demeure en effet le décret-loi du 26 septembre 1939 adopté sous la Troisième République. Si l'État français détourne au profit de sa Révolution nationale la dissolution du Parti communiste et des organisations assimilées et amplifie ce dispositif répressif, il n'en demeure pas moins qu'il existe une certaine continuité avec la justice sous la Troisième République sur ce point.

La justice d'exception dont l'État français use et abuse tout au long de son existence, devenant au fil de l'évolution du conflit de plus en plus omniprésente au détriment des juridictions ordinaires, n'est en revanche pas toujours bien vécue par les magistrats désignés pour cette tâche. La constitution de la section spéciale de la cour d'appel de Paris en est le parfait exemple. Si certains se dérobent, d'autres saisissent l'opportunité de la situation pour obtenir un avancement ou une plus grande reconnaissance dans des carrières relativement ternes jusqu'alors.

Un facteur important à prendre en compte pour comprendre leur comportement réside dans leur vécu antérieur à cet épisode. Certains sont d'anciens combattants de la Première Guerre mondiale, avec de ce fait une sensibilité particulière vis-à-vis des communistes et du maintien de l'ordre. Au-delà du caractère et de l'aptitude professionnelle de ces magistrats, ce vécu explique d'ailleurs pour partie les choix opérés par la Chancellerie en vue de la désignation de ceux qui vont siéger ou requérir au sein des juridictions d'exception.

Hormis lors de quelques audiences ou dans certains tribunaux, et même s'il existe des disparités dans la manière de juger en fonction des formations siégeant dans les différentes juridictions du ressort de la cour d'appel de Paris, le travail des magistrats apparaît dans son ensemble particulièrement sérieux, poussé et consciencieux. Si la figure du président de la juridiction est déterminante pour inculquer la ligne de conduite des autres magistrats, en particulier dans les juridictions d'exception, les sensibilités de chacun semblent néanmoins avoir pu s'exprimer. Certains juges apparaissent logiquement plus sévères que d'autres. Pour autant, en l'absence d'informations sur le délibéré et son déroulement, il est difficile de se faire une idée exacte du rôle joué par chacun.

L'influence de l'occupant et de l'État français sur les comportements de la magistrature entre 1940 et 1944 doit également être prise en compte. Les autorités allemandes interviennent à tous les niveaux. Leur intervention va même au-delà, lorsqu'elles convoquent en septembre 1943 le procureur général pour que ce dernier s'explique sur la faiblesse de la répression menée par la section spéciale de la cour d'appel de Paris. Cette immixtion allemande conduit à neutraliser voire, dans certains dossiers, à paralyser toute intervention de la justice française. Certaines catégories de délinquants sont ainsi exclusivement jugées par la justice militaire allemande.

L'État français est aussi attentif aux décisions rendues par l'ensemble des juridictions du ressort de la cour d'appel de Paris. La Chancellerie est en effet rendue destinataire de nombreuses communications. Cela lui permet ainsi de se faire une idée exacte de la répression menée mais surtout d'agir à l'encontre de toute décision jugée trop clémente en sollicitant du procureur général qu'il use de sa faculté d'interjeter appel. L'enjeu est, bien entendu, et plus particulièrement encore pour les juridictions d'exception, la sévérité et l'exemplarité des peines prononcées.

La répression politique ne peut s'apprécier globalement entre 1940 et 1944 et ce même si dans son ensemble une logique unificatrice apparaît. Les évolutions politiques du régime apparaissent clairement au sein des juridictions du ressort de la cour d'appel de Paris. Jusqu'à l'armistice, les juridictions militaires ont pris l'ascendant sur leurs homologues civiles dans ce domaine. Cette situation n'est pas à proprement parler un choix du pouvoir politique mais simplement la conséquence juridique des proclamations de l'état de siège et de l'état de guerre. La justice militaire peut ainsi se saisir de toutes les infractions commises par les militaires ou touchant à la sûreté de l'État. Jusqu'à l'été 1940, la répression politique du tribunal correctionnel de la Seine demeure faible, limitée à quelques dossiers liés à l'activité communiste qui ont échappé à la mainmise de l'autorité militaire.

En juin 1940, la justice ordinaire, seule tolérée par les autorités d'occupation en zone occupée, récupère ses anciennes attributions. Dans un premier temps, il s'agit surtout pour le tribunal correctionnel de la Seine et la cour d'appel de Paris de solder la guerre en clôturant les affaires liées à des infractions guerrières mises en place sous les gouvernements Daladier et Reynaud pour lutter contre les fausses rumeurs et les propos de nature à entacher l'unité du pays.

Jusqu'au milieu de l'année 1941, le tribunal de la Seine demeure totalement engorgé. Les chambres correctionnelles vont rattraper peu à peu leur retard et le nombre d'affaires à juger va en conséquence diminuer. Si la faiblesse des effectifs des magistrats au sein de cette juridiction est un facteur clé pour appréhender la lenteur de ce retour à la normale, les débuts de la mise en place de la Révolution nationale n'y sont pas étrangers non plus. En effet, ceux-ci conduisent à voir sensiblement augmenter le nombre d'affaires et de prévenus poursuivis, engendrant corrélativement un plus grand nombre de dossiers à juger. Les audiences étant déjà surchargées, le traitement judiciaire est plus long.

De l'été 1940 à l'été 1941, la justice ordinaire, plus particulièrement les tribunaux correctionnels en zone occupée, est la seule à avoir une fonction de répression des délinquants politiques. Celle-ci est plus importante à partir de l'automne 1940 où elle poursuit deux finalités : la mise sous surveillance de l'opinion et la lutte contre les premières oppositions/dissidences. Le PCF continue d'exister clandestinement. La législation mise en place par la Troisième République à la suite de l'entrée en guerre permet toujours de réprimer le militantisme du parti dissous. Pour autant, la complexité de la situation politique et extérieure rend difficile la répression judiciaire à l'égard de ses militants. Les magistrats paraissent quelque peu réticents à les juger.

Si l'opposition communiste prédomine à cette époque, d'autres dissidences font leur apparition dans les prétoires. Plusieurs affaires de propagande anglaise ou gaulliste sont ainsi jugées entre l'automne 1940 et l'été 1941. Elles disparaissent ensuite, étant appréhendées par les autorités d'occupation. Cette multiplicité d'oppositions politiques est complétée par des manifestations de femmes en colère. Le PCF profite des difficultés de subsistance vécues par de nombreux habitants pour poser les premiers jalons d'une Résistance plus populaire.

À l'automne 1940, le nouveau régime s'est installé avec la mise en place des premières mesures de la Révolution nationale et le choix de la collaboration d'État. Cela permet une certaine stabilité jusqu'à l'été 1941. Durant cette période, l'État français s'impose. Pour autant, parfaitement conscient du risque qu'encourt tout nouveau régime en laissant se propager, même très faiblement, une pensée réfractaire pouvant conduire à des velléités plus importantes de dissidence, le contrôle de l'opinion est une priorité de Vichy. Une nouvelle fois, l'État français n'innove pas pour organiser la répression des déviants en s'appuyant sur la législation mise en place par le gouvernement Daladier. Pour les tribunaux correctionnels qui ont à connaître principalement de ces infractions, il s'agit de protéger la société et l'ordre public que les prévenus contestent par leurs comportements et leurs actions.

À peine installé, l'État français se rend compte que le chef de l'État peut également être visé par des propos injurieux ou outrageants. Très vite, le corpus répressif des outrages et violences à fonctionnaires est complété en réinstaurant l'offense au chef de l'État. Dans ce domaine, le parquet apparaît particulièrement interventionniste.

Pour autant, la répression des tribunaux correctionnels du ressort de la cour d'appel de Paris apparaît relativement mesurée, n'excédant pas quelques mois d'emprisonnement.

À l'été 1941, le tribunal correctionnel de la Seine se voit retirer un certain nombre de compétences au profit des juridictions d'exception. L'importance de la section spéciale de la cour d'appel de Paris et du tribunal d'État, section de Paris, dans la répression des infractions politiques conduit à une refondation du système répressif au détriment des juridictions ordinaires. Ainsi, quasiment du jour au lendemain, une part importante de l'activité de la douzième chambre, chargée des affaires politiques, se trouve affectée. Pour autant, le tribunal correctionnel continue à présenter un intérêt certain pour Vichy, qui y voit encore un peu plus l'instrument de défense de l'ordre social et de lutte contre les délinquants sociaux, notamment à travers des infractions au recensement des Juifs ou de désertion. La cohabitation de ces deux justices - d'exception et ordinaire - doit permettre aux yeux du régime d'instituer une véritable complémentarité répressive. Cette dualité constitue une des spécificités de la répression politique et du maintien de l'ordre mené par l'État français à compter de l'été 1941 jusqu'à la fin de l'année 1943 et le basculement vers une justice de guerre civile.

Bien que concurrencé dès l'été 1941, le tribunal correctionnel a occupé une place importante dans la répression politique menée par les juridictions parisiennes entre 1940 et 1944. Celle-ci se mesure tant au nombre bien supérieur d'affaires qu'il a jugées par rapport à ces juridictions d'exception que par sa permanence tout au long de cette période.

Symboles de la justice de Vichy et sous Vichy, les sections spéciales et le tribunal d'État en particulier à Paris ne doivent pas pour autant être négligés tant leur importance en matière de répression politique est primordiale dans l'évolution de la politique et du système répressif. Comprendre le fonctionnement et le quotidien de ces juridictions est dès lors fondamental.

Au cours de sa première année d'existence, la section spéciale de la cour d'appel de Paris dirigée par le président Benon se présente comme une juridiction particulièrement répressive. La première audience est déterminante à cet égard. Face au chantage qui leur est présenté de condamner à mort six prévenus pour épargner des otages, les magistrats réagissent de manière désorganisée. Un magistrat s'oppose, les autres prononcent la mort d'Émile Bastard, d'André Bréchet et d'Abraham Trzebrucki. Le dossier de Lucien Sampaix change la donne. La peine de mort, bien que requise par le parquet, n'est pas prononcée. Face à ce sursaut, la Chancellerie comme l'occupant ne peuvent que constater une certaine indépendance de ces juges, causant une défiance à leur égard.

Confronté à cette situation inattendue, l'État français crée une nouvelle juridiction d'exception, le tribunal d'État, dont une section siège à Paris, composé de membres désignés par lui. Ce dernier prononce les trois dernières peines de mort attendues.

Cette première audience de la section spéciale de la cour d'appel de Paris constitue un véritable traumatisme pour les magistrats appelés à siéger et contribue à la perte de la toute nouvelle juridiction. Pour autant, celle-ci poursuit la mission répressive que lui offre la loi du 14 août 1941. Elle intervient dans un premier temps comme juge de second ressort, sur appel ou opposition des prévenus ou du parquet. Cette période peut être qualifiée de phase de « rodage » avant l'appréhension des dossiers intégralement nouveaux qui lui sont déférés.

Dans cette fonction, cette juridiction procède à une nouvelle analyse complète du dossier. Les peines prononcées sont généralement beaucoup plus importantes que les condamnations rendues par défaut ou en première instance, même si l'analyse des magistrats se fait au cas par cas. Cela permet de mesurer les conséquences directes de la mise en place de la nouvelle juridiction sur la politique répressive, d'autant plus que le parquet, bien qu'entendu dans ses réquisitions en première instance, interjette massivement appel des décisions rendues, sans doute par effet d'aubaine pour accentuer la répression.

À partir de mars 1942, la section spéciale de la cour d'appel de Paris se voit saisie de dossiers nouveaux et même si cette appréciation est forcément subjective, l'importance des dossiers transmis diminue sensiblement. Les faits apparaissent plus simples, les affaires plus insignifiantes que celles déjà jugées. Cela explique sa plus grande clémence à compter de cette période en l'absence de changement dans sa composition. Ce phénomène se renforce encore plus sous la présidence de Paul Larricq à compter de l'automne 1942. Les dossiers déférés à la section spéciale de la cour d'appel de Paris continuent d'être de qualité relativement médiocre, ce qui conduit à de plus en plus de peines d'emprisonnement et d'une durée qui diminue. Il semble très clair que le renouvellement des magistrats, notamment ceux du ministère public, appelés à siéger ou à requérir au sein de la section spéciale de la cour d'appel de Paris, a profondément modifié l'approche répressive de cette juridiction, en faveur d'une plus grande clémence. Par ailleurs, compte tenu de la situation particulière de la section spéciale de la cour d'appel de Paris, qui a connaissance très tôt d'affaires plus politiques compte tenu des fonctions occupées par certains inculpés, des menaces pèsent dès 1941 sur les magistrats y siégeant[5].

Sous la présidence Normand à compter de novembre 1943, la situation est quelque peu différente. La chute du nombre de dossiers déférés à la section spéciale de la cour d'appel de Paris est vertigineuse, à tel point que celle-ci n'a quasiment plus d'affaires à juger. Deux autres éléments importants interviennent au cours de cette période. Tout d'abord, et de manière assez surprenante, les faits jugés se révèlent d'une qualité supérieure à ceux de la période précédente. Ils sont également plus complexes et s'apparentent à de véritables cas de propagande organisée. Ensuite, et paradoxalement, les peines prononcées sont encore plus faibles. L'influence des magistrats fraîchement désignés paraît dès lors déterminante dans cette situation. Cela, accompagné d'un usage répété des suppléments d'information dans une finalité de gagner du temps, conduit même à s'interroger sur le caractère militant, voire résistant, de certaines décisions. Compte tenu du fait que la section spéciale de la cour d'appel de Paris a poursuivi son activité par ailleurs, il n'est cependant pas possible de la considérer dans son ensemble comme une juridiction résistante au cours de cette période.

L'apport du tribunal d'État, section de Paris, à la répression politique paraît plus mesuré, ce qui est paradoxal. La loi du 7 septembre 1941 qui institue cette nouvelle juridiction d'exception, éminemment politique, permet de prendre en charge tout ou partie des infractions politiques et de les réprimer le plus sévèrement possible, y compris pour les affaires délicates. Lors de ses premières audiences, le tribunal d'État, section de Paris, use de cette faculté en jugeant principalement des affaires politiques. Pour autant, cette juridiction, dont l'activité est particulièrement dépendante de l'État français, se trouve rapidement spécialisée pour réprimer les infractions de nature économique, puis les affaires jugées les plus graves par le pouvoir en matière d'avortements. Le tribunal d'État, section de Paris, ne connaît en conséquence qu'un nombre limité d'affaires politiques et assimilées. Même si son impact est limité en nombre de dossiers jugés, la sévérité accrue de cette juridiction en matière de répression des délinquants politiques ou assimilés constitue le symbole de l'exemplarité des peines souhaitée par l'État français en pareille matière.

À partir d'octobre 1943, cette juridiction connaît une activité réduite, avec seulement trente affaires jugées. Ce nombre réduit a en particulier pour origine les difficultés à procéder au remplacement des membres malades ou démissionnaires. Un dossier en matière politique est jugé durant cette période, l'affaire Brossard/Quenouille, qui occupe à elle seule seize audiences. Le tribunal d'État, section de Paris, apparaît plus comme le juge de l'ordinaire dans les dossiers extraordinaires, par les faits commis, leur importance ou leur symbolique. Il semble en réalité que pour l'État français ce tribunal ait perdu beaucoup de son intérêt compte tenu de la mise en place de nouvelles juridictions d'exception bien plus radicales à partir du début de l'année 1944. Ceci explique sans doute pourquoi les peines prononcées sont beaucoup moins lourdes qu'auparavant.

Malgré leur courte existence, la section spéciale de la cour d'appel de Paris et le tribunal d'État, section de Paris, occupent une place importante dans l'histoire judiciaire française. Avant toute chose, ces juridictions demeurent des parfaits exemples de la justice d'exception à travers les très lourdes peines qu'elles ont prononcées sur des dossiers justifiant par le passé des peines correctionnelles. Cela étant, ces dernières ne reflètent pas le travail quotidien de ces juridictions au cours de leurs trois années d'existence. S'agissant de la section spéciale de la cour d'appel de Paris, les peines les plus lourdes, la peine de mort et les travaux forcés à perpétuité, n'ont été prononcées que 14 fois sur 2 045 inculpés déférés, soit à peine 1 % des cas. Si l'on ajoute à ce chiffre les peines de travaux forcés à temps, le pourcentage des peines lourdes concerne moins de 10 % des prévenus. Pour le tribunal d'État, section de Paris, cela est quelque peu différent. Si la peine de mort ne représente que 1 % des condamnations prononcées, les travaux forcés à perpétuité sont particulièrement nombreux avec près de 29 % du nombre total des arrêts rendus. Associées aux travaux forcés à temps, ces peines sont majoritaires avec 56 %. En d'autres termes, un prévenu jugé par le tribunal d'État risque, une fois sur deux, d'être condamné à une peine lourde.

Cette dichotomie entre les deux juridictions n'est pas surprenante. Il y a lieu de penser que les magistrats de la section spéciale de la cour d'appel de Paris ont maintenu le caractère délictuel de l'infraction telle que prévue par le décret-loi du 26 septembre 1939. Dans le même temps, le tribunal d'État, section de Paris, juge des affaires dont les infractions ont été criminalisées, ce qui explique le choix de certaines qualifications dans des affaires politiques.

Ces deux juridictions mais plus encore la section spéciale de la cour d'appel de Paris conservent l'image véhiculée lors de leurs premières audiences, qui conduira d'ailleurs à l'épuration de certains magistrats ayant siégé ou requis à cette occasion. Au-delà de ce seul point, la vision de ses contemporains et de leurs héritiers semble n'avoir retenu comme souvenir de la section spéciale de la cour d'appel de Paris que la journée du 27 août 1941. À cet égard, l'ouvrage d'Hervé Villeré renforce cette situation, même s'il est particulièrement utile pour faire connaître son existence au-delà du seul cercle de ses intervenants. La manière de présenter le déroulement des événements, bien que rigoureusement exact, insistant sur la situation des trois condamnés à mort, conduit inévitablement à ne retenir que l'arbitraire de cette juridiction. La portée donnée à ce livre par le film de Costa-Gavras ne fait que renforcer ce sentiment. Or, cette première audience, bien que dramatique dans ses conséquences pour certains prévenus et déterminante pour le devenir de cette nouvelle juridiction, n'est pas le reflet des dossiers qui leur sont déférés.

Ses apports et ses enseignements dépassent toutefois le seul cadre parisien et intéressent l'histoire judiciaire de cette période. Loin d'avoir la prétention d'épuiser le sujet de la justice sous Vichy, cette étude sur un sujet circonscrit, mais également très vaste, ouvre de multiples sujets connexes qui mériteraient un jour d'être approfondis. Il y a encore beaucoup à apprendre sur la justice de Vichy et sous Vichy et les aventures humaines qu'elle a engendrées.

Notes

Introduction

1. Bussy, Florence, et Poirmeur, Yves, *La Justice politique en mutation*, Paris, LGDJ, 2010, p. 13.
2. Garnot, Benoît, *Histoire de la justice : France, xvie-xxie siècle*, Paris, Gallimard, « Folio », 2009, p. 544.
3. Le procès du scandale de Panama en 1893, l'affaire Dreyfus ou l'affaire Stavisky en sont un bon exemple. Voir notamment Royer, Jean-Pierre, Jean, Jean-Paul, Durand, Bernard *et al.*, *Histoire de la justice en France*, Paris, Presses universitaires de France, 2011, p. 758 et suiv. sur l'affaire Dreyfus et p. 935 et suiv. sur les grands scandales des années 1930.
4. Lambert, Édouard, *Le Gouvernement des juges et la lutte contre la législation sociale aux États-Unis*, Paris, Giard, 1921 [rééd. préface F. Moderne, Paris, Dalloz, 2005].
5. Lochak, Danièle, *Le Rôle politique du juge administratif français*, Paris, LGDJ, 2015, p. 9.
6. Voir notamment Royer, Jean-Pierre, Jean, Jean-Paul, Durand, Bernard *et al.*, *Histoire de la justice en France*, *op. cit.*, p. 553 et suiv.
7. Habituellement, la doctrine qualifie la justice politique à l'aune de trois critères : son objet (qui est sans doute le plus pertinent), son régime exorbitant qui se traduit notamment par des règles de saisine et par une procédure aménagée (ce critère est sans doute trop large tant il peut englober des domaines et des branches du droit différents en fonction de la nature des actes, des personnes impliquées ou des activités concernées) et le lien d'appartenance ou de dépendance de l'institution rendant la justice à l'égard du pouvoir politique (ce critère organique peut être qualifié de trop restrictif tant il est complexe à mettre en lumière). Voir notamment Bussy, Florence, et Poirmeur, Yves, *La Justice politique en mutation*, *op. cit.*, p. 19 et suiv.
8. Voir notamment la définition d'Otto Kirccheimer complétée par Denis Salas *in* Salas, Denis, « Le procès politique entre réalité et tentation », *in* Salas, Denis (dir.), *Le Procès politique : xve-xxe siècle*, Paris, La Documentation française, 2017, p. 5 ou celle de Garnot, Benoît, *Histoire de la justice : France, xvie-xxie siècle*, *op. cit.*, p. 566.
9. Ce concept permet à l'État, dans des circonstances bien encadrées, de faire prévaloir l'intérêt de la collectivité nationale sur la sûreté personnelle des individus. Par exemple, en 1814, des conseils de guerre ont la charge des conspirateurs contre la sûreté de l'État. Les cours martiales ont la charge de réprimer les révolutionnaires de juin 1848 et les communards de 1871 avec de nombreuses condamnations à mort ou à la déportation. L'usage de la justice militaire par le pouvoir politique est également visible dans l'affaire Dreyfus et pendant la Première Guerre mondiale.

10. Qui connut plusieurs appellations : Haute Cour nationale (sous la monarchie constitutionnelle), Haute Cour de justice (sous le Directoire), Haute Cour impériale (sous le Premier Empire), Chambre des pairs (sous la Restauration et la monarchie de Juillet), Haute Cour de justice (sous la Deuxième République et le Second Empire), Sénat constitué en cour de justice (sous la Troisième République), Cour suprême de justice (sous l'État français).
11. Royer, Jean-Pierre, Jean, Jean-Paul, et Durand, Bernard *et al.*, *Histoire de la justice en France, op. cit.*, p. 621.
12. Chauvaud, Frédéric, Petit, Jacques-Guy, et Yvorel, Jean-Jacques, *Histoire de la justice de la Révolution à nos jours*, Rennes, Presses universitaires de Rennes, 2007, p. 204.
13. Codaccioni, Vanessa, *Justice d'exception*, Paris, CNRS Éditions, 2015, p. 7.
14. Voir par exemple la circulaire de Joseph Barthélemy aux procureurs généraux en date du 7 février 1941, la circulaire de Joseph Barthélemy en date du 25 mars 1942 ou le compte rendu de la réunion des premiers présidents à la demande du chef de gouvernement en 1943.
15. Peschanski, Denis, et Bachelier, Christian, « L'épuration sous Vichy », communication au colloque « L'épuration de la magistrature de la Révolution à la Libération : 150 ans d'histoire judiciaire » tenu par l'Association française pour l'histoire de la justice à Paris les 4-5 décembre 1992, *Histoire de la justice*, n° 6, 1993, p. 107.
16. Chauvaud, Frédéric, Petit, Jacques-Guy, et Yvorel, Jean-Jacques, *Histoire de la justice de la Révolution à nos jours, op. cit.*, p. 112.
17. Salas, Denis, « Le masque de la loi sous Vichy », *in* Jean-Paul, Jean (dir.), *Juger sous Vichy, juger Vichy*, Paris, La Documentation française, 2018, p. 25-36.
18. AN, BB30 1718, 2 B, Cour suprême de justice b) dossiers I) création de la Cour suprême de justice et II) rapports justifiant les procès de Riom.
19. Bancaud, Alain, « La magistrature et la répression politique de Vichy ou l'histoire d'un demi-échec », *Droit et société*, n° 34, 1996, p. 559.
20. Bancaud, Alain, *Une exception ordinaire : la magistrature en France 1930-1950*, Paris, Gallimard, 2002, p. 7.
21. Décret-loi du 26 septembre 1939 « portant dissolution des organisations communistes » (JORF du 27 septembre 1939, p. 11770) abrogé par le Comité de Libération nationale le 1er juillet 1943 qui amnistie dans le même temps les infractions commises dans ce cadre (ordonnance du 1er juillet 1943 « portant amnistie », JORF du 1er juillet 1943, p. 14).
22. Loi du 2 juin 1941 « remplaçant la loi du 3 octobre 1940 portant statut des Juifs » (JOEF du 14 juin 1941, p. 2475) et loi du 2 juin 1941 « prescrivant le recensement des Juifs » (JOEF du 14 juin 1941, p. 2476).
23. Nous n'avons pas trouvé trace d'éventuelles archives, que ce soit aux archives de Paris ou aux Archives nationales.
24. Fontaine, Thomas, *Déporter. Politiques de déportation et répression en France occupée. 1940-1944*, thèse d'histoire, université Panthéon Sorbonne Paris I, 2013, p. 460-461.
25. Villeré, Hervé, *L'Affaire de la section spéciale*, Paris, Fayard, 1973 ; Duret, Jacques, *La Section spéciale de la cour d'appel de Paris*, mémoire de master 2, université de Caen, 2017.
26. Le ressort de la cour d'appel de Paris au moment de l'Occupation est différent de l'actuel. Elle avait compétence sur le département de la Seine (supprimé le 1er janvier 1968, en application de la loi du 10 juillet 1964 portant réorganisation de la région parisienne, il fut alors réparti entre quatre nouveaux départements : Paris, Hauts-de-Seine, Seine-Saint-Denis

et Val-de-Marne), le département de la Seine-et-Oise (supprimé également le 1er janvier 1968 qui a formé les départements de l'Essonne, du Val-d'Oise et des Yvelines), ainsi que sur ceux d'Eure-et-Loir, de l'Aube, de la Marne et de l'Yonne.

Chapitre 1. La répression politique en France entre permanence et rupture

1. Salas, Denis (dir.), *Le Procès politique : xve-xxe siècle, op. cit.*
2. Sansico, Virginie, *La Justice déshonorée, 1940-1944*, Paris, Tallandier, 2015, p. 24.
3. Codaccioni, Vanessa, *Punir les opposants, PCF et procès politiques, 1947-1962*, Paris, CNRS Éditions, 2013, p. 8 et suiv.
4. Charvin, Robert, *Justice et politique : évolution de leurs rapports*, Paris, LGDJ, 1968, p. 11.
5. Article premier du décret du 10 mars 1793.
6. Selon les chiffres de Gérard Walter repris *in* Royer, Jean-Pierre, Jean, Jean-Paul, Durand, Bernard *et al.*, *Histoire de la justice en France, op. cit.*, p. 366.
7. Halpérin, Jean-Louis, « Le tribunal révolutionnaire : justice et injustices sous la révolution politique », *in* Salas, Denis (dir.), *Le Procès politique : xve-xxe siècle, op. cit.*, p. 42.
8. Articles 4 et 5 de la loi du 22 prairial an II (10 juin 1794).
9. Royer, Jean-Pierre, Jean, Jean-Paul, Durand, Bernard *et al.*, *Histoire de la justice en France, op. cit.*, p. 372 et suiv.
10. Chauvaud, Frédéric, Petit, Jacques-Guy, et Yvorel, Jean-Jacques, *Histoire de la justice de la Révolution à nos jours, op. cit.*, p. 50.
11. Royer, Jean-Pierre, Jean, Jean-Paul, Durand, Bernard *et al.*, *Histoire de la justice en France, op. cit.*, p. 389 et suiv.
12. *Ibid.*, p. 629 et suiv.
13. Article 33 et 55 de la Charte du 4 juin 1814.
14. Modification du mode de recrutement des jurys populaires par la loi du 7 août 1848 et décision dans l'affaire des condamnés de l'assassinat du général Bréa, Cour de cassation, 9 mars 1859, *Recueil Dalloz* 1849, I, 50.
15. Propos liminaires de la circulaire du 3 février 1852.
16. Royer, Jean-Pierre, Jean, Jean-Paul, Durand, Bernard *et al.*, *Histoire de la justice en France, op. cit.*, p. 641.
17. Charvin, Robert, *Justice et politique..., op. cit.*, p. 164-165.
18. Loi du 12 décembre 1893 portant modification de la loi du 29 juillet 1881 sur la presse, loi du 18 décembre 1893 portant sur les associations de malfaiteurs et loi du 28 juillet 1894 visant à réprimer les menées anarchistes. À ces « lois scélérates » *stricto sensu*, deux autres textes peuvent être associés : la loi du 16 mars 1893 portant également modification de la loi du 29 juillet 1881 sur la presse et la loi du 18 décembre 1893 portant modification de la loi du 19 juin 1871 sur la fabrication et la détention d'engins explosifs ou d'explosifs.
19. Suivant l'expression utilisée par Francis de Pressensé, Léon Blum et Émile Pouget. Pressensé, Francis de, Blum, Léon et Pouget, Émile, *Les Lois scélérates de 1893-1894*, Paris, Éditions de la « Revue blanche », 1899.
20. Loi du 28 juillet 1894 « ayant pour objet de réprimer les menées anarchistes » (JORF du 29 juillet 1894, p. 3702).
21. Charvin, Robert, *Justice et politique..., op. cit.*, p. 334.

22. Sornay, Pierre, *Évolution récente de la notion de délit politique en droit interne*, Lyon, Bosc Frères & Riou, 1936, p. 69.
23. Décret-loi du 29 juillet 1939 « portant codification des dispositions relatives aux crimes et délits contre la sûreté extérieure de l'État » (JORF du 30 juillet 1939, p. 9627).
24. Bouquerod, Paul, *Des infractions contre la sûreté extérieure de l'État*, Lyon, Paquet Imprimeur, 1942, p. 51 et suiv. ; Donnedieu de Vabres, Henri, *Traité élémentaire de droit criminel et de législation pénale comparée*, Paris, Sirey, 1943, p. 111 ; Garraud, Pierre, et Laborde-Lacoste, Marcel, *Exposé méthodique de droit pénal (conforme au programme des examens de licence en droit)*, Paris, Librairie du Recueil Sirey, 1942, p. 88 et suiv.
25. Décret du 21 avril 1939 « modifiant les articles 32, 33 et 60 de la loi du 29 juillet 1881 sur la liberté de la presse » (JORF du 25 avril 1939, p. 5295).
26. Rapport au président de la République établi par le président du Conseil et plusieurs ministres sur le décret du 21 avril 1939 « tendant à réprimer les propagandes étrangères » (JORF du 24 avril 1939, p. 5296).
27. Article premier du décret du 6 mai 1939 modifiant l'article 14 de la loi du 29 juillet 1881.
28. Décret du 24 août 1939 « autorisant la saisie et la suspension des publications de nature à nuire à la défense nationale » (JORF du 26 août 1939, p. 10743).
29. Décret du 1er septembre 1939 « portant déclaration de l'état de siège » (JORF du 3 septembre 1939, p. 11026).
30. Rapport au président de la République établi par le président du Conseil et plusieurs ministres sur le décret du 1er septembre 1939 « réprimant la publication d'informations de nature à exercer une influence sur l'esprit de l'armée et des populations » (JORF du 5 septembre 1939, p. 11102).
31. Décret du 20 janvier 1940 « complétant le décret du 1er septembre 1939, réprimant la publication d'informations de nature à exercer une influence sur l'esprit de l'armée et des populations » (JORF du 25 janvier 1940, p. 705).
32. Décret-loi du 9 avril 1940 « complétant l'article 76 du Code pénal, modifié par le décret du 29 juillet 1939 » (JORF du 10 avril 1940, p. 2622).
33. Amaury, Philippe, *Les Deux Premières Expériences d'un « ministère de l'Information » en France : l'apparition d'institutions politiques et administratives d'information et de propagande sous la IIIe République en temps de crise (juillet 1939-juin 1940), leur renouvellement par le régime de Vichy (juillet 1940-août 1944)*, Paris, LGDJ, 1969, p. 7.
34. Courtois, Stéphane, et Lazar, Marc, *Histoire du Parti communiste français*, Paris, Presses universitaires de France, 1995, p. 171 et suiv.
35. AN, BB18 7074, circulaire du 29 septembre 1939.
36. AN, BB18 7074, télégramme du ministère de l'Intérieur aux préfets en date du 29 septembre 1939.
37. AN, BB18 7074, circulaire du 21 novembre 1939 et dossier circulaires août-novembre 1939, circulaire du garde des Sceaux aux procureurs généraux en date du 21 novembre 1939, p. 2.
38. Loi du 8 août 1849 « sur l'état de siège », *Bulletin des lois*, n° 186, p 146.
39. AN, BB18 7074, circulaire du garde des Sceaux aux procureurs généraux en date du 28 novembre 1939.
40. AN, BB18 7074, courrier du garde des Sceaux au président du Conseil en date du 4 décembre 1939.
41. AN, BB18 7074, circulaire relative à la répression de la propagande communiste du président du Conseil-ministre de la Défense nationale, de la Guerre et des Affaires étrangères

au gouverneur militaire de Paris et aux généraux commandant les régions militaires en date du 11 décembre 1939.

42. Royer, Jean-Pierre, Jean, Jean-Paul, Durand, Bernard *et al.*, *Histoire de la justice en France, op. cit.*, p. 959.
43. Cotillon, Jérôme, « Le ministre de Vichy : garde des Sceaux et gardien de l'orthodoxie pétainiste », *in* Cotillon, Jérôme (dir.), *Raphaël Alibert, juriste engagé et homme d'influence à Vichy*, colloque du 10 juin 2004, Paris, Economica, 2009, p. 175.
44. Baruch, Marc-Olivier, *Le Régime de Vichy*, Paris, La Découverte, 1996, p. 35 et suiv.
45. Peschanski, Denis (dir.), *Justice, répression et persécution en France de la fin des années 1930 au début des années 1950*, Paris, Institut d'histoire du temps présent, 1993, p. 92-93.
46. Article premier de la loi du 30 juillet 1940 relative à l'organisation, la compétence et la procédure de la Cour suprême de justice (JOEF du 31 juillet 1940, p. 4598 ; rectificatif JOEF du 1er août 1940, p. 4606).
47. Voir notamment la synthèse de Jean, Jean-Paul. « L'échec d'un procès politique : Riom, 19 février-11 avril 1942 », *in* Salas, Denis (dir.), *Le Procès politique : XVe-XXe siècle, op. cit.*, p. 75-98.
48. Loi du 21 mai 1943 « relative au fonctionnement de la Cour suprême » (JOEF du 13 juin 1943, p. 1609).
49. Article 2 de la loi du 24 septembre 1940 portant création d'une cour martiale (JOEF du 25 septembre 1940, p. 5154).
50. Sansico, Virginie, *La Justice déshonorée, 1940-1944, op. cit.*, p. 104-105.
51. Il s'agit d'ailleurs de l'unique référence pendant toute la durée de l'existence de l'État français à ce type de justice.
52. Article 2 du décret du 29 septembre 1941 constituant un conseil de justice politique (JOEF du 30 septembre 1941, p. 4189).
53. Lastécouères, Christophe, « La République "embastillée" et "déportée" au fort du Portalet. Errances d'une justice politique ordinaire en temps d'exception (1940-1942) », *Criminocorpus*, mis en ligne le 1er avril 2014.
54. Loi du 27 mai 1941 « modifiant la loi du 21 mars 1941 portant création d'une cour criminelle spéciale » (JOEF du 4 juin 1941, p. 2307).
55. Loi du 10 novembre 1941 supprimant la cour criminelle spéciale (JOEF du 22 novembre 1941, p. 5010).
56. Loi du 24 avril 1941 « portant création d'un tribunal spécial pour juger les auteurs d'agressions nocturnes » (JOEF du 11 mai 1941, p. 1998).
57. Sansico, Virginie, *La Justice déshonorée, 1940-1944, op. cit.*, p. 338.
58. Loi du 20 mars 1944 « réprimant les activités clandestines » (JOEF du 8 avril 1944, p. 1018).
59. AN, AJ41 397, Délégation générale du gouvernement français dans les territoires occupés, synthèse des rapports des préfets (synthèse annotée disponible sur le site de l'Institut d'histoire du temps présent), par exemple le rapport du 29 août 1940.
60. AN, BB30 1887, rapport du magistrat chargé des services du ministère de la Justice à Paris au garde des Sceaux, du 18 octobre 1940.
61. AN, BB30 1887, courrier en date du 24 octobre 1940 du procureur général près la cour d'appel de Paris Raoul Cavarroc au procureur de la République.
62. En l'absence de précision, « procureur général » renvoie au procureur général près la cour d'appel de Paris.

63. AN, BB30 1887, lettre du ministre de l'Intérieur au garde des Sceaux en date du 5 novembre 1940, lettre du procureur général de la cour d'appel de Paris au garde des Sceaux en date du 9 novembre 1940.
64. AN, BB30 1887, rapport du 24 octobre 1940 sur la répression communiste dans le ressort de la cour d'appel de Paris.
65. AN, BB30 1887, lettre de l'amiral Darlan à Joseph Barthélemy en date du 27 février 1941.
66. Eismann, Gaël, *Hôtel Majestic : ordre et sécurité en France occupée (1940-1944)*, Paris, Tallandier, 2010, p. 230 et suiv.
67. Sansico, Virginie, *La Justice déshonorée, 1940-1944*, *op. cit.*, p. 203 et suiv. ; Villeré, Hervé, *L'Affaire de la section spéciale*, *op. cit.*, p. 95 et suiv. ; Meyer, Ahlrich, *L'Occupation allemande en France, 1940-1944*, Toulouse, Privat, 2002, p. 75 et suiv.
68. Loi du 14 août 1941 « réprimant l'activité communiste ou anarchiste » (JOEF du 23 août 1941, p. 3550).
69. AN, 3W 144, pièce 98.
70. Loi du 7 septembre 1941 « instituant un tribunal d'État » (JOEF du 10 septembre 1941, p. 3850).
71. Sansico, Virginie, *La Justice déshonorée, 1940-1944*, *op. cit.*, p. 215 et 216.
72. Loi du 20 janvier 1944 « instituant des cours martiales » (JOEF du 21 janvier 1944, p. 238).
73. Loi du 14 mai 1944 « relative aux cours criminelles extraordinaires » (JOEF du 25 mai 1944, p. 1365).
74. Loi du 10 juin 1944 « portant prorogation des lois des 20 janvier 1944, 11 février 1944 et 14 mai 1944 relatives aux cours martiales et aux cours criminelles extraordinaires » (JOEF en date du 28 juin 1944, p. 1649).
75. Loi du 15 juin 1944 « instituant les tribunaux du maintien de l'ordre » (JOEF du 16 juin 1944, p. 1523).
76. Au contraire des cours martiales où seule la peine de mort est possible. Loi du 15 juin 1944 « instituant les tribunaux du maintien de l'ordre » (JOEF du 16 juin 1944, p. 1523).
77. Base de données DAVIDO-CESDIP.
78. Sansico, Virginie, *La Justice déshonorée, 1940-1944*, *op. cit.*, p. 230.

Chapitre 2. L'été 1940 ou le retour à une justice « ordinaire »

1. Laborie, Pierre, *L'Opinion publique sous Vichy, les Français et la crise d'identité nationale, 1936-1944*, Paris, Seuil, « Points Histoire », 2001, p. 228.
2. Peschanski, Denis (dir.), *Justice, répression et persécution en France...*, *op. cit.*, p. 17 et suiv.
3. Supprimé le 1er janvier 1968, il est réparti entre quatre nouveaux départements : Paris, Hauts-de-Seine, Seine-Saint-Denis et Val-de-Marne.
4. Supprimé également le 1er janvier 1968, qui a formé les départements de l'Essonne, du Val-d'Oise et des Yvelines.
5. Pour l'Aube : Troyes, Bar-sur-Aube, Bar-sur-Seine et Nogent-sur-Seine.

Pour la Seine-et-Marne : Melun, Coulommiers, Fontainebleau, Meaux et Provins.

Pour l'Eure-et-Loir : Chartres, Châteaudun, Dreux et Nogent-le-Rotrou.

Pour la Seine-et-Oise : Versailles, Corbeil, Étampes, Mantes, Pontoise et Rambouillet.

Pour la Marne : Reims, Châlons-sur-Marne, Épernay et Vitry-le-François.

Pour l'Yonne : Auxerre, Avallon, Joigny et Sens.

6. Les statistiques les plus proches de la Seconde Guerre mondiale sont celles de 1936. Elles ont été établies dans le cadre d'une comparaison des activités des cours et tribunaux entre 1936 et 1956 qui a servi de base à la réforme de la carte judiciaire de 1958. AN, versement 19850211/129.
7. ADP, 1603W, article 10, situation des magistrats du tribunal de la Seine (siège) au 8 décembre 1939.
8. En 1936, ils sont au nombre de 47, soit un juge a été oublié dans cet état de situation, soit un poste est vacant.
9. Par exemple, ADP, 1603W, article 10, note de service du président du tribunal de la Seine en date des 22 février 1940, 16 mars 1940 et 8 avril 1940.
10. Cette dernière est en réalité le tribunal pour enfants qui n'est plus une structure autonome et indépendante, faute de personnel, depuis la fin de l'année 1939.
11. ADP, 1603W, article 10, lettre du commissaire aux travaux de la région parisienne au garde des Sceaux en date du 10 janvier 1941 et lettre du premier président de la cour d'appel de Paris au garde des Sceaux en date du 31 janvier 1941.
12. Décret-loi du 1er septembre 1939 « portant déclaration de l'état de siège » (JORF du 3 septembre 1939, p. 11026).
13. Décret du 4 septembre 1939 « portant déclaration de l'état de guerre » (JORF du 6 septembre 1939, p. 11170).
14. Gabolde, Maurice, « Compétences respectives des juridictions civiles et militaires en temps de guerre », *Lois nouvelles*, 59e année, *Première partie. Revue de législation*, 1940, p. 229-244.
15. Duret, Jacques, « La répression judiciaire de l'activité et de la propagande communiste des années 1920 à la Libération : entre rupture et continuité de l'infraction politique en droit français », *Cahiers Jean Moulin*, n° 8, 2022, en ligne.
16. AN, BB18 7019, 2BL 559, dossier Jean Egezer, Joseph Schwarztz, Alfred Ollsberger et Théo Tassermusch.
17. AN, BB18 7019, 2BL 590, dossier Georges Goilard.
18. ADP, D3U9 687, arrêt du 21 mars 1940.
19. AN, BB18 7019, 2BL 633, dossier Émile Gautier.
20. AN, BB18 7025, 2BL 1086, dossier Union des jeunes filles de France.
21. Voir à titre d'exemples complémentaires AN, BB18 7025, 2BL 1044, dossier Drezer ; AN, BB18 7026, 2BL 1163, dossier André Arnoux et AN, BB18 7029, 2BL 1414, dossier André Chapelle.
22. AN, BB18 7019, 2BL 595, dossier Dame Guihard.
23. Voir par exemple AN, BB18 7026, 2BL 1219, dossier François Speulé ; AN, BB18 7026, 2BL 1222, dossier Noël Macler.
24. Voir par exemple AN, BB18 7025, 2BL 1039, dossier Marcel Meztz ; AN, BB18 7025, 2BL 1040, dossier Maurice Richer.
25. Nous ignorons toutefois si ces types de courriers ont été adressés à chaque nouvelle saisine de la justice militaire, ce qui rend d'autant plus compliquée la compréhension de ce phénomène dans sa globalité. Voir par exemple AN, BB18 7025, 2BL 1057, dossier Eugène Penrar ou encore AN, BB18 7025, 2BL 1063, dossier Robert Guignon, Marceau Vergua, Lucien Guignon et Fernande Rolando.
26. AN, BB18 7025, 2BL 1072, dossier Jean-Louis Julliand et Alphonse Lelardit.
27. AN, BB18 7027, 2BL 1233 dossier Vincent Lucas.

28. AN, BB18 7029, 2BL 1480, dossier Louis Leguy.
29. Cité *in* Azéma, Jean-Pierre, *1940. L'année noire*, Paris, Fayard, 2011, p. 85.
30. Irène Némirovsky fait de ce traumatisme majeur l'objet de son ouvrage *Suite française*, qui constitue un récit savoureux de ces cocasseries. Némirovsky, Irène, *Suite française*, Paris, Gallimard, 2009.
31. Morin, Gilles, « Paroles de "défaitistes". Communistes, pacifistes et protestataires pendant la "drôle de guerre" », *Vingtième Siècle. Revue d'histoire*, n° 128, 2015/4, p. 105-118.
32. Il existe également un défaitisme d'extrême droite mis en lumière par cet auteur. Sur notre recensement, il ne semble pas apparaître même s'il est impossible de l'exclure, certains dossiers ne faisant aucune référence au comportement politique de leurs auteurs.
33. Voir à ce sujet Crémieux-Brilhac, Jean-Louis, *Les Français de l'an 40*, vol. 1, Paris, Gallimard, « Folio-Histoire », 1990, p. 363 et suiv.
34. À titre d'exemple, voir également AN, BB18 7020, 2BL 1041, dossier Bocher.
35. AN, BB18 7020, 2BL 625, dossier « colonel en retraite dénoncé comme conférencier défaitiste à la société de théosophie devant un auditoire composé d'étrangers ».
36. En l'absence de précision, « procureur de la République » renvoie au procureur de la République près le tribunal de la Seine.
37. AN, BB18 7030, 2BL 1579, dossier Pierre Morice.
38. ADP, D1U6 3611, jugement rendu par la quatrième chambre correctionnelle en date du 4 juin 1940.
39. Par décret du 1er septembre 1939, un taux majoré de 15 % sur les revenus professionnels est appliqué aux hommes de 18 à 49 ans qui n'appartiennent pas à une formation militaire.
40. AN, BB18 7019, 2BL 555, dossier Mohamed Medhi.
41. Décret « complétant le décret du 1er septembre 1939 réprimant la publication d'informations de nature à exercer une influence fâcheuse sur l'esprit de l'armée et des populations » (JORF du 24 janvier 1940, p. 706).
42. ADP, D1U6 3640, jugement de la quatrième chambre correctionnelle du tribunal de la Seine en date du 20 juin 1940.
43. Voir notamment ADP, D3U9 718, arrêts du 25 juin 1940.
44. Baruch, Marc-Olivier, *Le Régime de Vichy, op. cit.*, p. 35.
45. ADP, 1603W, article 10, lettre du président du tribunal de la Seine au premier président de la cour d'appel de Paris en date du 17 mai 1941.
46. Aubusson de Cavarlay, Bruno, Hure, Marie-Sylvie, Pottier, Marie-Lys, « La justice pénale en France, résultats statistiques (1934-1954) », *Cahier de l'Institut d'histoire du temps présent*, n° 23, avril 1993, p. 51.
47. Pétain, Philippe, « Appel du 25 juin 1940 », cité *in* Pétain, Philippe, *Discours aux Français*, J.-C. Barbas (éd.), Paris, Albin Michel, 1989, p. 63-66.
48. Rouvillois, Frédéric, « Raphaël Alibert, maurassien ? », *in* Cotillon, Jérôme (dir.), *Raphaël Alibert..., op. cit.*, p. 97 et suiv.
49. Baruch, Marc-Olivier, *Le Régime de Vichy, op. cit.*, p. 42.
50. Loi du 16 juillet 1940 « relative à la procédure de déchéance de la qualité de Français » (JOEF du 17 juillet 1940, p. 4534-4535).
51. Loi du 22 juillet 1940 « relative à la révision des naturalisations » (JOEF du 23 juillet 1940, p. 4567).
52. Baruch, Marc-Olivier, Servir l'État français. L'administration en France de 1940 à 1944, Paris, Fayard, 1997, p. 62.

53. Zalc, Claire, *Dénaturalisés. Les retraits de nationalité sous Vichy*, Paris, Seuil, « L'Univers historique », 2016, p. 300.
54. Loi du 23 juillet 1940 « relative à la déchéance de la nationalité à l'égard des Français qui ont quitté la France » (JOEF du 24 juillet 1940, p. 4569).
55. Bancaud, Alain, *Une exception ordinaire : la magistrature en France 1930-1950, op. cit.*, p. 28 et suiv.
56. Loi du 17 juillet 1940 « concernant l'accès aux emplois dans les administrations publiques » (JOEF du 18 juillet 1940, p. 4537).
57. Loi du 17 juillet 1940 « concernant les magistrats et les fonctionnaires et agents civils ou militaires de l'État relevés de leurs fonctions » (JOEF du 18 juillet 1940, p. 4538).
58. Loi du 20 juillet 1940 « modifiant l'article 4 de la loi du 27 mai 1884 réprimant l'exercice du métier de souteneur » (JOEF du 21 juillet 1940, p. 4550).
59. Même si cette mesure incombe au ministre des Finances Yves Bouthillier, loi en date du 20 juillet 1940 « relative au régime des bouilleurs de cru » (JOEF du 22 juillet 1940, p. 4565). Ce privilège permet aux exploitants de bénéficier d'une exemption fiscale sur une partie de leur production d'eau-de-vie.
60. Loi du 23 août 1940 « contre l'alcoolisme » (JOEF du 24 août 1940, p. 4765-4766).
61. Par exemple, les infractions à la défense nationale se limitent à trois prévenus sur toute la période pour l'ensemble de la cour d'appel de Paris.
62. AN, BB18 7020, 2BL 616, dossier Plaire, Jarrigion et Quertelet.

Chapitre 3. Une justice contrôlée

1. Qui constitue la direction la plus importante du ministère en termes d'effectifs et dont le rôle est d'assurer tout le travail relatif à la direction des parquets par le garde des Sceaux. Durand-Barthez, Pascal, *Histoire des structures du ministère de la Justice : 1789-1945*, Paris, Presses universitaires de France, 1973, p. 69.
2. AN, versement 19950398/24, circulaire du 26 juin 1940.
3. AN, versement 19950398/24, circulaire du 8 octobre 1940.
4. AN, versement 19950398/24, circulaire du 22 octobre 1940.
5. Il meurt le 1er janvier 1942, ce qui empêche toute dénaturalisation. AN, Z4/1, dossier 15, David Blajchamann.
6. AN, BB18 7062, 2BL 3959, lettre du magistrat chargé de la direction des services du ministère de la Justice à Paris au garde des Sceaux en date du 20 novembre 1941.
7. AN, versement 19950398/24, circulaire du 30 juillet 1940.
8. Ce processus n'est pas systématique comme en attestent les nombreux rapports de condamnation adressés par le procureur général près la cour d'appel de Paris au garde des Sceaux portant la mention « les poursuites dont il s'agit n'ont fait l'objet d'aucun précédent rapport à votre Chancellerie ». Voir par exemple, AN, BB18 3244/8, 182-40 617/R, dossier Eugène Constantin.
9. À titre d'exemple, AN, BB18 7060, 2BL 3643, lettre du magistrat chargé de la direction des services du ministère de la Justice à Paris au garde des Sceaux en date du 12 septembre 1941.
10. Comme le secrétaire d'État à l'Éducation nationale et à la Jeunesse s'agissant de l'inculpation d'un professeur de la faculté des sciences (AN, BB18 7061, 2BL 3818, dossier de Jean

Villey Desmeserets) ou d'un étudiant vice-président de la Fédération des étudiants de France (AN, BB18 7050, 2BL 3545, dossier de François Lescure).

11. Il s'agit d'une chambre chargée de juger les mineurs, les quatre prévenus étant âgés de 16 ans (Guy Môquet) et de 20 ans pour les trois autres.
12. Ce qui contredit la version de Joë Nordmann pour qui Guy Môquet est arrêté à la suite de la manifestation du 11 novembre 1940. Nordmann, Joë, *Aux vents de l'histoire. Mémoires*, Arles, Actes Sud, 1996, p. 112.
13. AN, BB18 3244/4, 182-40/R 268, dossier René Grandjean, René Pignard et Georges Grandberger.
14. Voir notamment, Berlière, Jean-Marc, et Liaigre, Franck, *Le Sang des communistes, les Bataillons de la jeunesse dans la lutte armée, automne 1941*, Paris, Fayard, 2004, p. 127 et suiv.
15. AN, BB30 1887, dossier 2, loi du 14 août 1941.
16. Journal lié au mouvement des Jeunesses communistes.
17. Il s'agit d'une chambre chargée de juger les mineurs délinquants, Solange Boulan n'étant âgée que de 17 ans.
18. AN, BB18 3244/4, 182-40/R 270, dossier Jacques Jorisson, Eugène et Solange Boulan, Cléophas-Victorine Delepaul.
19. AN, Z/4/165, registre des arrêts 27 août 1941-24 décembre 1941, arrêt du 22 octobre 1941.
20. AN, BB18 7062, 2BL 3985, dossier Jean-Louis Clavel.
21. AN, BB18 7035, 2BL 2053, dossier Jean et André Soumilliard.
22. Par exemple, AN, BB18 7043, 2BL 2751, dossier Amboise Patys et Émilienne Patys veuve Roger.
23. AN, BB18 7060, 2BL 3616, lettre du magistrat chargé de la direction des services du ministère de la Justice au garde des Sceaux en date du 2 octobre 1941.
24. Voir par exemple, AN, BB18 7038, 2BL 2243, dossier Alain Guillermon.
25. AN, BB18 7038, 2BL 2260, dossier Louis Beirnaert.
26. Millon, Clément, *Occupation allemande et justice française*, Paris, Dalloz, 2011, p. 18.
27. Voir Jean, Jean-Paul, « René Parodi, le martyr de la résistance judiciaire », *in* Jean, Jean-Paul (dir.), *Juger sous Vichy, juger Vichy, op. cit.*, p. 189 et suiv.
28. Article 3 de la convention d'armistice du 22 juin 1940.
29. Bruschi, Christian (dir.), *Parquet et politique pénale depuis le XIXe siècle*, Paris, Presses universitaires de France, 2002, p. 147.
30. AN, AJ400, ordonnance du *Militärbefehlshaber in Frankreich* relative à la juridiction et à l'administration judiciaire dans les territoires occupés, VOBIF n° 5, 29 juillet 1940.
31. AN, BB30 1709, papier Maurice Gabolde, dossier « affaires devant être communiquées à l'autorité occupante », lettre du directeur de la police judiciaire au sein de la préfecture de police de Paris au procureur général près la cour d'appel de Paris en date du 17 août 1940.
32. Voir Millon, Clément, *Occupation allemande et justice française, op. cit.*, p. 149 et suiv.
33. AN, BB18 3266, dossier 1 statistiques, lettre du magistrat, sous-directeur du Sceau de France au garde des Sceaux en date du 9 octobre 1940.
34. AN, BB18 3227, 2BL 127-40/R, dossier « transmission des copies de jugement à l'autorité allemande et des renseignements concernant l'activité en zone occupée », lettre du magistrat, sous-directeur du Sceau de France, chargé des services du ministère de la Justice à Paris au général de corps d'armée, délégué général du gouvernement français dans les territoires occupés en date du 8 novembre 1940.

35. AN, BB18 3227, 2BL 127-40/R, dossier « transmission des copies de jugement à l'autorité allemande et des renseignements concernant l'activité en zone occupée », lettre du délégué général du gouvernement français dans les territoires occupés au ministre secrétaire d'État à la Guerre en date du 18 mars 1941.
36. AN, BB18 3264, 3171 A41, dossier « propagande gaulliste et cas identiques, communication des dossiers circulaire du 2 avril 1941 ».
37. ADP, 1603W, article 11, circulaire du premier président et du procureur général près la cour d'appel de Paris au président et au procureur de la République près le tribunal de la Seine en date du 21 juin 1941.
38. AN, BB30 1709, papier Maurice Gabolde, dossier « principes », lettre de l'amiral Darlan aux ministres et secrétaires d'État en date du 7 juin 1941.
39. Millon, Clément, Occupation allemande et justice française, op. cit., p. 149 et suiv.
40. La circulaire du garde des Sceaux en date du 28 octobre 1941 est un bon exemple : les Français arrêtés par les autorités françaises pour activité anarchiste ou communiste doivent être maintenus en état d'arrestation pour le compte des autorités d'occupation. Même si les motifs de l'arrestation disparaissent au cours de l'enquête de police ou de l'instruction, les inculpés ne peuvent être remis en liberté qu'avec leur accord. AN, BB18 3302/2, circulaire du garde des Sceaux en date du 28 octobre 1941.
41. AN, BB30 1712, note Wehrmacht 1 b/8-42.
42. Voir Million, Clément, *Occupation allemande et justice française, op. cit.*, p. 113 et suiv.
43. AN, BB18 3244/3, 187-40R, dossier « renseignements demandés par l'autorité d'occupation », traduction d'une lettre du chef de l'administration militaire au procureur général près la cour d'appel de Paris en date du 28 novembre 1941.
44. Les relations avec les autorités d'occupation en Seine-et-Oise ont été plus généralement étudiées par Richard Thibault. Thibault, Richard, « 1940-1944. L'administration française face à l'occupant en Seine-et-Oise : des relations conflictuelles et ambiguës », *Guerres mondiales et conflits contemporains*, vol. 50, n° 197, mars 2000, p. 149-171.
45. Cet article définit les délits passibles du tribunal de guerre des autorités d'occupation. L'alinéa 6 vise en particulier les attroupements de rue, la distribution de tracts, l'organisation d'assemblées publiques et de manifestations qui n'a pas été au préalable approuvée par les autorités d'occupation ainsi que plus généralement toute manifestation anti-allemande. AN, AJ400, avis du *Militärbefehlshaber in Frankreich* « Aux habitants des pays occupés ! » en date du 20 juin 1940, VOBIF n° 1, 4 juillet 1940.
46. AN, BB18 3244/3, 182-40R 206, dossier Charles Bezia *et al.*
47. Cela correspond au délit réprimé par l'ordonnance du *Militärbefehlshaber in Frankreich* du 20 juin 1940 (article IV alinéa 6).
48. ADP, 31W 12, arrêt du 25 février 1941.
49. AN, AJ400, ordonnance du *Militärbefehlshaber in Frankreich* relative à la juridiction et à l'administration judiciaire dans les territoires occupés, VOBIF n° 5, 29 juillet 1940.
50. AN, BB18 7061, 2BL 3815, dossier d'André Grasset, Yves Le Bouhoulec *et al.*
51. Correspondant aux communes de Boulogne-Billancourt, Garches, Nanterre, Suresnes, Neuilly-sur-Seine, Saint-Cloud, Bezons, Houilles, Carrières-sur-Seine et Cormeilles-en-Parisis.
52. AN, BB18 3244/9, 182-40 889/R, dossier Félix Pozzi, Célestin Hébert, Lucienne Descotte femme Hébert, Daniel Becker, Florentine Berson, Jean Lebon *et al.*
53. Ainsi, par exemple, la découverte de trente tracts lors d'une visite domiciliaire ne justifie pas pour les autorités d'occupation un renvoi devant un tribunal militaire, ces dernières

s'en « remettant aux autorités françaises quant à la poursuite de l'affaire ». AN, BB18 3244/9, 182-40 839/R, dossier Fernand Rateau et Philippe Bonjon.

54. AN, Z/4/1, dossier 14 Szyma (orthographe retenue par les autorités allemandes) ou Syma (selon les autorités françaises) Schloss.
55. Fondée le 26 décembre 1936, elle est présidée par Danielle Casanova, élue lors du premier congrès. Cette création poursuit une double logique. Il s'agit avant tout, pour les jeunes militantes communistes, de sortir du giron du Mouvement des jeunes communistes de France, dans lequel elles disposent de peu de responsabilités. Le Parti communiste profite par ailleurs de cette volonté pour tenter de séduire la jeunesse féminine. Ce mouvement tente de répondre aux problématiques liées à l'égalité homme/femme dans de nombreux domaines.
56. Le réquisitoire définitif est une pièce de procédure écrite par laquelle le procureur de la République donne au juge d'instruction, à la fin de l'instruction, sa position sur les suites à donner à l'affaire (non-lieu, renvoi devant une juridiction...).
57. AN, Z/4/165, arrêt du 29 août 1941.
58. Voir pour plus de détails, Alary, Éric, *Un procès sous l'Occupation au Palais-Bourbon : mars 1942,* Paris, La Documentation française, 2000.
59. Voir pour plus de détails, Rossel-Kirschen, André, *Le Procès de la Maison de la Chimie,* Paris, L'Harmattan, 2002.
60. Ouzoulias, Albert, *Les Bataillons de la jeunesse,* Paris, Éditions sociales, 1967, p. 260 et suivantes (en particulier la page 264 qui lui est consacrée).
61. Par exemple, AN, BB18 3244/9, 182-40-845/R, dossier Roger Sterbe ou encore AN, BB18 3244/11, 182-40 1179/R, dossier Maurice Couderchet *et al.*
62. Par exemple, AN, Z/4/58, dossier 403 Édouard Dubois.
63. AN, Z/4/55, dossier 309 Pierre Neve ou AN, Z/4/22, dossier 179 Henri Staath.
64. Décret-loi du 24 juin 1939 « concernant la répression de la distribution et de la circulation des tracts de provenance étrangère » (JORF des 26 et 27 juin 1939, p. 8063). Il s'agit à cette époque de lutter contre la propagande d'origine étrangère qui n'est jusqu'alors pas incriminée, et ce dans un but d'intérêt d'ordre public et de défense nationale.
65. Une information pour des faits similaires a été également ouverte par le parquet de Pontoise à la suite de la découverte de cinq tracts d'inspiration anglaise et gaulliste par un avocat de Pontoise sur le bureau de la chambre des avocats qu'il venait d'ouvrir et de quitter une quinzaine de minutes avant. AN, BB18 7061, 2BL 3800, dossier ouvert contre X par le parquet de Pontoise pour infraction au décret-loi du 24 juin 1939.
66. AN, BB18 7061, 2BL 3818, dossier de Jean Villey Desmeserets.
67. AN, BB30 1709, papiers Maurice Gabolde, circulaire du 23 août 1943.
68. AN, BB18 3244/9, 182-40 853/R, dossier Jacques Jeunon, Éliane Jeunon épouse Thomas, Jacqueline Jeunon.
69. AN, BB18 7061, 2BL 3815, dossier d'André Grasset, Yves Le Bouhoulec *et al.*
70. AN, BB18 7062, 2 BL 3933, dossier Georges Leguay, Marcel Marneux, Pierre Berger, Lucien Berger, Pierre Boisseau et Serge Makaroff, Serge Boulle, Gaston Messence, Maurice Guerin et Clotaire Robba.
71. Il s'agit de Gaston Messence, Pierre Berger, Georges Leguay, Marcel Marneux et Clotaire Robba.

Notes

Chapitre 4. Une opinion sous surveillance

1. Laborie, Pierre, *L'Opinion publique sous Vichy...*, *op. cit.*, p. 229.
2. Azéma, Jean-Pierre, *De Munich à la Libération (1938-1944)*, Paris, Seuil, 1979, p. 87.
3. Sansico, Virginie, *La Justice déshonorée*, 1940-1944, *op. cit.*, p. 123.
4. Décret-loi du 1er septembre 1939 « portant déclaration de l'état de siège » (JORF du 3 septembre 1939, p. 11026).
5. Mallet-Poujol, Nathalie, « Le droit de la presse sous Vichy », *in* Durand, Bernard, Le Crom, Jean-Pierre, et Somma, Alessandro (dir.), *Le Droit sous Vichy*, Francfort-sur-le-Main, V. Klostermann, 2006, p. 216.
6. Décret du 1er septembre 1939 « réprimant la publication d'informations de nature à exercer une influence sur l'esprit de l'armée et des populations » (JORF du 5 septembre 1939, p. 11102-11103).
7. Article premier du décret du 1er septembre 1939.
8. Décret du 20 janvier 1940 « complétant le décret du 1er septembre 1939, réprimant la publication d'informations de nature à exercer une influence fâcheuse sur l'esprit de l'armée et des populations » (JORF du 25 janvier 1940, p. 706).
9. ADP, 1434 W 115, jugement du tribunal correctionnel de Versailles du 24 mai 1940, dossier Mativat, numéro greffe 1710.
10. ADP, D3U9 718, jugement du tribunal correctionnel de Versailles du 5 janvier 1940, dossier Wolfman, numéro greffe 210 ; 7 juin 1940, jugement du tribunal correctionnel de Versailles du 3 mai 1940, dossier Biernacik, numéro greffe 1461 ; 15 janvier 1941, jugement du tribunal correctionnel de Versailles du 16 mai 1940, dossier Gandefroy, numéro greffe 513 ; et 20 juin 1940, jugement du tribunal correctionnel de Versailles du 17 mai 1940, dossier Dejean, numéro greffe 1714.
11. À Lyon, les terminologies sont totalement différentes et paraissent même évolutives dans le temps. Sansico, Virginie, *La Justice déshonorée, 1940-1944*, *op. cit.*, p. 133.
12. *Ibid.*, p. 124 et suiv.
13. AN, BB18 3282, 151-41/R, dossier Pierre Mattioli.
14. AN, BB18 3282, 133-41/R, dossier Roger Brunaud.
15. AN, BB18 3287, 507-41/R, dossier Ernest Henry.
16. AN, BB18 7030, 2BL 1500, dossier Georgette Morot.
17. AN, BB18 7038, 2BL 2289, dossier Georgette Morot.
18. ADP, D1U6 3727, jugement de la douzième chambre correctionnelle en date du 18 mars 1941, dossier Jean Serane.
19. ADP, D1U6 3764, jugement de la douzième chambre correctionnelle en date du 19 juin 1941, dossier Moïse Heller.
20. AN, BB18 7061, 2BL 3717, dossier Gilbert Blaise.
21. AN, BB18 7040, 2BL 2435, dossier Louis Duffourd.
22. AN, BB18 3282, 124-41/R, dossier Georges Laurent.
23. Voir notamment sur la répression des jeunes, AN, BB18 7040, 2BL 2447, dossier Louis Nypels ou encore AN, BB18 7041, 2BL 2558, dossier Guy Meyrounene ; sur la prise en compte de l'impact des propos prononcés, AN BB18, 2BL 2448 *bis*, dossier Georges Laurent.
24. Incluant ainsi les outrages et violences à magistrats et aux agents de la force publique.

25. Beaud, Olivier, *La République injuriée. Histoire des offenses au chef de l'État de la IIIe à la Ve République*, Paris, Presses universitaires de France, 2019, p. 17 et suiv.
26. *Loi sur la liberté de la presse du 29 juillet 1881*, Paris, Imprimerie Dubuisson, 1881, p. 13 ; JORF du 30 juillet 1881, p. 4201.
27. AN, versement 19950395/1, dossier 5-S4 « offenses au chef de l'État », lettre du garde des Sceaux au ministre secrétaire d'État à l'Intérieur en date du 5 octobre 1940.
28. Loi du 10 octobre 1940 « modifiant les articles 26 et 45 et complétant l'article 60 de la loi du 29 juillet 1881 sur la liberté de la presse » (JOEF du 3 novembre 1940, p. 5541).
29. Le poste de garde des Sceaux est à cette période en cours de passation entre Raphaël Alibert et Joseph Barthélemy.
30. AN, versement 19950395/1, dossier 5-S4 « offenses au chef de l'État », circulaire du garde des Sceaux aux procureurs généraux près les cours d'appel en date du 31 janvier 1941.
31. Beaud, Olivier, *La République injuriée...*, *op. cit.*, p. 146 et suiv.
32. Soit les discours, cris ou menaces proférés dans des lieux ou réunions publiques, les écrits, les imprimés vendus ou distribués, mis en vente ou exposés dans des lieux ou réunions publiques, les placards ou affiches exposés aux regards du public.
33. AN, BB17 7040, 2BL2441, dossier Emilio Garcia.
34. AN, versement 19950395/1, dossier 5-S4 « offenses au chef de l'État », bordereau d'envoi du vice-président du Conseil au garde des Sceaux en date du 21 avril 1941.
35. AN, BB17 7040, 2BL2441, dossier Emilio Garcia, note de la direction des Affaires criminelles et des Grâces visée par le secrétaire général du ministère de la Justice en date du 10 mars 1941.
36. Loi du 18 mai 1941 « modifiant l'article 26 de la loi du 29 juillet 1881 relative au régime de la presse » (JOEF en date du 8 juin 1941, p. 2374).
37. Beaud, Olivier, *La République injuriée...*, *op. cit.*, p. 142-143.
38. AN, versement 19950395/1, dossier 5-S4 « offenses au chef de l'État », lettre du général d'armée, secrétaire général du chef de l'État au garde des Sceaux en date du 18 mai 1941.
39. AN, versement 19950395/1, dossier 5-S4 « offenses au chef de l'État », note sur la répression des outrages ou offenses au chef de l'État non signée (établie par la direction des Affaires criminelles et des Grâces ?) sans date (juillet 1941 ?).
40. AN, BB18 7060, 2BL 3617, dossier époux Delobez.
41. AN, BB18 7061, 2BL 2070 59 R, dossier Renée Godfroy femme Chaix, Pierre Aubert et Eugène Houarner.
42. AN, BB18 7036, 2BL 2070/R14, dossier Paul Melies.
43. Les deux terminologies apparaissent dans les rapports de procureurs de la République près les tribunaux du ressort de la cour d'appel de Paris.
44. AN, BB18 7036, 2BL2070/R10, dossier Noël Carlier.
45. Dans son étude à l'échelle nationale, Olivier Beaud constate également que « [...] pour ce qui concerne la répression des offenses sous Vichy, les sanctions pénales infligées en matière d'offense apparaissent comme ayant un caractère relativement impersonnel ». Beaud, Olivier, *La République injuriée...*, *op. cit.*, p. 176.
46. AN, BB18 7060, 2BL 3687, dossier Abel Loncle.
47. AN, BB18 7061, 2BL 2070 66R, dossier d'Alfredine de Chanel épouse Gauthier.
48. AN, BB18 7062, 2BL 4017, dossier de Jacques Duée.

Notes

Chapitre 5. Les débuts des oppositions politiques et leur réponse répressive

1. Rossignol, Dominique, *Histoire de la propagande en France de 1940 à 1944*, Paris, Presses universitaires de France, 1991, p. 265.
2. AN, 19950395/7, dossiers relatifs à la répression du communisme en France métropolitaine et dans les colonies, 1939-1943.
3. AN, versement 19950395/7, dossiers relatifs à la répression du communisme en France métropolitaine et dans les colonies, 1939-1943, lettre du garde des Sceaux à l'amiral Darlan, ministre secrétaire d'État à l'Intérieur en date du 2 avril 1941.
4. Loi du 31 décembre 1941 modifiant l'article 3 du décret-loi du 26 septembre 1939, article premier.
5. AN, BB18 7060, 2BL 3625, circulaire du garde des Sceaux adressée aux procureurs généraux près les cours d'appel en date du 22 octobre 1940.
6. *Ibid.*, lettre du magistrat chargé de la direction des services du ministère de la Justice à Paris au garde des Sceaux en date du 29 octobre 1940.
7. AN, BB18 3244/2, 142/70R, dossier François Joncourt, André Aubert, Georges Mapataud, Roger Menielle et Albert Duclos.
8. ADP, D1U6 3777, registre des jugements rendus par le tribunal correctionnel de la Seine entre les 23 et 25 juillet 1941, jugement de la quatorzième chambre en date du 24 juillet 1941.
9. AN, BB18 7050, 2BL 3525, dossier William Vallad.
10. *Compte général de l'administration de la justice civile et commerciale et de la justice criminelle pendant l'année 1940 présenté à Monsieur le Président du Gouvernement provisoire de la République française par le garde des Sceaux, ministre de la Justice*, Melun, Imprimerie administrative, 1945, p. 126 et *Compte général de l'administration de la justice civile et commerciale et de la justice criminelle pendant l'année 1941 présenté à Monsieur le Président du Gouvernement provisoire de la République française par le garde des Sceaux, ministre de la Justice*, Melun, Imprimerie administrative, 1946, p. 126.
11. AN, BB18 3244/5, 182-40/R 347, dossier Pierre Bougon, René Bougon, André Lenoble, Lucien Lenoble, André Mechaussie, Lucien Mechaussie et Jean Evezard.
12. AN, BB18 7061, 2BL 3709, lettre du ministre de l'Intérieur au garde des Sceaux en date du 28 août 1941.
13. Eismann, Gaël, *Hôtel Majestic...*, *op. cit.*, p. 263 et suiv. et annexe 4 p. 557.
14. Pour effectuer cette approximation, nous nous sommes appuyés sur les rôles d'août 1940 à septembre 1941 qui référencent aussi bien les affaires jugées que celles ayant fait l'objet d'un non-lieu. La difficulté est que cette documentation est établie chronologiquement par le greffe correctionnel. L'issue de l'instruction ou du jugement étant connu bien plus tardivement, il existe une marge d'erreurs relativement faible mais qui doit être signalée.
15. Soit approximativement le même pourcentage que dans les affaires jugées par la section spéciale de la cour d'appel de Paris, ce qui démontre une certaine constance tout au long de la période 1940-1944. Duret, Jacques, *La Section spéciale de la cour d'appel de Paris*, *op. cit.*, p. 106.
16. AN, BB18 7047, 2BL 3215.
17. Voir par exemple, AN, BB18 3244/4, 182-40/R 241, dossier Charles Brochard et Henri Foliquet.

18. Voir par exemple, AN, BB18 3244/5, 182-40/R 404, dossier Louis Bessin, Robert Groussot, Roger Baudin, Gustave Dumont, Georges Provost et Charles Lagache.
19. À titre d'exemple, une affaire concerne la propagande menée au sein de l'hôpital de la Salpêtrière. AN, BB18, 3244/4, 2BL 182-40/217 A, dossier René Leroy, Elie Hagege, Louis Remond et Jeanine Saloff.
20. Voir par exemple, AN, BB18 3244/5, 182-40/R 418, dossier Arthur Laphand et Alexandre Gigot.
21. Au détour d'une simple arrestation, tout un réseau de propagande communiste tombe. Voir par exemple, AN, BB18 3244/4, 182-40/R 264, dossier Raymond Luaute, Tema Melcer femme Luaute, Gabriel Buyse, Roger Roudard, Paul Clément, Albert Bertolino, René Faure, Irène Faure, René Gaymard et Robert Vonet.
22. AN, BB18 3244/4, 182-40/R 236, dossier Charles Desirat.
23. AN, BB18 3244/4, 182-40/R 203, dossier Charles Lewi.
24. AN, BB18 3244/5, 182-40/R 432, dossier Elia Zysman.
25. Voir par exemple, AN, BB18 3244/3, 182-40/R 179, dossier Jean Scholtas et Robert Leiber.
26. AN, BB18 7047, 2BL 3238, dossier Jean Evezard.
27. Base de données DAVIDO-CESDIP et Aubusson de Cavarlay, Bruno, Hure, Marie-Sylvie, et Pottier, Marie-Lys, « La justice pénale en France, résultats statistiques (1934-1954) », art. cit., p. 51.
28. Compte général de l'administration de la justice civile et commerciale et de la justice criminelle pendant l'année 1940..., op. cit., p. 123 et Compte général de l'administration de la justice civile et commerciale et de la justice criminelle pendant l'année 1941..., op. cit., p. 123.
29. Décret-loi du 24 juin 1939 « concernant la répression de la distribution et de la circulation des tracts de provenance étrangère » (JORF des 26 et 27 juin 1939, p. 8063).
30. AN, BB18 7062, 2BL 3940, dossier Guinebault, Naze, Dubray et Rivière.
31. AN, BB18 7062, 2BL 3937, dossier Charles Gigault de Crisenoy.
32. AN, BB18 7061, 2BL 3714, dossier Jeanne Herbert.
33. AN, BB18 7061, 2BL 3810, dossier Lucien Noël, René et Henri Palmier, René Rivart *et al.*
34. Pennetier, Claude, Besse, Jean-Pierre, Pouty, Thomas et al., *Les Fusillés (1940-1944) : dictionnaire biographique des fusillés et exécutés par condamnation et comme otages et guillotinés en France pendant l'Occupation*, Paris, L'Atelier, notice « Lucien Noël », p. 1358.
35. AN, BB18 7042, 2BL 2608, dossier « manifestations à Argenteuil et à Bezons des 18 et 19 février 1941 ».
36. AN, BB18 3244/5, 182-40/R 413, dossier Germaine Trespyuch femme Duduga.
37. AN, BB18 7060, 2BL 3649, dossier Yvonne Bontemps femme Borgna, Antoine Dispensa *et al.*
38. AN, BB18 7060, 2BL 3689, dossier relatif aux incidents des 9 et 10 août 1941 à Paris.
39. Il est jugé avec Samuel Tyszelman par le tribunal du Gross Paris le 18 août. Ils sont condamnés à mort pour intelligence avec l'ennemi. Ils sont fusillés le 19 août à la Vallée aux Loups à Chatenay-Malabry.
40. AN, BB18 7050, 2BL 3120, dossier Albert Delacour.

Notes

Chapitre 6. Au service du maintien de l'ordre et de la Révolution nationale

1. Jean, Jean-Paul, « Le serment de fidélité au maréchal Pétain, péché originel des juges ? », *Les Cahiers de la justice*, n° 2, 2013, p. 7.
2. Acte constitutionnel n° 8 en date du 14 août 1941 (JOEF du 16 août 1941, p. 3438).
3. Acte constitutionnel n° 7 en date du 27 janvier 1941 (JOEF du 28 janvier 1941, p. 449-450).
4. En visant les magistrats de confession juive.
5. En visant les magistrats membres d'une société secrète. Loi du 11 août 1941 « sur les sociétés secrètes » (JOEF du 12 août 1941, p. 3365).
6. L'ironie veut que la loi créant cette juridiction ait été antidatée du même jour que l'acte constitutionnel prescrivant ce serment.
7. Israël, Liora, *Robes noires, années sombres : avocats et magistrats en résistance pendant la Seconde Guerre mondiale*, Paris, Fayard, 2005, p. 208.
8. ADP, D1U6, 5857, rôle correctionnel du tribunal de la Seine du 5 juin 1941 au 22 septembre 1941 ; ADP, D1U6, 5858, rôle correctionnel du tribunal de la Seine du 3 septembre 1941 au 16 décembre 1941 ; ADP, D1U6, 5859, rôle correctionnel du tribunal de la Seine du 22 septembre 1941 au 2 décembre 1941 ; ADP, D1U6, 5860, rôle correctionnel du tribunal de la Seine du 2 décembre 1941 au 10 février 1942 ; ADP, D1U6, 5861, rôle correctionnel du tribunal de la Seine du 15 décembre 1941 au 2 avril 1942 ; ADP, D1U6, 5862, rôle correctionnel du tribunal de la Seine du 10 février 1942 au 26 mai 1942 ; ADP, D1U6, 5863, rôle correctionnel du tribunal de la Seine du 2 avril 1942 au 6 juillet 1942 et ADP, D1U6, 5864, rôle correctionnel du tribunal de la Seine du 6 juillet 1942 au 22 octobre 1942.
9. AN, BB18 7061, 2BL 3819, dossier Lucien Godmer.
10. Loi du 26 juillet 1941 « fixant le taux des amendes pénales » (JOEF du 22 août 1941, p. 3530).
11. AN, BB18 3244/10, 182-40-979/R, dossier Carme Arbez.
12. ADP, D1U6, 5857 à 5864, rôle correctionnel du tribunal de la Seine.
13. Joly, Laurent, *L'État contre les Juifs. Vichy, les nazis et la persécution antisémite (1940-1944)*, Paris, Flammarion, « Champs », 2020, p. 12-13.
14. Rossignol, Dominique, *Histoire de la propagande en France de 1940 à 1944*, *op. cit.*, p. 200 et suiv.
15. Sansico, Virginie, *La Justice déshonorée, 1940-1944*, *op. cit.*, p. 243.
16. Verpeaux, Michel, « Le Juif non citoyen », *in* Gros, Dominique (dir.), *Le Droit antisémite de Vichy*, Paris, Seuil, 1996, p. 203.
17. Broussole, Denis « L'élaboration du statut des Juifs de 1940 », in *Ibid.*, p. 115 et suiv. Loi du 3 octobre 1940 « portant statut des Juifs » (JOEF du 18 octobre 1940, p. 5323).
18. Lois du 2 juin 1941 « remplaçant la loi du 3 octobre 1940 portant statut des Juifs » et « prescrivant le recensement des Juifs » (JOEF du 14 juin 1941, p. 2475-2476).
19. Six mois à deux ans d'emprisonnement et/ou 500 à 10 000 francs d'amende. Ces peines peuvent être portées d'un à cinq ans d'emprisonnement et/ou 1 000 à 20 000 francs d'amende si l'infraction est commise au moyen de déclarations mensongères ou de manœuvres frauduleuses. Article 9 de la loi du 2 juin 1941 « remplaçant la loi du 3 octobre 1940 portant statut des Juifs ».
20. Bonnard, Hervé, « La jurisprudence pénale », *in* Gros, Dominique (dir.), *Le Droit antisémite de Vichy*, *op. cit.*, p. 389 et suiv.
21. Sansico, Virginie, *La Justice déshonorée, 1940-1944*, *op. cit.*, p. 255.

22. Voir par exemple, ADP, D1U6 3828, jugement de la douzième chambre correctionnelle en date du 6 décembre 1941, dossier Simon Braun.
23. Dans cette affaire, le prévenu est poursuivi pour infraction au recensement sur les Juifs et abus de confiance. ADP, D1U6 3833, jugement de la douzième chambre correctionnelle en date du 18 décembre 1941, dossier René Yaspo.
24. Voir par exemple, ADP, D1U6 3828, cinq autres jugements de la douzième chambre correctionnelle en date du 6 décembre 1941.
25. Voir par exemple, ADP, D1U6 3833, jugement de la douzième chambre correctionnelle en date du 18 décembre 1941, dossier Georges Struepiekowicz ou encore ADP, D1U6 3833, jugement de la douzième chambre correctionnelle en date du 18 décembre 1941, dossier Sauveur Chemaouni.
26. Voir par exemple, ADP, D1U6 3837, jugement de la douzième chambre correctionnelle en date du 29 décembre 1941, dossier Jeta Rinzin, née Katzkel. En dépit de nos recherches, nous n'avons pas été en mesure de retrouver trace de cet appel et d'une éventuelle procédure devant la cour d'appel de Paris.
27. Joly, Laurent, *L'État contre les Juifs..., op. cit.*, p. 122-123.
28. Voir par exemple, ADP, D1U6 3914, sept jugements de la douzième chambre correctionnelle en date du 21 juin 1942.
29. En l'absence des dossiers de procédure, il est difficile de se faire un avis sur la gravité ou non d'une affaire.
30. Voir par exemple, ADP, D1U6 3946, jugements de la douzième chambre correctionnelle en date du 7 septembre 1942, dossiers Rouben Rabinovitch et Paulette Nouche.
31. Voir par exemple, ADP, D1U6 3946, jugement de la douzième chambre correctionnelle en date du 10 septembre 1942, dossier Marguerite Buchenkolz.
32. ADP, D1U6 3906, jugement de la douzième chambre correctionnelle du tribunal de la Seine en date du 2 juin 1942, dossier Julien Houlette.
33. AN, 3W 54, pièce 75, copie de la proclamation du *Militärbefehlshaber* von Stülpnagel en date du 15 août 1941.
34. AN, BB18 7060, 2BL 3613, lettre du procureur de la République près le tribunal de première instance du département de la Seine au procureur général près la cour d'appel de Paris en date du 23 août 1941.
35. AN, BB18 7060, 2BL 3613, copie d'un avis des communistes de la banlieue nord en date du 15 août 1941 annexé à la lettre du procureur de la République près le tribunal de première instance du département de la Seine au procureur général près la cour d'appel de Paris en date du 23 août 1941.
36. AN, 3W 54, pièce 76.
37. AN, 3W 54, pièce 78.
38. AN, BB30, 1887, lettre du Dr Schmid au délégué général du gouvernement français en date du 25 août 1941.
39. AN, 3W 144, pièce 77.
40. AN, BB30 1887, note du directeur de cabinet du ministre de la Justice sur un projet de loi réprimant l'activité communiste ou anarchiste.
41. AN, BB30 1887, note du directeur des Affaires criminelles du ministre de la Justice rectifiée par le secrétaire général Georges Dayras.
42. Sansico, Virginie, *La Justice déshonorée, 1940-1944, op. cit.*, p. 210-211.
43. Il ne subsiste à notre connaissance pas de trace de ce texte. AN, 3W 144, pièce 77.
44. Eismann, Gaël, *Hôtel Majestic..., op. cit.*, p. 237.

45. Ouzoulias, Albert, *Les Bataillons de la jeunesse, op. cit.*, p. 96 et suiv.
46. Saulnier, Frédéric, *Joseph Barthélemy (1874-1945). La crise du constitutionnalisme libéral sous la IIIe République*, Paris, LGDJ, 2004, p. 340.
47. Berlière, Jean-Marc, et Liaigre, Franck, *Le Sang des communistes..., op. cit.*, p. 97.
48. AN, 3W 54, pièce 77.
49. Lettre secrète du Dr Schmid aux chefs de l'administration allemande, secteurs A, B, C et Bordeaux et au commandement du Gross Paris en date du 23 août 1941 reproduite *in extenso* dans l'annexe 10 de l'ouvrage d'Hervé Villeré, *L'Affaire de la section spéciale, op. cit.*
50. AN, 3W 178, pièce 175 et AN, 3W 144, pièce 88.
51. AN, 3W 144, pièce 99.
52. Demande de l'amirauté allemande en répression de la mort de l'aspirant Moser en date du 30 août 1941 reproduite *in extenso* dans l'annexe 3 de l'ouvrage d'Hervé Villeré, *L'Affaire de la section spéciale, op. cit.*
53. Eismann, Gaël, *Hôtel Majestic..., op. cit.*, p. 237.
54. Compte rendu établi par le major Beumelburg de la conférence en date du 22 août 1941 reproduite *in extenso* dans l'annexe 4 de l'ouvrage d'Hervé Villeré, *L'Affaire de la section spéciale, op. cit.*
55. AN, 3W 54, pièce 78.
56. AN, 3W 178, pièce 175.
57. AN, 3W 144, pièce 97.
58. AN, 3 W 54, pièce 78.
59. Audiat, Pierre, *Paris pendant la guerre (juin 1940-août 1944)*, Paris, Hachette, 1946, p. 135.
60. AN, 3W 178, pièce 175.
61. AN, 3W 144, pièce 100.
62. AN, 3W 144, pièce 61.
63. AN, 3W 144, pièce 100.
64. AN, 3W 144, pièce 104.
65. AN, 3W 144, pièce 143.
66. AN, 3W 144, pièce 81.
67. AN, 3W 144, pièce 101.
68. AN, 3W 144, pièces 77 et 194.
69. AN, 3W 144, pièce 82.
70. Barthélemy, Joseph, *Ministre de la justice : Vichy, 1941-1943*, Paris, Pygmalion, 1989, p. 443 ; et Saulnier, Frédéric, *Joseph Barthélemy (1874-1945)..., op. cit.*, p. 338-339.
71. AN, 3W 144, pièce 99.

Chapitre 7. La première audience de la section spéciale de la cour d'appel de Paris et ses conséquences

1. AN, 3W 144, pièce 109.
2. AN, 3W 144, pièce 116.
3. AN, 3W 144, pièce 122.
4. AN, 3W 144, pièce 114.
5. AN, 3W 144, pièce 141.
6. AN, 3W 144, pièce 125.

7. AN, 3W 144, pièce 114.
8. AN, 3W 144, pièce 126.
9. AN, 3W 144, pièce 138.
10. AN, 3W 144, pièce 144.
11. Isorni, Jacques, *Mémoires*, t. I, *1911-1945*, Paris, Robert Laffont, 1984, p. 221-222.
12. AN, 3W 144, pièce 128.
13. AN, 3W 144, pièce 128.
14. AN, 3W 144, pièce 131.
15. AN, 3W 144, pièce 137.
16. AN, 3W 144, pièce 142.
17. AN, 3W 144, pièce 108.
18. AN, 3W 144, pièce 109.
19. AN, 3W 144, pièce 124.
20. AN, 3W 144, pièce 143.
21. AN, 3W 144, pièce 144.
22. Eismann, Gaël, *Hôtel Majestic..., op. cit.*, p. 237 et suiv.
23. AN, 3W 144, pièce 115.
24. AN, 3W 144, pièce 114.
25. AN, 3W 144, pièce 114.
26. AN, 3W 144, pièce 108
27. AN, 3W 144, pièce 109.
28. AN, 3W 144, pièce 115.
29. AN, 3W 144, pièce 116.
30. AN, 3W 144, pièce 122.
31. AN, 3W 144, pièce 125.
32. AN, 3W 144, pièce 126.
33. AN, 3W 144, pièce 110.
34. AN, 3W 144, pièce 131.
35. AN, 3W 144, pièce 128.
36. AN, 3W 144, pièce 131.
37. AN, 3W 144, pièce 111.
38. AN, 3W 144, pièce 136.
39. AN, 3W 144, pièce 138.
40. AN, Z/4/1 dossier 8 Léon Redondeau, dossier 8.
41. AN, Z/4/1, dossier 9 André Laithier, André Leygnac et André Coin.
42. AN, Z/4/1 dossier 7 Bernard Friedmann.
43. Lucien Coone a été arrêté le 28 mars 1941 avec Raphaël Courtat, quai de Valmy à Paris dans le XIXe arrondissement, alors qu'ils transportaient dans une voiture à bras 3 000 exemplaires des *Cahiers du bolchevisme* du premier trimestre 1941, AN, Z/4/1 dossier 9 Lucien Sampaix et AN, Z/4/4 dossier 48 Raphaël Courtat.
44. AN, Z/4/1 dossier 6 Émile Bastard.
45. ADP, 31W 212/76/1 article 11.
46. Fontaine, Thomas, *Déporter..., op. cit.*, p. 460-461.
47. AN, BB18 7055, dossiers 1 à 3 ; AN, BB18 7056 dossier 1 ; AN, BB30 1887 dossier 2.
48. Celui de Paris a poursuivi son activité à Périgueux en zone libre à la suite de l'Occupation.
49. AN, BB18 7060, 2BL 3681, dossier Parceau.
50. Duret, Jacques, *La Section spéciale de la cour d'appel de Paris, op. cit.*, p. 168 et suiv.

51. Rapport de l'amiral Darlan, Pierre Pucheu et Joseph Barthélemy au chef de l'État sur la loi du 7 septembre 1941 « instituant un tribunal d'État » (JOEF du 10 septembre 1941, p. 3850).
52. Article 2 de la loi du 7 septembre 1941.
53. Fillon, Catherine, « Le tribunal d'État, section de Lyon (1941-1944). Contribution à l'histoire des juridictions d'exception », *Histoire de la justice*, n° 10, 1997, p. 197.
54. Sansico, Virginie, *La Justice déshonorée, 1940-1944*, *op. cit.*, p. 213 et suiv.
55. AN, 3W 144, pièce 98.
56. Baruch, Marc-Olivier, *Le Régime de Vichy*, *op. cit.*, p. 123.
57. AN, 4W 1, dossier 1, règlement de la procédure du tribunal d'État, section de Paris, en date du 13 septembre 1941.
58. AN, BB30 1720, dossier « tribunal d'État dossier général », note sur la composition du tribunal d'État, section de Paris, de Jean-Pierre Ingrand, sans date.
59. AN, 3W 144, pièce 115.
60. Toutes deux sont situées dans l'actuel département des Hauts-de-Seine.
61. AN, 4W 3, dossier 1.
62. Seine-et-Oise, actuel département des Yvelines.
63. Joly, Laurent, *Dénoncer les Juifs sous l'Occupation*, Paris, CNRS Éditions, 2017, note 40, p. 213.
64. Actuels Hauts-de-Seine.
65. AN, 4W 3, dossier 2.
66. AN, 4W 27, arrêt du 21 septembre 1941.
67. AN, 4W 3, dossier 1.

Chapitre 8. Une radicalisation juridique sans effet

1. Audiat, Pierre, *Paris pendant la guerre (juin 1940-août 1944)*, *op. cit.*, p. 144.
2. Isorni, Jacques, *Mémoires*, t. I, *1911-1945*, *op. cit.*, p. 223.
3. Baruch, Marc-Olivier, *Le Régime de Vichy*, *op. cit.*, p. 128.
4. Loi du 18 novembre 1942 « concernant la répression des activités subversives et des crimes ou délits contre la sûreté extérieure de l'État » (JOEF des 30 novembre et 1er décembre 1942, p. 3961-3962).
5. AN, versement 19950395/7, circulaire du garde des Sceaux aux procureurs généraux près les cours d'appel en date du 2 juillet 1943.
6. AN, versement 19950395/7, circulaire du garde des Sceaux aux procureurs généraux près les cours d'appel en date du 23 juillet 1943.
7. Eismann, Gaël, *Hôtel Majestic...*, *op. cit.*, p. 454 et suiv. et annexe 4 p. 557.
8. AN, Z/4/66, dossier 457 Jean Ferres, André Lebrun, Michel Martin et Louis Maurice.
9. AN, Z/4/166, arrêt du 23 novembre 1942.
10. AN, Z/4/70, dossiers 491-496-497 René Migeot.
11. 93 sont acquittés quasiment exclusivement pour avoir agi sans discernement, 81 bénéficient d'une disjonction (tous motifs confondus) et d'un renvoi *sine die* et 42 se désistent de leur opposition.
12. Plus connue sous le nom de Lise Ricol épouse London ou de Lise London. Maitron, Jean (dir.), *Dictionnaire biographique du mouvement ouvrier*, édition en ligne, notice « Ricol Lise » par Nathalie Viet-Depaule.
13. London, Lise, La Mégère de la rue Daguerre. Souvenirs de résistance, Paris, Seuil, 1995.

14. AN, 4W 12, dossier 6, dossier de l'affaire de la rue Daguerre.
15. AN, 4W 27, arrêt du 17 mai 1943.
16. AN, 4W 27, arrêt du 16 juillet 1943.
17. Bien que requise, la peine de mort n'est pas prononcée car elle est enceinte.
18. Maitron, Jean (dir.), *Dictionnaire biographique du mouvement ouvrier*, édition en ligne, notice « Mage Simone » par Jean-Pierre Besse.
19. *Ibid.*, notice « Sevi René, pseudonyme : Baudin » par Daniel Grason.
20. *Ibid.*, notice « Gouzien Blaise » par Daniel Grason.
21. *Ibid.*, notice « Aurillon André dit Raspail » par Daniel Grason.
22. *Ibid.*, notice « Coulombeix Henri » par Jean-Pierre Besse.
23. *Ibid.*, notice « Dupic Maurice » par Daniel Grason.
24. AN, 4W 27, arrêt du 15 juin 1942.
25. Une version différente des faits est présentée par Albert Ouzoulias. Des gardiens de la paix seraient venus à leur rencontre. Après discussion avec Isidore Grunberg et son collègue, deux d'entre eux seraient partis. Louis Lécureuil serait resté et aurait souhaité les arrêter pour les livrer aux occupants. Pour se libérer, Isidore Grunberg aurait alors tiré. Ouzoulias, Albert, *Les Bataillons de la jeunesse, op. cit.*, p. 271 et 272.
26. Pour plus de détails, voir le dossier de procédure. AN, 4W 6, dossier 4, dossier Isidore Grunberg.
27. Voir notamment *Le Matin*, 9 janvier (à la une, « Un agent de police est abattu par des terroristes ») et 13 janvier (toujours à la une, « Les obsèques du brigadier Lécureuil ont eu lieu hier à Paris ») 1942, 13 février 1942 (une nouvelle fois à la une, « Le gardien de la paix Lécureuil cité à l'ordre de la nation »).
28. *Le Matin*, 17 juin 1942 (une nouvelle fois à la une, « Le Juif Grunberg qui assassina le brigadier Lécureuil est condamné à mort par le tribunal d'État »), 11 août 1942 (« Le Juif Graber qui avait assassiné l'agent Lécureuil a été exécuté »).
29. Pour plus de détails sur cette affaire, voir le dossier de procédure. AN, 4W 6, dossier 6, dossier affaire dite « de la rue de Buci ».
30. *Le Matin*, 1er juin 1942.
31. AN, 4W 27, arrêt du 25 juin 1942.
32. Maitron, Jean (dir.), *Dictionnaire biographique du mouvement ouvrier*, édition en ligne, notice « Marzin Madeleine » par Jacques Girault, Daniel Grason et Jean Maitron.
33. *Ibid.*, notice « Benoit Pierre » par Daniel Grason.
34. *Ibid.*, notice « Sézille de Mazancourt Louise » par Daniel Grason.
35. *Ibid.*, notices « Vanden Branden Raymonde », « Chauviré Jeanne » et « Bléron Norma » par Daniel Grason.
36. *Ibid.*, notice « Kaliski Mayer » par Daniel Grason.
37. AN, Z4 73, dossier Léonard Marcellesi, Mayer Kaliski, Eugénie Dietrich, Marcel Leclerc et Robert Desvignes.
38. Vergez-Chaignon, Bénédicte, *Les Secrets de Vichy*, Paris, Perrin, « Tempus », 2019, p. 123 et suiv.
39. Delarue, Jacques, *Trafics et crimes sous l'Occupation*, Paris, Fayard, 1993 [édition revue et augmentée], p. 47.
40. Comme dans *L'Œuvre* en date du jeudi 28 août 1941. Voir aussi Audiat, Pierre, *Paris pendant la guerre (juin 1940-août 1944), op. cit.*, p. 132.
41. Ce qui conduit à des investigations particulièrement poussées dans tous les endroits où Paul Collette a pu séjourner. Voir, AN, 4W 4, dossier 1A, dossier Paul Collette.

42. Cité dans *L'Œuvre* en date du 29 août 1941.
43. Delarue, Jacques, *Trafics et crimes sous l'Occupation, op. cit.*, p. 175.
44. AN, 4W 27, arrêt du 1er octobre 1941.
45. AN, BB18 7062, 2BL 3891, dossier Émile Mongin.
46. Voir par exemple, Ouzoulias, Albert, *Les Bataillons de la jeunesse, op. cit.*, p. 132.
47. Antonowicz, Gilles, *Mort d'un collabo : 13 mai 1943*, Paris, Scrinéo/Nicolas Eybalin, 2013 et *Maurice Garçon : procès historiques : l'affaire Grynszpan, 1938, les piqueuses d'Orsay, 1942, l'exécution du docteur Guérin, 1943, René Hardy, 1947 et 1950*, Paris, Les Belles Lettres, 2019. AN, 4W 15, dossier 9, dossier Dr Guérin.
48. AN, 4W 27, arrêt du 10 septembre 1943.
49. Garçon, Maurice, *Journal 1939-1945*, Paris, Les Belles Lettres/Fayard, 2015, p. 494.
50. Actuels Hauts-de-Seine.
51. Loi du 15 février 1942 « relative à la répression de l'avortement » (JOEF du 7 mars 1942, p. 938).
52. Boninchi, Marc, *Vichy et l'Ordre moral*, Paris, Presses universitaires de France, 2005, p. 287 et suiv.
53. Sansico, Virginie, *La Justice déshonorée, 1940-1944, op. cit.*, p. 350 et suiv.
54. Loi du 9 novembre 1942 « relative au séjour et à la circulation des Juifs étrangers » (JOEF des 7 et 8 décembre 1942, p. 4026).
55. Loi du 11 décembre 1942 « relative à l'apposition de la mention "Juif" sur les titres d'identité délivrés aux Israélites français et étrangers » (JOEF du 12 décembre 1942, p. 4058).
56. Joly, Laurent, *L'État contre les Juifs..., op. cit.*, p. 183.
57. ADP, D1U6, 5864 à 589, rôles du tribunal correctionnel de la Seine du 6 juillet au 8 septembre 1944.
58. AN, 3W 338, dossier Xavier Vallat, dossier 3 « documentation », cotes 130 et 131.
59. Actuellement situé en Seine-Saint-Denis.
60. ADP, Perotin/221/73/1 20, dossier Herick Jouk.
61. Joly, Laurent, *L'État contre les Juifs..., op. cit.*, p. 183.
62. ADP, Perotin/221/73/1 13, dossier Marks Gordon.
63. ADP, Perotin/221/73/1 80, dossier Moïse Levy.
64. ADP, Perotin/221/73/1 356, dossier Daniel Haeffele.

Chapitre 9. Les derniers mois tournés vers l'indulgence ?

1. AN, 3W 144, pièce 106.
2. La dernière audience a lieu le 26 juillet 1944.
3. AN, Z/4/99 dossier 664 Henri Albespy, Marcel Brimont et Robert Marteau.
4. AN, Z/4/96, dossier 644 Léon Dhaleine, Serge Cagnard, Pierre Carlier, Albert Chardon, Gaston Couturier, Marcel Curson, Henri Esteve, Jacques Ledour, Jean Leguay, Roger Massin, Michel Morel, Robert Petit et Marcel Somon.
5. AN, Z/4/167, arrêt du 11 mai 1944.
6. AN, Z/4/165, arrêt du 21 octobre 1941.
7. AN, Z/4/11, dossier 111 François Carcedo, René Cazau, Alphonse Chaussivert, Georges Corette, Adèle Couillard épouse Ribon, Geneviève Daude épouse Fleider, Jean-Joseph Duegou, Lucien Fournier, André Gautier, Hippolyte Genard, Léon Giraud, Armand Godefroy, Jean Gourdoux, Henri Hennequin, Fernand Le Breton, Joseph Le Clainche,

Jules Mathurin, Arthur Moreau, Charles Patillon, Raymond Rivière, Maurice Rivière, Kléber Rivière, Eugène Toulgoat.

8. AN, Z/4/167, arrêt du 29 juin 1944.
9. Dans certaines pièces de procédure, il est dénommé Remaude.
10. AN, Z/4/36, dossier 265 André Devaud, Georges Lagache, Eugène Remande.
11. AN, Z/4/65, dossier 411 Marcel Lepas, Alexis Porte, Lucienne Albouze épouse Goasdoue, Yolande Lamarre épouse Prieur.
12. AN, Z/4/167, arrêt du 27 novembre 1943.
13. AN, BB30 1720, dossier « tribunal d'État dossier général », lettre du commissaire du gouvernement près le tribunal d'État, section de Paris, au garde des Sceaux en date du 27 octobre 1943.
14. Marcel Quillent est condamné à la prison à perpétuité avant d'être déporté à Mauthausen, d'où il est libéré en avril 1945. AN, 4W 19, dossier Pierre Brossard première enquête, sous-dossier Marcel Quillent. Voir aussi sur cette affaire et cet inspecteur, Berlière, Jean-Marc, et Liaigre, Franck, *Liquider les traîtres, la face cachée du PCF, 1941-1943*, Paris, Robert Laffont, 2015, p. 292 et suiv. et p. 349 et suiv.
15. AN, 4W 23 dossier 3 Pierre Brossard, Julia Romain, Lucie Gratadoux, Gilbert Delhaye et Angélique Burgert.
16. Maitron, Jean (dir.), *Dictionnaire biographique du mouvement ouvrier*, édition en ligne, notice « Masspacher Robert » par Daniel Grason.
17. *Ibid.*, notice « Quenouille René » par Nadia Ténine-Michel, Annie Pennetier.
18. *Ibid.*, notice « Pateau Gaston » par Daniel Grason.
19. AN, 4W 24, sous-dossier 3, affaire Pierre Brossard, Victor Cohanier, Armand Deleuze, Henriette Gaillepand, épouse Deleuze *et al.*
20. Elle ne semble pas avoir été déportée ou internée au camp des Tourelles. Maitron, Jean (dir.), *Dictionnaire biographique du mouvement ouvrier*, édition en ligne, notice « Lacipière Suzanne » par Daniel Grason.
21. Incarcéré à la prison de la Santé puis à Blois, il est déporté au camp de concentration de Neuengamme. Il meurt noyé dans la baie de Lübeck le 3 mai 1945. *Ibid.*, notice « Kamenney Léon, dit Noël, Billon Léon et Billon Jean-Claude » par Marie-Cécile Bouju et Daniel Grason.
22. Incarcéré à la prison de la Santé puis à Blois, il est déporté au camp de concentration de Sachsenhausen puis de Neuengamme avant d'être libéré le 2 mai 1945. *Ibid.*, notice « Weisse Robert », par Daniel Grason.
23. AN, 4W 27, arrêt en date du 7 juin 1944.
24. AN, 4W 27, arrêt en date du 8 juin 1944.
25. AN, 4W 27, arrêt en date du 25 juillet 1944.
26. AN, 4W 27, arrêt en date du 7 juin 1944.
27. AN, 4W 27, arrêt en date du 25 juillet 1944.
28. AN, 4W 27, arrêt en date du 29 mars 1944.
29. AN, 4W 27, arrêt en date du 29 mars 1944. Maitron, Jean (dir.), *Dictionnaire biographique du mouvement ouvrier*, édition en ligne, notice « Brossard Pierre, pseudonyme dans la Résistance "Philibert" » par Jean-Pierre Besse, Claude Pennetier.
30. AN, 4W 27, arrêt en date du 29 mars 1944. *Ibid.*, notice « Gratadoux Lucie » par Jacques Girault, Daniel Grason.
31. AN, 4W 27, arrêt en date du 19 avril 1944. *Ibid.*, notice « Payen Roger » par Martine Garcin.
32. AN, 4W 27, arrêt en date du 9 juin 1944.

Notes

33. AN, 4W 27, arrêt en date du 29 mars 1944.
34. AN, 4W 27, arrêt en date du 29 mars 1944.
35. AN, 4W 27, arrêt en date du 9 juin 1944.
36. Maitron, Jean (dir.), *Dictionnaire biographique du mouvement ouvrier*, édition en ligne, notice « Mergey René, Auguste, Louis » par Daniel Grason, Gérard Larue.
37. AN, 4W 27, arrêt en date du 8 juin 1944.
38. AN, 4W 27, arrêt en date du 29 mars 1944. Maitron, Jean (dir.), *Dictionnaire biographique du mouvement ouvrier*, édition en ligne, notice « Delhaye Gilbert alias Dassonville, alias Bombled » par Daniel Grason.
39. Condamné à un an d'emprisonnement et 1 200 francs d'amende par le tribunal d'État, section de Paris. AN, 4W 27, arrêt en date du 19 avril 1944.
40. AN, 4W 27, arrêt en date du 19 avril 1944. Maitron, Jean (dir.), *Dictionnaire biographique du mouvement ouvrier*, édition en ligne, notice « Bré Gaston » par Daniel Grason.
41. AN, 4W 27, arrêt en date du 11 mai 1944.
42. Actuelle Seine-Saint-Denis.
43. AN, 4W 27, arrêt en date du 12 mai 1944. Maitron, Jean (dir.), *Dictionnaire biographique du mouvement ouvrier*, notice « Piat Roland ».
44. AN, 4W 27, arrêt en date du 12 mai 1944. *Ibid.*, notice « Breut François » par Nadia Ténine-Michel.
45. AN, 4W 27, arrêt en date du 9 juin 1944.
46. Il s'agit du dernier arrêt dans cette affaire prononcé la veille de la dernière audience du tribunal d'État, section de Paris. Ces peines sont donc purement symboliques. AN, 4W 27, arrêt en date du 25 juillet 1944.
47. ADP, Perotin/221/73/1 462, dossier Henri Stentzel.
48. ADP, Perotin/221/73/1 579, dossier Ida Vitline, épouse Slousky.
49. Voir par exemple, ADP, D1U6 4162, jugement de la dix-septième chambre correctionnelle du tribunal correctionnel de la Seine en date du 13 mars 1944, dossier Douet Marcel.
50. ADP, Perotin/221/73/1 460, dossier François Fromond.
51. ADP, Perotin/221/73/1 460, dossier Antoine Volterra.

Conclusion

1. Aymé, Marcel, *Le Passe-Muraille*, Paris, Gallimard, « Folio », 1943, p. 192 et suiv.
2. Feki, Kamel, « *L'Huissier* de Marcel Aymé : une satire de la magistrature sous Vichy », *Littératures*, n° 74, 2016, p. 126.
3. Cité *in* Sansico, Virginie, *La Justice déshonorée, 1940-1944*, *op. cit.*, p. 564 et 565.
4. Ordonnance du 20 novembre 1944 « relative à l'annulation de certaines condamnations » (JORF du 22 novembre 1944, p. 1420).
5. AN, BB18 7056, dossier 2, lettres et pétitions en faveur des députés communistes Gabriel Péri et Jean Catelas (septembre 1941), copie de lettres anonymes et de menaces de représailles adressées aux magistrats composant la section spéciale.

Archives

Archives nationales

Services de la délégation française auprès de la Commission allemande d'armistice

AJ/41/400 Journaux officiels allemands. 4 juillet 1940-26 juillet 1944

AJ/41/401 Journal officiel rassemblant les ordonnances prises par les autorités allemandes d'occupation pour les départements occupés de la Seine, Seine-et-Oise et Seine-et-Marne. 20 juin 1940-12 juillet 1940

Ministère de la Justice

Fonds de la division puis direction des Affaires criminelles et des Grâces

Cabinet du directeur

19950398/24 et 25 Circulaires, 1940-1943 et 1944-1946.

Sous-direction de la législation criminelle

Versement 19950395 Élaboration de la législation et de la réglementation en matière pénale

BB18 correspondance de la division criminelle du ministère de la Justice

dossiers de la série chronologique et de la série thématique intéressant la répression politique menée par la cour d'appel de Paris

BB18 3225 à 3289 dossiers de l'année 1940

BB18 3290 à 3388 dossiers de l'année 1941

BB18 3389 à 3461 dossiers de l'année 1942

BB18 3462 à 3530 dossiers de l'année 1943

BB18 3531 à 3623 dossiers de l'année 1944

BB18 7000 à 7004 dossiers 1 BL 1 à 171 projets de lois et décrets examinés par la division criminelle 1939-1940

BB18 7019 à 7050 dossiers par affaires judiciaires 1940-1941

BB18 7060 à 7062 dossiers par affaires judiciaires 1941-1944

BB18 7074 à 7078 dissolution du Parti communiste 1939-1941

dossiers de la série chronologique et de la série thématique consacrés exclusivement aux sections spéciales

BB18 3558/3559 sections spéciales

BB18 7051/1 à 7059 sections spéciales créées par la loi du 14 août 1941

BB30 versements divers provenant principalement du secrétariat général à la Justice du gouvernement de Vichy

BB30 1707 à 1709 papiers du secrétaire général à la Justice, Georges Dayras, 1940-1943 et papiers Gabolde 1940-1944

BB30 1710 et 1711 l'œuvre législative de Vichy

BB30 1712 et 1713 rapports franco-allemands : conventions d'armistice : tribunaux et magistrats

BB30 1714 à 1716 fonction publique et magistrature

BB30 1720 dossier E sections spéciales et dossier F tribunal d'État 1941-1944

BB30 1722 circulaires

BB30 1740 à 1754 inspection générale des services judiciaires, 1944-1947

BB30 1887 et 1888 versement de la direction des Affaires criminelles et des Grâces, premier et deuxième bureaux

Sous-direction de la justice criminelle

Versement 20030558 : dossiers du bureau de grâces et de l'application des peines

Fonds de la direction de l'administration pénitentiaire du ministère de la Justice

Versement 19970394 : sous-direction de l'exécution des peines privatives de liberté et de la réinsertion, dossiers concernant la Seconde Guerre mondiale, 1937-1945

Fonds de la Haute Cour de justice (3W)

3W 54 dossier de procédure concernant Joseph Barthélemy, ministre secrétaire d'État à la Justice, 21 janvier 1941-26 mars 1943

3W 144 dossier de procédure concernant Georges Dayras, secrétaire général au ministère de la Justice, 16 juillet 1940-1944

3W 178 et 179 dossiers de procédure concernant Maurice Gabolde, ministre secrétaire d'État à la Justice du 26 mars 1943 au 20 août 1944

Fonds du tribunal d'État, section de Paris (4W)

4W 1 à 2 pièces générales : règlement de la procédure, personnel, circulaires, frais de justice, avis officieux du garde des Sceaux, correspondance 1941-1944

4W 3 à 25 audiences, 20 septembre 1941-26 juillet 1944

4W26 affaires non jugées par le tribunal d'État en raison de sa suppression le 9 août 1944 ainsi que pour des motifs divers ; révisions par la cour d'appel de Paris, 25 janvier 1945-25 juillet 1946

4W27 registre des arrêts et de l'application des peines

Fonds de la section spéciale de la cour d'appel de Paris (Z4)

Z4 1 à 105 : dossiers de procédure 1941-1944

Z4 106 à 164 : scellés des procédures 1941-1944

Z4 165 : registre des arrêts 27 août 1941-24 décembre 1941

Z4 166 : registre des arrêts 2 janvier 1942-23 décembre 1942

Z4 167 : registre des arrêts 4 janvier 1943-7 août 1944

Fonds de la cour de justice de la Seine (Z6)

Z6 62, dossier d'affaire jugée n° 997 : contre Michel Benon et Robert Baffos, 1945-1955

Z6NL 64 dossier d'affaire jugée n° 664 : contre Charles Ledain et Émile François

Ministère de l'Intérieur

Archives du secrétariat général à la Police (F/7)

F7 14888 : « communistes » et « terroristes »

Archives du Bureau des menées antinationales du secrétariat d'État à la Guerre

F4 14974 à 15016 renseignements militaires émanant du Bureau des menées antinationales (BMA) du secrétariat d'État à la Guerre : documentation et renseignements sur le Parti communiste et la Résistance 1917-1942

Secrétariat général du gouvernement et services du Premier ministre

Service législatif, courrier, documentation, Troisième République, CFLN, GPRF, Quatrième République, Afrique du Nord (1935-1947) (F/60)

F/60/502 situation intérieure et état d'esprit de la population

F/60/515 organisation générale, 1940-1944, et 1944-1947

F/60/516 organisation judiciaire, textes et correspondance générale, 1936-1947

Fonds Maurice Rolland

490AP/8 inspections de la cour d'appel de Paris, rapports généraux et particuliers sur les tribunaux (fonctionnement, personnel, locaux) ; réclamations et incidents relatifs à des affaires jugées ou en cours

Archives de Paris

Section spéciale et tribunal d'État

31W 615-616 section spéciale de la cour d'appel de Paris/tribunal d'État

Perotin/212/76/1 article 11 dossier de procédure devant la section spéciale de la cour d'appel de Paris n° 5

Services des scellés papier et autres pièces à conviction

1471W 14 enregistrement des scellés

1466 W articles 1 à 9 et article 15 scellés ou pièces à conviction saisies chez les militants communistes

Cour d'appel de Paris

Généralités

1603W première présidence : fonctionnement de la juridiction, guerre de 1939-1945

Affaires correctionnelles

D3U9 685 à 690 arrêts correctionnels 1940

31W 1 à 88 arrêts correctionnels 1940-1944

D3U9 700 répertoires alphabétiques 1940

D3U9 718 rôles 1940

D3U9 725 registres d'enregistrement des scellés 1939-1941

1434 W affaires pénales : répertoires, rôles, enregistrement des scellés, procédures, comptes rendus sommaires des audiences, consignation des appels, audienciers de la chambre des mises en accusation puis de la chambre d'accusation 1941-1944

Cour d'assises de la Seine

D1U8 187 minutes des arrêts 1939-1940

30W minute des arrêts 1941-1944

Tribunal de première instance puis de grande instance de la Seine

Généralités

1918W tribunal de première instance puis de grande instance de la Seine : gestion du palais de justice ; compétence des greffiers et des juges ; statistiques

Chambres correctionnelles, dit « Tribunal correctionnel de la Seine » puis tribunal de grande instance de Paris, chambres correctionnelles

D1U6 minutes des jugements ; rôles ; répertoires ; audienciers

D1U5 registre d'instruction (1943-1946) et registres en matière pénale (registres de plaintes) (1903-1949)

Dossiers de procédure

D2U6 213 et 214 dossiers de procédure 1939-1940

Perotin/221/71/1 dossiers de procédure 1939-1941

Perotin/221/73/1 dossiers de procédure 1943

1091W dossiers de procédure 1944-1945

Bibliographie sélective

Souvenirs, mémoires et témoignages

Abetz Otto, *Histoire d'une politique franco-allemande, 1930-1950. Mémoires d'un ambassadeur*, Paris, Stock 1953.

Audiat Pierre, *Paris pendant la guerre (juin 1940-août 1944)*, Paris, Hachette, 1946.

Barthélemy Joseph, *Ministre de la Justice : Vichy, 1941-1943*, Paris, Pygmalion, 1989.

Baudrillart Alfred (cardinal), *Les Carnets du cardinal Alfred Baudrillart, 20 mai 1941-14 avril 1942*, Paris, CERPH, 1999.

Charpentier Jacques, *Au service de la liberté*, Paris, Fayard, 1949.

Gabolde Maurice, *Écrits d'exil*, Paris, L'Harmattan, 2016.

Garcon Maurice, *Procès sombres*, Paris, Fayard, 1950.

Garcon Maurice, *Journal 1939-1945*, Paris, Les Belles Lettres/Fayard, 2015.

Isorni Jacques, *Mémoires*, t. I, *1911-1945*, Paris, Robert Laffont, 1984.

Maritain Jacques, *De la justice politique. Notes sur la présente guerre*, Paris, Plon, 1940.

Monzie Anatole de, *La Saison des juges*, Paris, Flammarion, 1943.

Nordmann Joë, *Aux vents de l'histoire. Mémoires*, Arles, Actes Sud, 1996.

Ouzoulias Albert, *Les Bataillons de la jeunesse*, Paris, Éditions sociales, 1967.

Pucheu Pierre, *Ma vie*, Paris, Amiot-Dumont, 1948.

Raissac Guy, *De la Marine à la Justice, un magistrat témoigne*, Paris, Albin Michel, 1972.

Ouvrages et articles juridiques contemporains

« Activités communistes ou anarchistes. Sections spéciales. Dessaisissement de plein droit de la juridiction de droit commun » (Note sous Caen, 11 septembre 1941, non signée), *JCP*, « Jurisprudence », n° 1737, 1941.

Baudry Henri et Ambre Joannès, *La Condition publique et privée du Juif en France. Le statut des Juifs*, Lyon, J. Desvigne, 1942.

BÉDIER Jean, *Les Principes de la législation française sur le maintien de l'ordre*, Paris, Les Éditions internationales, 1938.

BOUQUEROD Paul, *Des infractions contre la sûreté extérieure de l'État*, Paquet Imprimeur, 1942.

BROC André, *La Qualité de Juif. Une notion juridique nouvelle*, Paris, Presses universitaires de France, 1943.

CHESNAY Jean, *L'Évolution moderne de la justice politique en France*, thèse de droit, université de Paris, 1943.

COLMET DAÂGE André, *La Répression de la hausse illicite : la loi du 21 octobre 1940*, Paris, LGDJ, 1942.

DEZ Jacques, *Économie de pénurie et contrôle des prix, 1936-1949*, thèse de droit, université de Poitiers, 1950.

DONNEDIEU DE VABRES Henri, *Traité élémentaire de droit criminel et de législation pénale comparée*, Paris, Sirey, 1943.

—, Note sous Caen, 11 septembre 1941, *Dalloz*, « Jurisprudence », 1942, p. 40-44.

GABOLDE Maurice, « Les modifications apportées par la législation récente aux règles de compétence des juridictions pénales », *Lois nouvelles. Première partie*, 61e année, *Revue de législation*, 1942, p. 1-23 et p. 29-45.

GARÇON Émile, *Code pénal annoté*, nouvelle édition refondue et mise à jour par Marcel Rousselet, Maurice Patin et Marc Ancel, Paris, Recueil Sirey, 1952.

GARRAUD Pierre, LABORDE-LACOSTE Marcel, *Exposé méthodique de droit pénal (conforme au programme des examens de licence en droit)*, Paris, Librairie du Recueil Sirey, 1942.

GARRAUD René, *Traité théorique et pratique de droit pénal*, Paris, Librairie Larose et Tenin, 1913-1914.

GEAMANU Grigore, *La Résistance à l'oppression et le droit à l'insurrection*, Paris, F. Loviton et Cie, 1933.

HOMAD SULTAN Abdul-Wahab, *La Répression de la criminalité politique en droit comparé*, thèse de droit, Paris, A. Pédone, 1943.

HUGUENAY Pierre, *Crimes et délits contre la sûreté de l'État*, Paris, Sirey, 1940.

LABANOWSKI Pierre, *La Réforme de la justice politique en France*, Paris, Robbe, 1925.

LADHARI Noë, *L'Évolution de la notion de délit politique*, thèse de droit, université de Paris, 1950.

LEPOINTE Gabriel, « Commentaire de lois et décrets-lois divers relatifs aux crimes et délits contre la sûreté extérieure de l'État et à la justice militaire », *Recueil Dalloz*, « Législation », 1941, p. 41-52.

Les Documents français, Revue des hautes études politiques, sociales, économiques et financières, « La justice. Sa doctrine, ses réalisations, ses projets », 3e année, n° 12, décembre 1941.

MAGNOL Joseph, « La Cour suprême de justice », *La Semaine juridique*, I, n° 181, 1941.

NAST Marcel, « Recensement. Défaut de déclaration. Délit. Qualité de Juif. Preuve. Appréciation souveraine des juges du fond » (Note sous Crim 14 janvier 1943), *JCP*, « Jurisprudence », n° 2156, 1943.

ONISOR Titus, *Les Décrets-lois et le droit de circonstance au cours de la guerre mondiale. Étude de droit comparé concernant quelques puissances belligérantes*, Paris, Les Presses modernes, 1933.

PANSIER Jean-Marie, « De la compétence et de la procédure devant le tribunal spécial (lois du 24 avril 1941 et du 3 août 1943) », *Répertoire Commaille. Répertoire général pratique de jurisprudence, de doctrine et de législation*, Première partie, Notes pratiques, 26e année, 1944, p. 20-24.

PERREAU Étienne-Hippolyte, « Le nouveau statut des Juifs en France », *JCP*, « Doctrine », n° 216, 1941.

ROBERT Jean, *Le Communisme devant la loi pénale*, Besançon, Imprimerie Millot frères, 1930.

RODIÈRE René, *Contribution à l'étude du délit politique en droit français*, Paris, Librairie Arthur Rousseau, 1931.

SORNAY Pierre, *Évolution récente de la notion de délit politique en droit interne*, Lyon, Bosc Frères & Riou, 1936.

VERDUN Henri, « La répression des infractions contre la sûreté extérieure de l'État d'après le décret-loi du 29 juillet 1939 et les textes ultérieurs », *Semaine juridique, Étude doctrinale II*, n° 171, § 32, 1940.

WACIÓRSKI Jerzy, *Le Terrorisme politique*, Paris, A. Pedone, 1939.

ÉTUDES

Vichy, l'Occupation

AGLAN Alya, *La France à l'envers. La guerre de Vichy (1940-1945)*, Paris, Gallimard, 2020.

ALARY Éric, VERGEZ-CHAIGNON Bénédicte, GAUVIN Gilles, *Les Français au quotidien, 1939-1949*, Paris, Perrin, 2006.

AZÉMA Jean-Pierre, *De Munich à la Libération (1938-1944)*, Paris, Seuil, 1979.

—, *1940. L'année noire*, Paris, Fayard, 2011.

AZÉMA Jean-Pierre, BÉDARIDA François (dir.), *Vichy et les Français*, Paris, Fayard, 1992.

—, *La France des années noires*, Paris, Seuil, 1993.

AZÉMA Jean-Pierre, WIEVIORKA Olivier, *Vichy (1940-1944)*, Paris, Perrin, 1997.

BARUCH Marc-Olivier, *Le Régime de Vichy*, Paris, La Découverte, 1996.

—, *Servir l'État français. L'administration en France de 1940 à 1944*, Paris, Fayard, 1997.

BERL Emmanuel, *La Fin de la IIIe République. 10 juillet 1940*, Paris, Gallimard, 2013.

BERLIÈRE Jean-Marc, LIAIGRE Franck, *Le Sang des communistes, les Bataillons de la jeunesse dans la lutte armée, automne 1941*, Paris, Fayard, 2004.

—, *Liquider les traîtres, la face cachée du PCF, 1941-1943*, Paris, Robert Laffont, 2015.

BERLIÈRE Jean-Marc, PESCHANSKI Denis, « Police et policiers parisiens face à la lutte armée : 1941-1944 », *in* BERLIÈRE Jean-Marc, PESCHANSKI Denis (dir.), *Pouvoirs et polices au XXe siècle*, Bruxelles, Complexe, 1997, p. 137-179.

BLOCH Marc, *L'Histoire, la guerre, la Résistance*, Paris, Gallimard, 2006.

BLOCH-LAINE François et GRUSON Claude, *Hauts fonctionnaires sous l'Occupation*, Paris, Odile Jacob, 1996.

BOUJU Marie-Cécile, *Les Maisons d'édition du Parti communiste français, 1920-1956*, thèse d'histoire, Institut d'études politiques de Paris, 2005.

BOURDERON Roger, *Le PCF à l'épreuve de la guerre, 1940-1943 : de la guerre impérialiste à la lutte armée*, Paris, Éditions Syllepse, 2012.

BOURGEOIS Guillaume, *Communistes et anticommunistes dans la drôle de guerre*, thèse d'histoire, Paris X-Nanterre, 1983.

BURRIN Philippe, *La France à l'heure allemande*, Paris, Seuil, 1995.

BUTTIN Paul, *Le Procès Pucheu*, Paris, Amiot-Dupont, 1947.

CATOIRE Maurice, « La direction des services de l'armistice à Vichy », *Revue d'histoire de la Deuxième Guerre mondiale*, n° 14, avril 1954, p. 27-45 ; et n° 17, janvier 1955, p. 15-36.

CHAUVY Gérard, *Histoire secrète de l'Occupation*, Paris, Payot, 1991.

CHIRON Bruno, « Les fusillés communistes du Mont-Valérien », *in* COURTOIS Stéphane (dir), *Communisme en France. De la révolution documentaire au renouveau historiographique*, Paris, Cujas/Institut catholique d'études supérieures, 2007, p. 145-182.

CONAN Éric, ROUSSO Éric, *Vichy, un passé qui ne passe pas*, Paris, Fayard, « Pluriel », 2013.

COINTET Michèle, *Nouvelle histoire de Vichy 1940-1945*, Paris, Fayard, 2011.

COINTET Jean-Paul, *Histoire de Vichy*, Paris, Plon, 1996.

—, *Paris 40-44*, Paris, Perrin, 2001.

—, *Pierre Laval*, Paris, Fayard, 1993.

COINTET-LABROUSSE Michèle, *Pétain et les Français 1940-1951*, Paris, Perrin, 2002.

COTILLON Jérôme, *Le Rôle politique du cabinet civil du maréchal Pétain (1940-1944) : composition, fonctionnement, évolution*, mémoire de DEA, Institut d'études politiques de Paris, 2000.

COURTOIS Stéphane, LAZAR Marc, *Histoire du Parti communiste français*, Paris, Presses universitaires de France, 1995.

COURTOIS Stéphane, *Le P.C.F. dans la guerre : de Gaulle, la Résistance, Staline*, Paris, Ramsay, 1980.

COURTOIS Stéphane, PESCHANSKI Denis, RAYSKI Adam, *Le Sang de l'étranger. Les immigrés de la M.O.I. dans la Résistance*, Paris, Fayard, 1989.

CRÉMIEUX-BRILHAC Jean-Louis, *Les Français de l'an 40*, Paris, Gallimard, « Folio-Histoire », 1990, 2 vol.

DELARUE Jacques, *Trafics et crimes sous l'Occupation*, Paris, Fayard, 1993 [édition revue et augmentée].

FERRO Marc, *Pétain*, Paris, Hachette, « Pluriel », 2009.

FISHMAN Sarah, LEE DOWNS Laura, SINANOGLOU Ioannis *et al.* (dir.), *La France sous Vichy. Autour de Robert O. Paxton*, Paris/Bruxelles, IHTP-CNRS/Complexe, « Histoire du temps présent », 2004.

GRENARD Fabrice, « L'administration du contrôle économique en France, 1940-1950 », *Revue d'histoire moderne et contemporaine*, n° 57-2, 2010, p. 132-158.

GUARINOS Georges, *L'Attentat du 27 août 1941 contre Pierre Laval*, mémoire de maîtrise en histoire, université Lyon II, 1991.

INSTITUT MAURICE-THOREZ, *Le Parti communiste français dans la Résistance*, Paris, Éditions sociales, 1967.

JACKSON Julian, *La France sous l'Occupation (1940-1944)*, Paris, Flammarion, 2013.

JOSEPH Gilbert, *Fernand de Brinon, l'aristocrate de la collaboration*, Paris, Albin Michel, 2002.

LABORIE Pierre, *L'Opinion publique sous Vichy, les Français et la crise d'identité nationale, 1936-1944*, Paris, Seuil, « Points Histoire », 2001.

—, *Penser l'événement, 1940-1945*, Paris, Gallimard, 2019.

LALLAM Sandra, *La Population de la Seine et les forces d'occupation allemandes (14 juin 1940-25 août 1944)*, mémoire de maîtrise, université Paris-Sorbonne, 2000.

LAMBAUER Barbara, *Otto Abetz et les Français ou l'Envers de la collaboration*, Paris, Fayard, 2001.

LIAIGRE Franck, *Les FTP*, Paris, Perrin, 2015.

MARTENS Stefan, VAÏSSE Maurice, *Frankreich und Deutschland im Krieg (November 1942 - Herbst 1944). Okkupation- Kollaboration- Résistance*, Bonn, Bouvier, 2000.

MARTINIE Pierre, *Le Parti communiste français dans le département de la Seine vu par la préfecture de police (juin 1942-août 1944)*, mémoire de maîtrise, université Panthéon-Sorbonne, 2005.

MELTZ Renaud, *Pierre Laval, un mystère français*, Paris, Perrin, 2018.

MEYER Ahlrich, *L'Occupation allemande en France, 1940-1944*, Toulouse, Privat, 2002.

MICHEL Henri, *Paris allemand*, Paris, Albin Michel, 1981.

—, *Paris résistant*, Paris, Albin Michel, 1982.

MURACCIOLE Jean-François, *La France pendant la Seconde Guerre mondiale*, Paris, Librairie générale française, « Le Livre de poche », 2002.

ORY Pascal, *La France allemande 1933-1945*, Paris, Gallimard, « Folio-Histoire », 1995.

PAXTON Robert, *La France de Vichy*, Paris, Seuil, « Points Histoire », 1997 (nouvelle éd.).

PESCHANSKI Denis, « L'été 1940 du Parti communiste français », *L'Histoire*, n° 60, octobre 1983, p. 72-81.

—, « La répression anticommuniste dans le département de la Seine 1940-1942 », *in* PESCHANSKI Denis (dir.), *Vichy 1940-1944. Archives de la guerre d'Angelo Tasca*, Milan/Paris, Feltrinelli/CNRS Éditions, 1986 p. 111-137.

—, *Les Années noires, 1938-1944*, Paris, Hermann, 2012.

—, « Résistants communistes parisiens *vs* Brigades spéciales », *in* MARCOT François et MUSIEDLAK Didier (dir.), *Les Résistances, miroirs des régimes d'oppression Allemagne, France, Italie*, Besançon, Presses universitaires de Franche-Comté, 2006, p. 335-349.

RIOUX Jean-Pierre, PROST Antoine, AZÉMA Jean-Pierre, *Le Parti communiste des années sombres 1938-1941*, Paris, Seuil, 1986.

—, *Les Communistes français de Munich à Châteaubriant : 1938-1941*, Paris, Presses de la Fondation nationale des sciences politiques, 1987.

ROSSIGNOL Dominique, *Histoire de la propagande en France de 1940 à 1944*, Paris, Presses universitaires de France, 1991.

ROUQUET François, VIRGILI Fabrice, *Les Françaises, les Français et l'épuration de 1940 à nos jours*, Paris, Gallimard, « Folio Histoire », 2018.

ROUSSO Henry, *La Collaboration*, Paris, MA Éditions, 1987.

—, *Le Syndrome de Vichy*, Paris, Seuil, 1987 ; réédition, Paris, Seuil, « Points-Histoire », 2016.

RUDOLPH Luc, *Policiers rebelles : la Résistance au cœur de la préfecture de police, 1940-1944*, Paris, Éditions LBM, 2012.

SEGOND Alain, *La Presse clandestine communiste, juin 1941-août 1944*, mémoire de maîtrise, université Lille III, 1973.

STEINBERG Lucien, *Les Allemands en France, 1940-1944*, Paris, Albin Michel, 1980.

VERGEZ-CHAIGNON Bénédicte, *Pétain*, Paris, Perrin, 2014.

WIEVIORKA Annette, *Ils étaient juifs, résistants et communistes*, Paris, Denoël, 1987.

La justice, le droit et le politique

AUBUSSON DE CAVARLAY Bruno, HURE Marie-Sylvie, POTTIER Marie-Lys, « La justice pénale en France, résultats statistiques (1934-1954) », *Cahier de l'Institut d'histoire du temps présent*, n° 23, avril 1993.

BANCAUD Alain, *La Haute Magistrature française entre politique et sacerdoce ou le Culte des vertus moyennes*, Paris, LGDJ, 1993.

—, *Une exception ordinaire : la magistrature en France 1930-1950*, Paris, Gallimard, 2002.

BARUCH Marc-Olivier, DUCLERT Vincent (dir.), *Justice, politique et République. De l'affaire Dreyfus à la guerre d'Algérie*, Paris, Complexe, 2002.

BEAUD Olivier, *La République injuriée. Histoire des offenses au chef de l'État de la IIIe à la Ve République*, Paris, Presses universitaires de France, 2019.

BODIGUEL Jean-Luc, *Les Magistrats, un corps sans âme ?*, Paris, Presses universitaires de France, 1991.

BRUSCHI Christian (dir.), *Parquet et politique pénale depuis le XIXe siècle*, Paris, Presses universitaires de France, 2002.

BUSSY Florence, POIRMEUR Yves, *La Justice politique en mutation*, Paris, LGDJ, 2010.

CARBASSE Jean-Marie, *Histoire du droit pénal et de la justice criminelle*, Paris, Presses universitaires de France, 2000.

— (dir.), *Histoire du parquet*, Paris, Presses universitaires de France, 2000.

CARROT Georges, *Le Maintien de l'ordre en France au XXe siècle*, Paris, L'Harmattan, 1990.

CHARVIN Robert, *Justice et politique : évolution de leurs rapports*, Paris, LGDJ, 1968.

CHAUVAUD Frédéric, PETIT Jacques-Guy, YVOREL Jean-Jacques, *Histoire de la justice de la Révolution à nos jours*, Rennes, Presses universitaires de Rennes, 2007.

CODACCIONI Vanessa, *Justice d'exception*, Paris, CNRS Éditions, 2015.

DURAND-BARTHEZ Pascal, *Histoire des structures du ministère de la Justice : 1789-1945*, Paris, Presses universitaires de France, 1973.

FARCY Jean-Claude, *Histoire de la justice en France*, Paris, La Découverte, 2015.

GARCIN Claude, *La Notion de juridiction d'exception en droit pénal : pour une nouvelle classification*, thèse de doctorat de droit, université Lyon III, 1987.

GARÇON Maurice, *Histoire de la justice sous la IIIe République*, Paris, Fayard, 1957.

GARNOT Benoît, *Histoire de la justice : France, XVIe-XXIe siècle*, Paris, Gallimard, « Folio », 2009.

GATINEAU Guillaume, *Les Juridictions d'exception comme instrument de répression politique en France (1799-1870)*, mémoire d'histoire du droit, université Paris Panthéon-Assas (Paris II), 2011.

JAFFRE Yves-Frédéric, *Les Tribunaux d'exception, 1940-1962*, Paris, Nouvelles Éditions latines, 1962.

LOCHAK Danièle, *Le Rôle politique du juge administratif français*, Paris, LGDJ, 2015.

MASSON Gérard, *L'Indépendance des magistrats vis-à-vis du pouvoir politique de 1870 à nos jours*, thèse de droit, université Paris Panthéon-Assas (Paris II), 1975, 2 vol.

PAPADATOS Pierre A., *Le Délit politique. Contribution à l'étude des crimes contre l'État*, Genève, Librairie E. Droz, 1954.

ROUSSELET Marcel, *Histoire de la magistrature française. Des origines à nos jours*, Paris, Plon, 1957.

ROYER Jean-Pierre, JEAN Jean-Paul, DURAND Bernard *et al.*, *Histoire de la justice en France*, Paris, Presses universitaires de France, 2010.

SALAS Denis (dir.), *Le Procès politique : XVe-XXe siècle*, Paris, La Documentation française, 2017.

Juger sous l'Occupation

ALARY Éric, *Un procès sous l'Occupation au Palais-Bourbon : mars 1942*, Paris, La Documentation française, 2000.

ANTONOWICZ Gilles, *Maurice Garçon : procès historiques : l'affaire Grynszpan, 1938, les piqueuses d'Orsay, 1942, l'exécution du docteur Guérin, 1943, René Hardy, 1947 et 1950*, Paris, Les Belles Lettres, 2019.

—, *Mort d'un collabo : 13 mai 1943*, Paris, Scrinéo/Nicolas Eybalin, 2013.

ASSOCIATION FRANÇAISE POUR L'HISTOIRE DE LA JUSTICE, *La Justice des années sombres 1940-1944*, Paris, La Documentation française, 2001.

—, *La Résistance dans la pratique judiciaire : 1940-1944*, Paris, La Documentation française, 2012.

BANCAUD Alain, « La haute magistrature sous Vichy », *Vingtième Siècle*, vol. 9, n° 1, 1996, p. 45-62.

—, « La magistrature et la répression politique de Vichy ou l'histoire d'un demi-échec », *Droit et société*, n° 34, 1996, p. 557-574.

—, « La justice politique sous Vichy et à la Libération : les procès de Riom et en Haute Cour », *in* ASSOCIATION FRANÇAISE D'HISTOIRE DE LA JUSTICE, *Les Ministres devant la justice*, Arles, Actes Sud, 1997, p. 209-237.

BANCAUD Alain, JEAN Jean-Paul, « Le secret des délibérations et l'épuration des magistrats des sections (brigades) spéciales à la Libération. Pour juger les juges, pouvait-on les relever d'un "principe sacré" ? », *Les Cahiers de la justice*, n° 4, 2011, p. 121-137.

BEN KHALIFA Riadh, *Délinquance en temps de crise. L'ordinaire exceptionnel devant la juridiction criminelle des Alpes-Maritimes (1938-1944)*, Paris, Honoré Champion, 2015.

BLAIMAN Ivit, *La Section spéciale 1941-1944 : contribution à l'étude de la justice vichyssoise*, mémoire de maîtrise, université Paris X Nanterre, 1993.

BONINCHI Marc, *Vichy et l'Ordre moral*, Paris, Presses universitaires de France, 2005.

BOURGUET-CHASSAGNON Mariannick, *La Justice et le régime de Vichy : contribution à la notion d'indépendance en droit public français*, thèse en histoire du droit, université de Reims Champagne-Ardenne, 2005.

CARREY Yoann, *Les Juridictions d'exception sous le régime de Vichy (1940-1944)*, mémoire de master 2 en histoire du droit et des institutions, université Bordeaux IV, 2008.

CESARI Bénédicte, *Le Tribunal spécial de Lyon sous le régime de Vichy : 1941-1944*, mémoire de DEA en droit, université Jean-Moulin, 2002.

COTILLON Jérôme (dir.), *Raphaël Alibert, juriste engagé et homme d'influence à Vichy*, actes du colloque du 10 juin 2004, Paris, Economica, 2009.

CRÉPIN Marie-Yvonne, « La section spéciale de la cour d'appel de Rennes (1941-1944) », *in* DAUCHY Serge et DEMARS-SION Véronique (éd.), *Juges et criminels. Études en hommage à Renée Martinage*, Lille, L'Espace juridique, 2001, p. 581-594.

Du Pouget Marc, « Les juridictions d'exception de la période de l'Occupation et de la libération de Lyon », *Cahiers d'histoire*, t. XXXIX, n° 3-4, 1994, p. 221-229.

Durand Bernard, Le Crom Jean-Pierre, Somma Alessandro (dir.), *Le Droit sous Vichy*, Francfort-sur-le-Main, V. Klostermann, 2006.

Fabre Philippe, *Le Conseil d'État et Vichy : le contentieux de l'antisémitisme*, Paris, Publications de la Sorbonne, « *De Rebus Publicis* », 2000.

Farcy Jean-Claude, Rousso Henry, « Justice, répression et persécution en France (fin des années 1930-début des années 1950) », *Cahier de l'IHTP*, n° 24, juin 1993.

Fillon Catherine, « Le tribunal d'État, section de Lyon (1941-1944). Contribution à l'histoire des juridictions d'exception », *Histoire de la justice*, n° 10, 1997, p. 193-222.

—, « Les juridictions d'exception », *Les Épisodiques*, numéro spécial *Les Guerres*, 2001, p. 21-34.

Fossier Jean-Marie, *La Section spéciale de Douai et les guillotinés de Cuincy*, Marcq, Éd. Marxismes-régions, 1993.

Giraudier Vincent, « Les juridictions d'exception du régime de Vichy ou la démilitarisation de l'exception », *Revue historique des armées*, n° 2, 2004, p. 109-121.

Israël Liora, *Robes noires, années sombres : avocats et magistrats en résistance pendant la Seconde Guerre mondiale*, Paris, Fayard, 2005.

—, « Résister par le droit ? Avocats et magistrats dans la Résistance (1940-1944) », *L'Année sociologique*, vol. 59, 2009, p. 149-175.

Jaffre Yves-Frédéric, « Section spéciale : comment on caricature l'histoire », *Écrits de Paris*, n° 347, 1975, p. 5-13.

Jean Jean-Paul, « Le serment de fidélité au maréchal Pétain, péché originel des juges ? », *Les Cahiers de la justice*, n° 2, 2013, p. 7-11.

Jean Jean-Paul (dir.), *Juger sous Vichy, juger Vichy*, Paris, La Documentation française, 2018.

Juger sous Vichy, Paris, Seuil, 1994.

Khokholkoff Nathalie, *La Section spéciale près la cour d'appel de Nîmes*, mémoire de maîtrise en histoire du droit, université Panthéon-Assas, 2002.

Le Baudour Franck, *La Section spéciale de la cour d'appel de Rennes (1941-1944)*, mémoire de maîtrise en histoire, université Rennes 2, 2000.

Lecouturier Yves, « La section spéciale de Caen (1941-1944) », *Vingtième Siècle*, n° 28, octobre-décembre 1990, p. 107-113.

Marcou Jean, *Le Conseil d'État sous Vichy (1940-1944)*, thèse de doctorat de droit public, université Grenoble II, 1984.

Martin Colette, Du Pouget Marc, *Une juridiction d'exception : le tribunal d'État 1941-1944*, communication du 16 novembre 1981, Lyon, Archives départementales du Rhône, dactylographié.

Milgram Eva, *La Répression policière de la Résistance à Lyon en 1943. Étude du dossier Curtil, affaire jugée devant la section spéciale de Lyon*, mémoire de DEA en histoire, université Lyon II, 2000.

MILLON Clément, *Loi et justice dans la zone rattachée 1940-1944*, mémoire de DEA en droit et justice, université Lille II, 2002.

—, *Occupation allemande et justice française*, Paris, Dalloz, 2011.

MOREL Pierre-Henri, *La Répression de la Résistance à Lyon de mars à octobre 1943 vue à travers le prisme de la section spéciale*, mémoire de maîtrise en histoire, université Lyon II, 1999.

PESCHANSKI Denis (dir.), *Justice, répression et persécution en France de la fin des années 1930 au début des années 1950*, Paris, Institut d'histoire du temps présent, 1993.

PLAS Pascal, « Les juridictions d'exception dans le ressort de la cour d'appel de Limoges (1939-1945) », *Archives en Limousin*, n° 29, 2007, p. 72-83.

ROUSSEAU Michel, « La section spéciale de la cour d'appel de Douai (1940-1944). Un aspect de la justice française en zone interdite », *Revue du Nord*, n° 2, hors-série, t. II, *L'Occupation en France et en Belgique 1940-1944, Actes du Colloque de Lille, 26-28 avril 1985*, 1987, p. 859-886.

SANSICO Virginie, *La Section spéciale de Lyon (1943-1944)*, mémoire de maîtrise en histoire, université Lyon II, 1999.

—, *La Justice du pire. Les cours martiales sous Vichy*, Paris, Payot, 2003.

—, *La Section spéciale de Grenoble, décembre 1942-juillet 1944*, *in* COGNE Olivier (dir.), *Rendre la justice en Dauphiné : exposition présentée par les archives départementales de l'Isère, au palais du parlement de Dauphiné du 31 octobre 2003 au 17 mai 2004. Catalogue*, Grenoble, Presses universitaires de Grenoble, 2003, p. 109-114.

—, « France, 1944 : maintien de l'ordre et exception judiciaire. Les cours martiales du régime de Vichy », *Histoire@Politique. Politique, culture, société*, n° 3, novembre-décembre 2007 [en ligne].

—, *La Justice déshonorée, 1940-1944*, Paris, Tallandier, 2015.

SAULNIER Frédéric, *Joseph Barthélemy (1874-1945). La crise du constitutionnalisme libéral sous la IIIe République*, Paris, LGDJ, 2004.

TANTIN Dominique, *La Justice des années sombres en Deux-Sèvres (1940-1944)*, La Crèche, Geste, 2014.

TRUCHE Pierre, « René Linais, juge à la section spéciale », *in* DEPERCHIN Annie, DERASSE Nicolas, DUBOIS Bruno (dir.), *Figures de justice. Études en l'honneur de Jean-Pierre Royer*, Lille, Centre d'histoire judiciaire, 2004, p. 421-424.

VILLERÉ Hervé, *L'Affaire de la section spéciale*, Paris, Fayard, 1973.

Exclusions et répressions

BERLIÈRE Jean-Marc, CHABRUN Laurent, *Les Policiers français sous l'Occupation : d'après les archives inédites de l'épuration*, Paris, Perrin, 2001.

BERLIÈRE Jean-Marc, *Polices des temps noirs*, Paris, Perrin, 2018.

BESSE Jean-Pierre, POUTY Thomas, *Les Fusillés : répression et exécutions pendant l'Occupation (1940-1944)*, Paris, L'Atelier, 2006.

BIGAULT DU GRANRUT Bernard de, « Les tribunaux et le statut des Juifs », *in* CENTRE DE DOCUMENTATION JUIVE CONTEMPORAINE, *Il y a 50 ans : le statut des Juifs de Vichy*, Paris, CDJC, 1991, p. 36-45.

COTTEZ Jean-François, *L'Organisation de la préfecture de police*, thèse de droit, université de Paris, 1944.

EISMANN Gaël, *Hôtel Majestic : ordre et sécurité en France occupée (1940-1944)*, Paris, Tallandier, 2010.

EISMANN Gaël, MARTENS Stefan, *Occupation et répression militaire allemande. La politique de « maintien de l'ordre » en Europe occupée, 1939-1945*, Paris, Autrement, 2006.

FONTAINE Thomas, *Déporter. Politiques de déportation et répression en France occupée. 1940-1944*, thèse d'histoire, université Panthéon Sorbonne Paris I, 2013.

GARNIER Bernard, LELEU Jean-Luc, QUELLIEN Jean, *La Répression en France : 1940-1945 : actes du colloque international, 8, 9 et 10 décembre 2005, Mémorial de Caen*, Caen, Centre de recherche d'histoire quantitative, 2007.

GIRAUDIER Vincent, *Les Bastilles de Vichy. Répression politique et internement administratif*, Paris, Tallandier, 2009.

GROS, Dominique, *Le Droit antisémite de Vichy*, Paris, Seuil, 1996.

JOLY Laurent, *Vichy dans la « solution finale » : histoire du Commissariat général aux Questions juives 1941-1944*, Paris, Grasset, 2006.

—, *L'État contre les Juifs. Vichy, les nazis et la persécution antisémite (1940-1944)*, Paris, Flammarion, « Champs », 2020.

— (dir.), *La Délation dans la France des années noires*, Paris, Perrin, 2012.

KASPI André, *Les Juifs pendant l'Occupation*, Paris, Seuil, 1991.

KLARSFELD Serge, *Le Calendrier de la persécution des Juifs en France : 1940-1944*, Paris, Fayard, 2001, 2 t.

—, *Vichy-Auschwitz : la « solution finale » de la question juive en France*, Paris, Fayard, 2001.

MARRUS Michael, PAXTON Robert, *Vichy et les Juifs*, Paris, Calmann-Lévy, 1981 (rééd. Hachette, « Le Livre de poche », 1990).

MARTENS Stefan, VAÏSSE Maurice (dir), *Frankreich und Deutschland im Krieg : (November 1942-Herbst 1944) : Okkupation, Kollaboration, Résistance : Akten des deutsch-französischen Kolloquiums La France et l'Allemagne en guerre (novembre 1942-automne 1944) Occupation, collaboration, Résistance : Paris, 22. und 23. März 1999*, Paris, Bouvier, 2000.

MESSERCHMIDT Manferd, *Die Wechmachtjustiz 1933-1945*, Paderborn, Schöningh, 2005.

MEYER Ahlrich, « Les débuts du "cycle attentats-répression" en automne 1941 », *in* DOUZOU Laurent, FRANK Robert, PESCHANSKI Denis *et al.* (dir.), *La Résistance et les Français : villes, centres et logiques de décision. Actes du colloque international, Cachan, 16-18 novembre 1995*, Paris, CNRS-IHTP, 1996, p. 485-497.

PESCHANSKI Denis, *Vichy 1940-1944, contrôle et exclusion*, Bruxelles/Paris, Complexe, « Questions au XXe siècle », 1997.

POULHES Louis, *L'État contre les communistes 1938-1944*, Paris, Atlande, 2021.

POZNANSKI Renée, *Les Juifs en France pendant la Seconde Guerre mondiale*, Paris, Hachette, 1997.

RAYSKI Adam, *Le Choix des Juifs sous Vichy entre soumission et résistance*, Paris, La Découverte, 1992.

SCHWARZFUCHS Simon, *Aux prises avec Vichy. Histoire politique des Juifs de France 1940-1944*, Paris, Calmann-Lévy, 1998.

SEMELIN Jacques, *Persécutions et entraides dans la France occupée : comment 75 % des Juifs en France ont échappé à la mort*, Paris, Seuil, 2013.

THALMANN Rita, *La Mise au pas. Idéologie et stratégie sécuritaire dans la France occupée*, Paris, Fayard, 1991.

WEISBERG Richard, *Vichy, la justice et les Juifs*, Amsterdam, Éditions des archives contemporaines, 1998.

ZALC Claire, BRUTTMANN Tal, ERMAKOFF Ivan et MARIOT Nicolas (dir.), *Pour une microhistoire de la Shoah*, Paris, Seuil, « Le Genre humain », 2012.

ZALC Claire, *Dénaturalisés. Les retraits de nationalité sous Vichy*, Paris, Seuil, « L'Univers historique », 2016.

ZUCCOTTI Suzan, *The Holocaust, the French and the Jews*, New York, Basic Books, 1993.

Remerciements

Mes premiers remerciements vont aux éditions Passés composés, à Nicolas Gras-Payen pour sa confiance, à Charlotte Balluais pour sa précieuse relecture, ses conseils et son accompagnement et plus généralement à toute l'équipe de Passés composés sans qui cet ouvrage n'aurait pas vu le jour.

Cet ouvrage constitue une synthèse des principaux résultats d'une thèse de doctorat, sous la direction de Marc-Olivier Baruch, soutenue en 2021 à l'EHESS.

Ce travail n'aurait été possible sans un directeur de thèse exemplaire, toujours présent, répondant à mes nombreuses sollicitations ou interrogations et me dispensant de précieux conseils et pistes de recherche. Jean-Paul Jean et Denis Salas, tous deux membres de mon comité de thèse, ont été d'excellents compléments à mon directeur de thèse en me faisant bénéficier de leur parfaite connaissance de l'histoire de la justice, notamment celle des « années sombres ».

Les échanges stimulants de mon jury de thèse que présidait Anne Simonin et dans lequel siégeaient Catherine Fillon, Jean-Paul Jean, François Rouquet et Mathieu Soula, ont constitué autant de précieux conseils.

Un travail de recherche historique n'est pas possible sans archives et sans archivistes pour vous aiguiller dans les dédales des archives judiciaires. Je tiens à remercier tout particulièrement le pôle Justice des Archives nationales, les archives de Paris, l'Humathèque Condorcet et la bibliothèque Cujas.

Tout au long de ces quatre années de doctorat, de nombreuses personnes m'ont apporté leur aide. Tout particulièrement Claude Loisy et Jean-Pierre Atthenont qui ont accepté de relire l'intégralité de ce travail avec bienveillance, efficacité et ténacité. Leurs remarques de fond comme de forme ont été particulièrement utiles et m'ont aidé à progresser. Son accomplissement n'aurait pas été possible sans le soutien indéfectible et la contribution de mon père, André Duret. Je n'aurais pas aussi bien vécu ces quatre années sans la présence et l'appui quotidien de mon épouse, Hortense. Enfin, j'adresse une pensée toute particulière à mes filles, Zélie et Aliénor, qui sont nées et ont grandi avec ce travail qui leur est dédié.

Table des matières